文艺与传媒丛书
（第二辑）

泛传播时代的媒介想象

杨华 著

中国社会科学出版社

图书在版编目(CIP)数据

泛传播时代的媒介想象/杨华著. —北京：中国社会科学出版社，2016.4
ISBN 978 - 7 - 5161 - 7839 - 3

Ⅰ.①泛… Ⅱ.①杨… Ⅲ.①传播媒介—研究 Ⅳ.①G206.2

中国版本图书馆 CIP 数据核字(2016)第 057554 号

出 版 人	赵剑英	
选题策划	罗　莉	
责任编辑	刘　艳	
责任校对	陈　晨	
责任印制	戴　宽	

出　　版　中国社会科学出版社
社　　址　北京鼓楼西大街甲 158 号
邮　　编　100720
网　　址　http://www.csspw.cn
发 行 部　010 - 84083685
门 市 部　010 - 84029450
经　　销　新华书店及其他书店

印刷装订　三河市君旺印务有限公司
版　　次　2016 年 4 月第 1 版
印　　次　2016 年 4 月第 1 次印刷

开　　本　710×1000　1/16
印　　张　13
插　　页　2
字　　数　223 千字
定　　价　48.00 元

凡购买中国社会科学出版社图书,如有质量问题请与本社营销中心联系调换
电话:010 - 84083683

目　录

第 1 辑

第 2 辑

第 3 辑

第 1 辑

解放初期《展望》周刊实行
公私合营的历史考察

一

  《展望》是一份带有时事述评性质的综合性周刊,1948 年 5 月 1 日由著名爱国人士黄炎培先生和他所主持的中华职业教育社创办,与之前亦由其创办的《生活》和《国讯》一脉相承,共同"反映了中国民族资产阶级的政治历程"[①],设有固定的专栏、专论和通讯报道,16 开本,6 号字排印,每期内容约 4 万字。

  1925 年 10 月 11 日创办的《生活》周刊,最初以"专门宣传职业教育及职业指导的消息和简要言论"[②] 为宗旨。邹韬奋担任主编后,《生活》的言论变得更加关注普通民众的生活,也更加激进,最终脱离中华职业教育社而独立。为此,黄炎培等人又另行创办《国讯》周刊,共发行上海版、重庆版、香港版、桂林版、昆明版等总计 457 期,直陈时弊,提倡民主,影响很大,于 1948 年 4 月 9 日被国民党当局查封。但是,专制的统治无法阻挡人民高涨的爱国热情,仅仅 21 天之后,《展望》周刊就摆在了广大读者的案头。

  新创的《展望》周刊几乎是采用《国讯》的原班人马,实行三级管理体制,最上层是社员大会,有黄炎培、杨卫玉、马寅初、孙起孟、盛丕华、陈仁炳、尚丁等 39 名社员;中间层是社长、副社长,由俞寰澄任社长,黄炎培和陈仁炳为副社长;然后是财务委员会与编辑委员会,盛丕华

---

  ① 尚丁:《〈展望〉周刊始末》,《新闻研究资料》总第 16 辑,中国展望出版社 1982 年版,第 187—197 页。

  ② 同上。

担任财务委员会主席，杨卫玉担任编辑委员会主席，由黄炎培、杨卫玉、王元化、尚丁等 15 人担任编辑委员，具体负责周刊的编辑与发行事务。《展望》在形式上与《国讯》极其相似，在内容上也继承了其文人论政的一贯传统，言论更加激烈，战斗性更加明确，不仅"大胆揭露国民党军事上的惨败"，而且"还尖锐地揭穿国民党'和平攻势'的骗局，向广大人民指出前途，鼓舞人民的斗争"①，深受广大读者的喜爱和支持。在短短的不到一年的时间里，发行量就飙升至惊人的 53000 份。反对政府的杂志一纸风行，自然会招致当局的仇视与迫害。1949 年 3 月 19 日，刚刚出至第 3 卷第 18 期的《展望》，被嫉恨已久的国民党政府无情地查封了。

上海解放后，《展望》周刊在第一时间获得人民政府的批准登记，于1949 年 6 月 1 日率先复刊，尚丁任社务委员会主席兼主编。1951 年，在期刊界较早实现公私合营。1954 年，扩大为新知识出版社，《展望》周刊成为该出版社的一个编辑室。1958 年，新知识出版社改组为教育出版社，《展望》周刊被划转至人民出版社。1961 年停刊。前后共出刊 680 期。

二

作为一份私营性质的同人期刊，复刊初期的《展望》周刊在内容和风格上依旧模仿早期《生活》周刊的短小精悍与生动活泼，虽然"整个业务尚在萌芽期内"②，但刊物的发展势头良好。由于认识到邮局发行的重要性，较早地确定了走群众路线的发行策略，《展望》很快就从 5200份的发行低谷走出。相关资料显示，1950 年 9 月的期发行量为 45000 份，1951 年 4 月的期发行量为 70000 份。在第一届全国出版会议上，《展望》作为期刊界的代表，与《新华月报》《科学技术通讯》《新农村》《学习》《中国青年》等杂志一道，向全国同行介绍了各自的成功经验。

《展望》是全国范围内较重要的私营期刊之一。1951 年前后，中共中央宣传部和出版总署的领导同志曾多次嘉许，认为"《展望》正走着《生

---

① 尚丁：《〈展望〉周刊始末》，《新闻研究资料》总第 16 辑，中国展望出版社 1982 年版，第 187—197 页。

② 《各期刊社代表在第一届全国出版会议分组会上的工作经验报告》，《中华人民共和国出版史料2》，中国书籍出版社 1996 年版，第 568 页。

活》周刊的道路，它是为大家所需要的，是有前途的"①。在业务上，《展望》积极开展调查研究，主动与相关领导部门沟通，及时地确立了刊物的发展方向，即"以全国城市的知识市民、农村的知识分子、中小城市的基层干部为主要的读者对象，为了真正深入这个阶层还需要更短小多样，趣味而不低级，除时事问题外，并谈生活、思想、社会问题，由小见大，使读者提高一步"②，并据此而成功改版。在经营上按企业化的要求规范自己，精打细算，基本做到了收支平衡，略有盈余。

　　然而，看起来已经步入发展快车道的私营期刊《展望》，却出人意料，向有关部门递交了《展望周刊关于请求改组为公私合营的报告》（1951 年 4 月 19 日），郑重提出：

　　　　一、在性质上正式改组为公私合营，请求作 5 亿元或 3 亿元（笔者注：旧币 1 万元约折合新人民币 1 元）之投资。
　　　　二、在政治上明确地予以领导。
　　　　三、在发展上请以适当方式在全国范围内扩大影响，消除某些人的成见。
　　　　四、在人力上请给予相当补充。③

按照《展望》方面的说法，关于公私合营的请求是经过多方面长期商讨之后做出的慎重决定，是期刊克服当前困难，进一步发展壮大的唯一路径选择。

　　对于《展望》周刊的这一请求，华东军政委员会新闻出版局高度重视，会同上海市人民政府新闻出版处约请《展望》负责人进行多次协调，于 1951 年 6 月 13 日形成初步意见并以请示报告的形式上报出版总署。该请示报告主要内容如下：

　　　　关于展望周刊社请求改为公私合营一事，经邀同该社尚丁同志数度商谈，为协助该社业务上有进一步发展起见，拟同意改为公私合营

---

　　① 《展望周刊关于请求改组为公私合营的报告》，《中华人民共和国出版史料3》，中国书籍出版社 1996 年版，第 187—189 页。
　　② 同上。
　　③ 同上。

组织。并由我局投资 2 亿元，上海市新闻出版处投资 1 亿元，共计 3
亿元。由沪处派员参加该社董事会进行领导。至于其内部管理及业务
方针等仍照旧进行，不拟有何变动。现该社正进行整理旧有资产，准
备改组。①

从中可以看出，华东及上海方面完全同意《展望》关于公私合营的请求，
不仅按下限拟满足其 3 亿元的投资要求，而且承诺只派员参加董事会，进
行宏观性的领导与监督，对具体的期刊编辑方针和编辑业务则不准备有任
何干预。没有烦琐的谈判，也没有复杂的上下关系协调，公私合营之事从
一开始就显得异常顺利。很明显，合作双方的目标是一致的：使《展望》
周刊在业务上有进一步的发展。也正因为如此，政府和期刊之间才能够彼
此信任，坦诚相待。《展望》周刊在尚未得到高层的肯定答复之前，就先
行着手"整理旧有资产，准备改组"，即为明证。

　　大约一周之后，出版总署正式复函，就《展望》周刊由私营性质改
为公私合营性质一事做出了明确的答复："关于展望周刊社改为公私合营
事，你局所提意见，我署原则上同意。究竟投资若干，是否由你局投资 2
亿元即可，希根据实际情况酌定。"② 除了在投资问题上有所保留之外，
出版总署悉数同意了华东军政委员会新闻出版局的意见。这或许与尚丁之
前的北京之行有关。1950 年底，尚丁代表《展望》周刊赴京，向出版总
署以及中央宣传部的领导同志汇报工作，获得了领导部门的首肯与支持，
为以后顺利实行公私合营打下了良好的基础。

　　1951 年 7 月 1 日，《展望》被批准公私合营，从此"跨进了一个全新
的阶段，也更快地成长壮大起来"③。仅以 1955 年为例，《展望》的期发
行数即高达 30 万份之多，是名副其实的大刊，影响遍及全国各地。

———————

　　① 《华东新闻出版局关于展望周刊请求公私合营的请示报告》，《中华人民共和国出版史料
3》，中国书籍出版社 1996 年版，第 186 页。
　　② 《出版总署同意展望周刊社改为公私合营的函》，《中华人民共和国出版史料 3》，中国书
籍出版社 1996 年版，第 185 页。
　　③ 尚丁：《〈展望〉周刊始末》，《新闻研究资料》总第 16 辑，中国展望出版社 1982 年版，
第 187—197 页。

三

就解放初期的形势来看，《展望》作为一份私营期刊，还是比较成功的。那么，它为什么要在短期内选择公私合营呢？

《展望》方面给出的理由是，刊物发展中遇到了亟待解决的困难，具体如下：

一、从政治上说，展望这个任务是重大的，但是在配合宣传教育这方面，是做得很不够，配合得不够好、工作上也有缺点。

二、因为是私营的，难免使有些读者存有成见，有些发行干部不予认真发行，更有些地方党政机关的负责干部，自己既不看展望，又不经调查研究恁成见反对别人阅读。这种观感，相当严重的影响了展望的正常发展。

三、从经济上说，由于业务发展的需要，以及纸张供应失调，必须适量的购储与订货，资金周转上就显得相当拮据，需要增加资本。

四、由于这一工作的重要与发展，需要在人力上有相当的补充。①

四点理由中，政治方面的理由基于《展望》自身的历史使命而提出，"配合得不够好"，与其说是期刊待解决的难题，倒不如说是期刊发自肺腑的一种自我检讨，全然脱却了原有的某种独立性和文人气质；发行方面的理由基于《展望》的生存环境而提出，由"成见"而产生不良"观感"的，既有读者对象，也有发行干部，甚至还有党政机关的领导，在如实反映期刊所面临的恶劣的生存环境的同时，也隐约暴露了期刊界公与私之间的矛盾重重；资金方面的理由基于《展望》的发展需要而提出，"纸张供应失调"导致周转资金拮据，道出了私营期刊发展的辛酸与艰难；人员方面的理由基于《展望》的存在价值而提出，"需要在人力上有相当的补充"，不仅委婉地表达了期刊希望公私合营的诚意，而且也表明期刊早就

① 《展望周刊关于请求改组为公私合营的报告》，《中华人民共和国出版史料3》，中国书籍出版社1996年版，第187—189页。

做好了被改组的准备。从小心翼翼的措辞与行文中可以看出，第二条和第三条理由是实质性的，换言之，《展望》之所以要公私合营，是因为自己无法解决遇到的难题，只有政府才可以搭手拯救。可以想见，作为公方的政府以扶危济困者的角色出现，公方强势，私方弱势，公私合营从一开始就有点不对等。

实际上，《展望》周刊自下而上地提出公私合营之请求并乐意接受领导，与第一届全国出版会议前后我国期刊出版领域的形势变化密切相关。1950 年 9 月，鉴于"出版业长期在反动统治下所受到的严重摧残，一时还不易恢复，公营出版业在领导和管理方面还未完全统一，私营出版业有一部分在经营上遭遇困难，如不设法加以调整，就不足以担负起将要来到的文化建设高潮的任务"①，出版总署在北京召开了第一届全国出版会议。储安平代表期刊组在全体大会上作的工作报告认为，全国共有 142 家公营（包括公私合营）期刊和 96 家私营期刊，普遍面临稿源缺乏、不易掌握政策、不能更好地结合实际、不能更好地联系读者等问题。尤其是私营期刊，愿意在思想政策上得到有关部门的领导，希望公营期刊在稿源等问题上能够予以照顾，希望新华书店在发行上能够一视同仁。② 会议最后通过的决议指出："各种期刊应根据其性质及读者对象，逐步做到专业分工，以消除目前存在着的重复混乱现象……尽可能充实期刊的编辑部，使能掌握政策，联系实际，团结读者、作者。"③ 与此同时，中央人民政府政务院发布的指示也完全肯定了第一届全国出版会议的成果，强调"书籍杂志的出版、发行、印刷是与国家建设事业、人民文化生活极关重要的政治工作。第一届全国出版会议决定本着'统筹兼顾，分工合作'的原则调整公私出版业之间的关系，并逐渐消除出版发行工作的无组织、无计划的现象，以求有计划地充分供给为人民所需要的各种出版物。这个方针是正确的"④。上海是当时全国出版业最集中的地区，因而出席会议的代表名

---

① 方厚枢、魏玉山：《中国出版通史·中华人民共和国卷》，中国书籍出版社 2008 年版，第 36—37 页。

② 《各分组组长在第一届全国出版会议全体大会上的工作报告》，《中华人民共和国出版史料 2》，中国书籍出版社 1996 年版，第 586—587 页。

③ 《出版总署关于发布第一届全国出版会议五项决议的通知》，《中华人民共和国出版史料 2》，中国书籍出版社 1996 年版，第 651 页。

④ 《中央人民政府政务院关于改进和发展全国出版事业的指示》，《中华人民共和国出版史料 2》，中国书籍出版社 1996 年版，第 642 页。

额最多，有 103 人，《展望》周刊的沈鹤如即为其中之一。可以看出，在中央政府对新闻出版事业采取比其他行业更早的公私合营政策的前提下，作为"政治工作"一部分的私营期刊要得到发展，不仅每天要应对诸如稿源不足等一些迫切的现实问题，更关键的还是要彻底解决新社会与旧角色之间的冲突。从这个意义出发，对《展望》周刊而言，最佳的选择只能是公私合营。

相对而言，《展望》周刊与中共上海地下党的历史渊源也是促使它较早选择公私合营并很快获批的重要原因。从 1948 年 9 月到 1949 年 3 月被查封的半年多时间里，应黄炎培先生之邀，中共上海地下党指派王元化（化名王清园）具体负责《展望》的编辑工作。在共产党人王元化的主持下，《展望》一方面仰赖黄炎培先生的社会地位和社会声望，另一方面利用敌人的自相矛盾之处，使用灵活的笔法，从夹缝中做文章，最大限度地刊发了一批反映解放区真相以及解释中国共产党相关政策的文章。其中一部分是由上海地下党负责人撰写的文章，因为能够直接传达党的声音，还一度成为《展望》的重要卖点。从某种意义上讲，《展望》周刊是解放前党在上海直接掌握的唯一公开刊物，渊源不可谓不深。也许出于这种原因，"《展望》复刊以后，党和政府对它的关注与帮助是无微不至的，也受到了广大读者热烈的爱护和支持"①。由此我们可以理解，准备在党和政府的正确领导下，为祖国伟大的社会主义事业继续做出贡献的《展望》走向公私合营之路就显得合情合理。

此外，从宏观的角度来看，新中国成立后，一个公营、私营和公私合营并存的新闻出版格局曾存在过一段时期，但随着时间的推移，到 1956 年社会主义改造结束时，我国的新闻出版事业就彻底完成了转型，形成了一个新体系。这一新体系的建构，我们既可以认为是以党报党刊为中心、以集中统一为特征的公营新闻出版事业的建立过程，同时也可以认为是私营新闻出版业迅速消亡的过程。从最近的学术动向来看，运用"消亡论"去考察像《展望》周刊一样的传媒机构，则是一个全新的角度。

学术界对私营新闻出版业消亡过程的研究，主要集中在对消亡原因的探讨上，多以私营报纸的历史考察为主，所持看法大致有：一是同意公私

---

① 尚丁：《〈展望〉周刊始末》，《新闻研究资料》总第 16 辑，中国展望出版社 1982 年版，第 187—197 页。

合营"只是在经济上有些私股暂予保留，而报纸实际上已成为党报"[1] 的看法，指出公私合营是当时经济形势下私营报业的必然选择，深层次的原因在于，当时实行的一系列政策使私营报业面临的制度环境逐渐演变为政府管制的计划体制，报业赖以生存的经济来源（发行和广告）逐步萎缩。[2] 二是承认私营报业消亡是历史的必然，只不过原因不在政府方面，而在于私营报业自身难以克服的弱点和运作机制不适应新中国的管理体制，难以支撑。中国共产党有希望私营报业健康生存的主观愿望，并对允许出版的私营报业给予了极大的扶助。私营报业走公私合营之路体现了其自觉自愿和与政府配合协作的积极态度。[3] 三是认为私营传媒的消亡是由其所有制性质、活动特征以及意识形态属性决定的，是上层建筑适应经济基础的表现。随着党的各级机关报逐渐承担起综合性报纸的功能，中央政府各部门报刊逐渐成为本系统指导工作的渠道，私营传媒已经没有多少立足之地。传播环境尤其是制度环境的变迁超出了私营传媒通过改善经营管理自我调整的能力，是私营传媒消亡的根本原因。[4]

第一种看法从制度变迁的角度出发强调私营报业赖以生存的经济根源；第二种看法从党和政府的立场出发强调私营报业的自身缺陷；第三种看法从上层建筑与经济基础的关系出发强调私营传媒的意识形态根源。研究报纸的结论，并不必然对期刊有效，但"报刊一家"的说法也有一定道理，毕竟都属于新闻出版业。所以，如果用上述看法来分析期刊，也未尝不可。笔者认为，《展望》周刊之所以选择公私合营，根据它所处的实际情形来判断，应该说三者兼而有之，只不过存在一个孰轻孰重的问题。

四

从1949年10月新中国成立到1956年社会主义改造基本完成，我国的期刊事业经历了一个全新的历史发展阶段，可以称之为中国共产党领导

① 孙旭培：《解放初期对旧新闻事业的接收和改造》，《新闻研究资料》总第43辑，中国社会科学出版社1988年版，第61页。
② 施喆：《建国初期私营报业的社会主义改造》，《新闻大学》2002年第1期。
③ 曾宪明：《解放初期大陆私营报业消亡过程的历史考察》，《新闻与传播研究》2002年第2期。
④ 李斯颐：《也谈建国初期私营传媒消亡的原因》，《当代中国史研究》2009年第3期。

下的社会主义期刊事业的初步建立时期。一方面对旧期刊进行大力整顿和改造，另一方面创办更多为社会主义服务的新期刊，社会主义期刊事业的创建工作就在私营期刊和公营期刊的此消彼长中急速推进。据出版总署统计，1950 年全国有私营期刊 113 种，占当时全国期刊出版总数的 38.3%，1951 年的私营期刊也是 113 种，但占全国总数的比例却下降为 24.3%，之后私营期刊的数量开始急剧下降，截至 1952 年 10 月有 70 种，截至 1953 年 9 月有 36 种，截至 1954 年 12 月有 29 种，截至 1955 年 12 月只有 9 种，到 1956 年私营期刊就彻底消失了。

笔者认为，在这样一股公营期刊事业高歌猛进、私营期刊事业渐趋衰亡的时代洪流中，《展望》周刊于 1951 年实现公私合营，不仅可以解读为历史的必然，更可以解读为必然的历史。换言之，不是《展望》选择了公私合营，而是公私合营选择了《展望》。就一份期刊而言，这种选择可以延长它的生命，使其更好地实现创办者的意愿，为读者服务。就解放初期的期刊整体而言，这种选择使公营期刊越来越壮大，私营期刊越来越衰弱，社会主义期刊事业借此而繁荣，毫无疑问，具有典型的示范意义。

1949—1956：社会主义期刊事业的初步建立

一

一般而言，所谓社会主义期刊事业，基本上等同于新中国的期刊事业，以 1949 年为起点，迄今恰是 60 年。置身于这样一个颇具纪念意义的历史节点，我们回顾往昔，总结经验，既为共和国 60 周年捧一份墨香，追求蕴藏其中的象征意义，亦为挖掘传之后世的借鉴价值。

学术视野中的社会主义期刊事业，其源流可能更长一些，它的发展脉络至少可以追溯到革命战争年代中国共产党的办刊理论和实践活动，以及在国民党统治区坚持独立自由为民请命的那些进步报刊的鲜活经验。中国共产党人一贯重视报刊的宣传和鼓动作用，1921 年中共一大通过的第一个决议，对党的宣传工作就曾有过这样的勾勒：

> 杂志、日刊、书籍和小册子须由中央执行委员会或临时中央执行委员会经办。
>
> 各地可根据需要出版一种工会杂志、日报、周报、小册子和临时通讯。
>
> 无论中央或地方的出版物均应由党员直接经办和编辑。
>
> 任何中央地方的出版物均不能刊载违背党的方针、政策和决定的文章。①

---

① 《中国共产党的第一个决议（摘宣传部分）》，载中国社会科学院新闻研究所编《中国共产党新闻工作文件汇编（上）》，新华出版社 1980 年版，第 1 页。

这段决议文字的中心意思不外乎两点：一是党组织必须创办出版物（包括杂志、报纸、书籍和小册子等）；二是党的报刊必须由党掌管且只能传达党的声音。① 此后，中国共产党在不同时期的不同文件当中，不断重复和肯定上述思想，并且不遗余力地付诸实践。中共党史中占据重要地位的《前锋》《布尔塞维克》《中国青年》《中国农民》《共产党人》《解放》《中国文化》等期刊，或是党直接掌控的理论刊物，或是党领导下的群众性刊物，在中国革命从弱小走向胜利的征途中发挥了无可替代的作用，为社会主义期刊事业的发展奠定了一定的基础。与此同时，像《新生》《大众生活》《文萃》《观察》一类的期刊，由一大批爱国进步人士主办，他们利用合法的身份，坚守在大城市，反抗暴政、争取和平，为社会主义期刊事业的发展积累了一定的宝贵经验。

二

1949 年 10 月 1 日，毛泽东主席向全世界庄严地宣告中华人民共和国成立，标志着中国的历史从此踏上了一个新的起点。从 1949 年 10 月到 1956 年底基本完成社会主义改造，中国共产党的中心任务是在新民主主义革命完成后继续社会主义革命，消灭封建残余势力和资本主义剥削制度，建立巩固的人民民主专政政权，迅速恢复国民经济，有计划地开展社会主义经济文化建设。作为思想宣传领域的重要阵地，我国的期刊出版事业从此进入了一个崭新的历史发展时期，"在接受旧社会沿袭下来的期刊业并对之进行必要疏导整顿的同时，不断组织创办为社会主义服务的新刊物"②，可以称之为中国共产党领导下的社会主义期刊事业的初步建立阶段。

其实早在新中国正式成立前的几个月，期刊事业的社会主义引擎就已经发动。先是中共中央宣传部出版委员会于 1949 年 2 月在北平成立，并于同年 10 月 3 日至 19 日召开全国新华书店出版工作会议。毛泽东非常重视这次会议的召开，为大会题词："认真做好出版工作。"胡愈之在大会

---

① 黄旦：《从"不完全党报"到"完全党报"——延安〈解放日报〉改版再审视》，载李金铨《文人论政：知识分子与报刊》，广西师范大学出版社 2008 年版，第 251 页。

② 张伯海：《新中国期刊五十年》，载《中国出版年鉴（2000）》，中国出版年鉴社 2000 年版，第 14 页。

上作报告，在总结了全国出版概况之后指出："出几种好的杂志以供应精神食粮的恐慌是很好的办法。"① 紧接着有一些期刊陆续复刊或创刊，如《世界知识》于6月17日复刊，《新农村》于7月5日创刊，《中国妇女》于7月20日复刊，《辽宁青年》于8月15日创刊，《学习》于9月15日创刊，这批刊物在当时发行量很大，后来颇有影响。但是，连年的战争创伤，使作为大众传播事业的期刊业难以快速发展，截至1949年底，全国仅有期刊257种，总印数只有2000万册②，显然不能满足新中国百业待举的需要。

　　新中国成立之初，针对期刊事业存在的门类不齐全、种类不合理、地区分布不平衡、发行渠道不畅通、出版无计划等问题③，中共中央及各级政府部门迅速采取一系列措施，制定法规，召开会议，发布文件，改善和加强发行工作，强化编辑业务水平。很快，建立社会主义期刊事业的机车就隆隆前行了。

　　这一时期发布的法规和文件主要有：《全国报纸杂志登记暂行办法草案》（1950年），《中央人民政府出版总署发布第一届全国出版会议关于改进和发展全国出版事业的五项决议》（1950年9月25日），《中央人民政府政务院关于改进和发展全国出版事业的指示》（1950年10月28日），《中央人民政府新闻总署出版总署关于全国报纸期刊均应建立书报评论工作的指示》（1951年3月21日），《中央人民政府政务院管理书刊出版业印刷业发行业暂行条例》（1952年8月16日），《中央人民政府政务院公布期刊登记暂行办法》（1952年8月16日），《中共中央关于报刊发行问题的指示》（1952年12月），《中共中央关于加强报纸、期刊出版发行工作的规定》（1952年12月20日），《中宣部关于调整农村报刊的指示》（1953年7月），《中共中央关于转发邮电部党组和出版总署党组关于报刊发行工作的报告的指示》（1953年11月8日），《中宣部关于调整全国报刊的补充规定》（1953年12月），《中宣部关于统一和加强国营、地方国营、公私合营报社、杂志社、出版社企业管理的指示》（1954年8月），《中共中央关于报纸和期刊的创办、停办或改刊的办理手续的几项规定》

　　① 宋应离等：《1949—2000年期刊出版记事》，载张伯海等《中国期刊年鉴（2002年卷）》，中国大百科全书出版社2002年版，第164页。
　　② 龚维忠：《现代期刊编辑学》，北京大学出版社2007年版，第78页。
　　③ 宋应离：《中国期刊发展史》，河南大学出版社2000年版，第225页。

（1956 年 2 月）等。其中，《五项决议》系中央人民政府出版总署于 1950 年 9 月 15 日至 25 日在北京召开的第一届全国出版会议所形成的重要文件，决议中《关于改进期刊工作的决议》全文如下：

　　一、期刊是教育、团结和组织群众的有力武器之一。各种期刊应根据其性质及读者对象，逐步做到专业分工，以消除目前存在着的重复混乱现象。性质相同的期刊，可在自愿的原则下，协商分工、联合或合并等办法。

　　二、大量增加各种性质的通俗期刊，以配合工农兵的识字教育与文化、政治、技术教育。在多民族地区，注意出版各民族语文的期刊。

　　三、公私营期刊均应力求经营企业化、售价合理化。

　　四、尽可能充实期刊的编辑部，使能掌握政策，联系实际，团结读者，作者，经常研究读者的情况，以订定编辑计划，主动组织稿件。

　　五、同一地区或性质相近的期刊应尽可能建立或加强各种方式的联系，以交流经验、交换稿件，并向有关机关团体取得协助。

　　六、一切公私发行机构应重视期刊的发行工作，主动地推销公私营期刊。邮局发行力量尤应充分运用。①

这份决议旨在解决新中国成立之初期刊事业存在的诸多问题，不仅强调期刊之间的专业分工以治散治乱，而且强调健全编辑机构以便于团结读者联系实际，同时也强调创办通俗期刊和少数民族期刊以适应新的社会需要。1952 年 8 月 16 日，中央人民政府政务院依据同时公布的《管理书刊出版业印刷业发行业暂时条例》的规定，制定并公布《期刊登记暂行办法》，从法律层面进一步强化了中央政府对期刊事业的宏观指导和具体管理。总体来讲，这些法规和文件的出台，使得社会主义期刊事业的创建工作从两个领域同时展开：一是对旧期刊进行大力整顿和改造；二是创办更多为社会主义服务的新期刊。

---

　　① 《关于改进期刊工作的决议》，载中国社会科学院新闻研究所编《中国共产党新闻工作文件汇编（中）》，新华出版社 1980 年版，第 88—89 页。

当然，建立社会主义期刊事业是一项长期而艰巨的历史任务，不可能一蹴而就。据统计，截至 1950 年底，全国共有期刊 295 种，其中综合期刊 15 种、时事期刊 31 种、学术期刊 78 种、经济建设期刊 51 种、文艺期刊 55 种、社会运动期刊 25 种、通俗期刊 9 种、少儿期刊 13 种、宗教期刊 11 种、画报期刊 7 种，华北区 82 种、东北区 35 种、华东区 125 种、中南区 29 种、西南区 17 种、西北区 7 种，公营 172 种、公私合营 10 种、私营 113 种，年总印数为 3500 万册。① 这样的期刊现状与如火如荼的社会主义建设局面不相协调。中央人民政府的相关文件也明确指出："出版期刊是出版工作中最重要的方法之一，应予重视。现在出版的多数期刊没有计划、没有领导、没有比较健全的编辑部，因而其质量不能令人满意，甚至徒然浪费人力物力。"② 很显然，社会主义期刊事业赖以发展的基础相当薄弱，情势不容乐观。除旧和布新两者交互，既要照顾到历史遗留下来的错综复杂，又要满足新中国政治、经济、文化、教育和科技等各项事业建设之需求，其中的演绎难度可想而知。

至 1952 年底，全国共有期刊 354 种，总印数 2.04 亿册，分别是 1949 年的 1.38 倍和 10.2 倍，其中少数民族文字期刊达 15 种，年总印数 169 万册。③ 粗略地说，我国社会主义期刊事业的新局面已经初步形成。仅就新创办的期刊而言，主要有：1949 年 10 月以后创刊的《人民文学》《新华月报》《好孩子》等，1950 年创刊的《说说唱唱》《文物》《人民教育》《中国科学》《人民画报》《时事手册》《大众电影》《新体育》等，1951 年创刊的《解放军画报》《文史哲》《连环画报》及《中国文学》（英文版）等，1952 年创刊的《中国语文》《清华大学学报》等，1953 年创刊的《小朋友》《译文》《少年文艺》《药学学报》等，1954 年创刊的《历史研究》《盲文杂志》《文艺学习》《护理杂志》等，1955 年创刊的《民族画报》《哲学研究》《经济研究》《北京大学学报》及《读书月报》（后改名为《读书》）、《考古》等，1956 年创刊的《知识就是力量》《复

① 宋应离等：《1949—2000 年期刊出版记事》，载张伯海等《中国期刊年鉴（2002 年卷）》，中国大百科全书出版社 2002 年版，第 165—166 页。
② 宋应离：《中国期刊发展史》，河南大学出版社 2000 年版，第 225 页。
③ 高明光：《新中国的期刊出版事业》，载罗琳《中国期刊面面观》，中国书籍出版社 1994 年版，第 12 页。

旦学报》等。截至 1956 年底，全国已有期刊 454 种，年总印数 3.53 亿册。① 不仅略微改变了过去期刊集中于北京、上海、天津等大城市的状况，而且期刊的构成也发生了较大的变化，科技期刊所占比例大大提升，由 1949 年的约 80 种增长到 1956 年的约 200 种。同时，期刊的门类也逐渐增多，综合类、哲学社会科学类、自然科学技术类、文化教育类、文学艺术类、少儿读物类、画刊类期刊样样都有，分布相对合理。可以坦然地讲，我国社会主义期刊事业已经建立起来了。

三

2005 年颁布施行的《期刊出版管理规定》指出，我国社会主义期刊事业"必须坚持马克思列宁主义、毛泽东思想、邓小平理论和'三个代表'重要思想，坚持正确的舆论导向和出版方向，坚持把社会效益放在首位、社会效益和经济效益相统一的原则，传播和积累有益于提高民族素质、经济发展和社会进步的科学技术和文化知识，弘扬中华民族优秀文化，促进国际文化交流，丰富人民群众的精神文化生活"。也就是说，作为重要的大众传播工具，我们的期刊不仅要宣传党的方针政策和主导思想，通过记录政治、经济、科学、文化和教育等领域的变化情况而与这个社会紧密联系在一起，而且也要在充分发挥其功能和作用为人民服务的同时努力体现出社会主义期刊事业自身的发展规律和特殊之处。

与旧中国的期刊事业相比，初步建立的社会主义期刊事业万象更新，要者如下：

一是党对期刊事业高度重视，在加强对期刊事业的领导的过程中，强调和鼓励"百花齐放、百家争鸣"的办刊策略。新中国成立以后，中国共产党作为执政党，对期刊事业更加重视，"书籍杂志的出版和发行，是一项有很大政治重要性的工作……在初进城时，和私营出版业的力量比较起来，我们是处于劣势的"②，"政务院责成出版总署会同各有关方面将现有期刊逐渐调整，并改善他们的编辑状况。与这些期刊有关的机关团体也

---

① 龚维忠：《现代期刊编辑学》，北京大学出版社 2007 年版，第 78 页。
② 《中宣部关于目前出版工作的指示》，载中国社会科学院新闻研究所编《中国共产党新闻工作文件汇编（中）》，新华出版社 1980 年版，第 16 页。

应重视期刊的工作，把出版期刊当做指导工作的经常性的和锐利的武器，按时给以具体的指导"①。由于党的高度重视，就连较少受政治影响的科技期刊工作者的觉悟也在逐步提高，达成了一定的共识："科技期刊应积极报道科学技术研究成果和介绍科技知识，理论结合实际，在普及的基础上提高，在提高的指导下普及，努力服务于社会主义工农业生产和国防建设的需要，积极进行社会主义文明建设。"② 与此同时，许多期刊意识到自由讨论的重要性，先行实践了毛泽东于 1956 年初提出的"百花齐放、百家争鸣"的方针。《哲学研究》创刊号刊登题为《为马克思主义哲学的胜利而斗争》的发刊词，强调"自由讨论、自由批评的作风必须成为编辑工作中坚决贯彻的一个工作方针，在编辑工作里不能宽容权威思想、宗派思想和压制新生力量的作风"。《文史哲》1954 年第 9 期刊登了青年学者李希凡、蓝翎的文章《〈红楼梦〉简论及其他》，引起了关于红学研究的一场全国性大讨论。《人民文学》则在 1956 年第 9 期上发表了小说《组织部新来的年轻人》和文论《现实主义——广阔的道路》，引起了广泛的社会影响。可以说，正是因为党的重视和"双百"方针的具体实践，刚刚建立的社会主义期刊事业，在思想教育、理论建设和知识普及③三个方面取得了不俗的成绩。

二是不断总结经验教训，期刊编辑水平逐步提高。"文化大革命"前的 17 年，大批的文艺界知名人士、学术造诣深的专家学者担任各类期刊的主编和编委，保证了期刊的编辑质量。但是，从《出版总署关于北京各出版社、杂志社 1952 年工作总结中一些问题的综述》一文中可以清晰地看到，1956 年以前的期刊在编辑方面尚存在诸多问题：

> 《说说唱唱》杂志把他们发表的作品排了一次队，在 258 篇较长的创作中，思想性艺术性较高的占 26 篇，有一定教育意义的 39 篇，可有可无的 121 篇，有严重错误的 20 篇。经常进行这样的检查是有必要的，检查愈深入，改进就愈大。
>
> ……

---

① 宋应离：《中国期刊发展史》，河南大学出版社 2000 年版，第 226 页。
② 同上书，第 257 页。
③ 梁衡：《数质量的双赢风景——新中国期刊事业的繁荣与发展》，《中国出版》1999 年第9 期。

　　编辑工作中仍然存在着不应有的粗枝大叶的作风,如《学文化》杂志中曾出现过这样的字句:"在共产党面前就是有天大的困难,它也会低头的。"《中央合作通讯》中出现过这样的字句:"将封建的、分散的、落后的生产方式组织起来。"这种情况可能是很多的。因此,必须继续健全编辑审校制度,克服粗枝大叶的作风。

　　……

　　许多杂志思想性、指导性不够,如《小学教师》谈教学工作的文章还太少,内容还不很切合教师思想情况;《机械化农业》杂志很少有针对读者思想中存在的问题而写的文章;《人民水利》杂志对各种重大问题只有一般号召,没有报道具体事实。①

　　从教训中吸取经验,从错误中摸索前进,许多期刊正是在不断地总结实践的基础上提高了自己的编辑水平。当然,也有一些期刊由于编校质量高,符合读者需求,深受读者青睐。1950年10月6日在北京创刊的《时事手册》,是一份通俗性与时事性相结合的半月刊,设有时事述评、半月大事、黑板报、问题解答、时事测验等栏目,文章短小,语言生动,新颖别致,创刊时发行78万册,年底发行量即突破300万册,是当时的畅销期刊。

　　此外,在20世纪50年代报刊版面编排由传统直排改为横排的过程中,各级各类期刊首当其冲,起到了很好的引领作用。据统计,1954年第三季度出版发行的期刊当中,直排的130种,横排的137种,有直有横的14种②,至1956年底,全国性期刊除一两种仍用直排外,其余全部改为横排,由此带动全国各类图书纷纷采用横排,完成了我国报刊编排形式方面一项前所未有的重大变革。

　　三是"邮发合一"的社会主义期刊发行模式基本形成。中华人民共和国成立之初,期刊种类份数大幅增加,许多期刊自办发行。当是时,政府认为"书刊发行是与人民文化生活、国家文化建设极关重要的工作。为做好发行工作,必须发扬高度的负责精神和服务精神,反对单纯营利观

---

　　① 《出版总署关于北京各出版社、杂志社1952年工作总结中一些问题的综述》,载袁亮《中华人民共和国出版史料(1952)》,中国书籍出版社1998年版,第405—411页。

　　② 《出版总署党组关于送审〈逐步推行书籍杂志横排的通报〉的报告》,载中央出版科学研究所编《中华人民共和国出版史料(1954)》,中国书籍出版社1999年版,第541页。

点和请示发行工作的思想"①，并且提倡"一切公私发行机构应重视期刊的发行工作，主动地推销公私营期刊。邮局发行力量尤应充分运用"②。据统计，1950 年全国 295 种期刊当中通过邮局发行者只有 40 种，其余一部分由新华书店发行，另一部分自办发行。1952 年 8 月颁布的《中央人民政府政务院管理书刊出版业印刷业发行业暂时条例》中规定"凡书刊出版业印刷业发行业，不论公营、公私合营、私营，不论专营、兼营，除法令另有规定者外，一律依照本条例管理之"，从正面印证了私营发行业的部分存在。那时，全国 350 多种期刊中也只有 67 种交由邮局发行，其余大部分则由新华书店发行。及至 1952 年 12 月底，中共中央发出指示："为了使我国各种出版物的出版和分配更加合理……必须进一步地实行报纸、期刊、书籍的计划发行和预订制度。……今后未经报告中央宣传部和出版总署批准，即不得自行增加发行份数。"③ 邮电部与出版总署旋即达成共识："杂志由邮局总发行，书店除发行书籍外，对于杂志只经营零销业务。"④ 可以看出，短短几年，我国的期刊就形成了邮局发行的垄断性局面。"邮发合一"的发行模式在此后几十年成了社会主义期刊事业的典型特征。

四

总而言之，新中国成立后我国期刊事业走的是一条正确的大路，随着社会主义办刊方向的逐步确立，新中国的社会主义期刊事业也呈现出初步的繁荣景象，虽然也有些许缺憾，也有深刻教训，却为以后中国期刊的发展奠定了基本格局。

"衡量一本期刊的好坏，及整个期刊事业的兴衰，主要是看它对国家

① 《关于改进和发展书刊发行工作的决议》，载中国社会科学院新闻研究所编《中国共产党新闻工作文件汇编（中）》，新华出版社 1980 年版，第 87 页。

② 《关于改进期刊工作的决议》，载中国社会科学院新闻研究所编《中国共产党新闻工作文件汇编（中）》，新华出版社 1980 年版，第 89 页。

③ 《中共中央关于报刊发行问题的指示》，载中国社会科学院新闻研究所编《中国共产党新闻工作文件汇编（中）》，新华出版社 1980 年版，第 231 页。

④ 《中共中央关于转发邮电部党组和出版总署党组关于报刊发行工作的报告的指示》，载中国社会科学院新闻研究所编《中国共产党新闻工作文件汇编（中）》，新华出版社 1980 年版，第 263 页。

民族文化事业的贡献，看它对人民群众文化需求的满足程度。简单地说，即当时让读者有可读可用之信息，过后让历史有可积可存之文化。"① 我们认为，从新中国成立前后的混乱局面到 1956 年的新闻出版改革，每一本期刊的存在，都像一颗流星划过一样，照亮了那个时代的人心，鼓舞着人们不断前行。每当我们闲暇，想起那个时代，轻轻抚摸那个时代的期刊时，无数文化的影子就会跳跃，真实的记忆便弥漫开来。

---

① 梁衡：《数质量的双赢风景——新中国期刊事业的繁荣与发展》，《中国出版》1999 年第 9 期。

1957—1965：社会主义期刊事业的艰难跋涉

一

　　众所周知，在顺利完成主要涉及经济层面的社会主义改造之后，新生的共和国踏上了全面建设社会主义的征程。举国上下满怀着"春风杨柳万千条，六亿神州尽舜尧"的无限憧憬，亿万群众呼应着领袖发出的"红雨随心翻作浪，青山着意化为桥"式的浪漫号召，一场时代的大变革从社会、政治和思想文化的最深处拉开了序幕。在1957年至1965年近10年的时间里，社会主义建设取得了巨大的成就，但同时也付出了沉重的代价，年轻的共和国在曲折中缓慢前行。

　　相应地，这一时期的社会主义期刊事业因为"受到政治、经济等方面因素的影响而经历了几次大的起伏"①。一方面，由于长期受到"左"倾错误思想的干扰，社会主义期刊事业盲目跟风，遭遇了许多挫折。"一些政治理论刊物，片面强调配合中心，紧跟形势，发表了不少没有深刻研究价值的应景之作；一些学术刊物也刊发不少缺乏学术性、充满政治口号的大批判式的文章；一些文艺刊物热衷发表一些公社史、工厂史、大跃进民歌，在一定程度上对浮夸风起了推波助澜的作用"②，甚至有不少期刊直接参与意识形态领域的斗争，把学术批评当作政治批判，造成了极其恶劣的影响。另一方面，社会主义期刊事业的面貌发生了巨大变化，积累了不少经验，为以后的发展奠定了基础。从数量上看，期刊由1956年的454种增加到1965年的790种，虽然中间有些许波折，但总的趋势是增

---

　　① 方厚枢：《中国出版史话》，东方出版社1996年版，第255页。

　　② 宋应离：《中国期刊发展史》，河南大学出版社2000年版，第274页。

加的；从业务上看，许多期刊坚持"双百"方针，坚持理论性、针对性和知识性相统一，具有鲜明的编辑风格和较高的编辑水平；就影响力而言，这一时期的期刊"对建国初期一代新人的成长，对人民群众从旧中国到新中国的世界观的转型，起到巨大的推动作用。这些刊物几乎成了青年学生在课本之外必备的思想教育读物，成了人民群众特别是青年必不可少的朝夕相伴的导师"①。可以说，这一时期的社会主义期刊事业是在艰难中跋涉、曲折中发展的。

二

　　1957 年上半年，社会主义的期刊事业遵循 1956 年新闻出版改革的路径继续发展。3 月初，毛泽东在全国宣传工作会议上发表重要讲话，并在会议期间同新闻出版界代表进行谈话，一再说明"百花齐放、百家争鸣"是一个长期的、基本的方针，只能放，不能收。② 3 月底，著名学者费孝通发表文章《知识分子的早春天气》，虽然给党提了不少意见，表达了老知识分子们"最难将息"的一些疑虑，但文章的字里行间也洋溢着一股喜悦的情绪："百家争鸣实实在在打中了许多知识分子的心，太好了……恰好解决当前知识分子思想发展上发生出来的这些问题。"③ 因此，当中共中央发出《关于整风运动的指示》（1957 年 4 月 27 日）后，期刊出版领域积极响应，出于改进刊物质量的目的，提了不少意见。有的针对业务问题，比如叶至善批评编辑分工太细，认为"现在把工作生硬地分割开来，《中学生》杂志有一个技术编辑管了三年锌版，但不会计算锌版尺寸，因为和制版所结算帐目的又是另外一个人"④。有的针对主管领导，针对用人机制，例如陶大镛批评"陈克寒同志到总署后……从不考虑别人意见，别人没有发言权"，还认为"学术刊物可以多办几个，不一定要党员担任主编……臧克家办的《诗刊》，不一定比党员办的差"⑤。然而，

　　① 梁衡：《数质量的双赢风景——新中国期刊事业的繁荣与发展》，《中国出版》1999 年第 9 期。

　　② 黄瑚：《中国新闻事业发展史》，复旦大学出版社 2009 年版，第 304 页。

　　③ 费孝通：《知识分子的早春天气》，《人民日报》1957 年 3 月 24 日第 7 版。

　　④ 中国出版科学研究所、中央档案馆编：《中华人民共和国出版史料 9》，中国书籍出版社 2004 年版，第 159 页。

　　⑤ 同上书，第 152 页。

到了1957年6月，情势急转，中共中央认为时机已经成熟，发动了反右派运动。1957年7月，毛泽东在青岛发表重要讲话，部署反右派运动，强调报刊宣传中的"政治家挂帅"，其中要求：

> 省市委、自治区党委的第一书记和整个党委……必须把民主党派（政治界），教育界，新闻界（包括一切报纸和刊物），科技界，文艺界，卫生界，工商界的政治改造工作和思想改造工作完全掌握在自己手中。各省、市、自治区要有自己的马克思主义理论家，自己的科学家和技术人才，自己的文学家、艺术家和文艺理论家，要有自己的出色的报纸和刊物的编辑和记者。第一书记（其它书记也是一样）要特别注意报纸和刊物，不要躲懒，每人至少要看五份报纸，五份刊物，以资比较，才好改进自己的报纸和刊物。①

在随后全党落实主席指示精神的过程中，同其他领域一样，期刊出版领域也出现了反右派斗争扩大化，大批才华横溢、工作勤奋的期刊主编、编辑被错划成右派，如《人民文学》的冯雪峰、陈企霞、萧乾、丁玲、秦兆阳，《文艺学习》的黄秋耘等。这些人先后被迫脱离编辑岗位，被下放到农村接受劳动改造。其后果是，期刊编辑力量被削弱，知识分子不敢大胆说真话，写文章的人少了，期刊内容变得沉闷。四平八稳、模棱两可或者人云亦云的八股文章充斥版面，导致期刊出版质量严重下降。具体来说，1957年的期刊种数为634种，其中新创刊的就有近80种，主要有《诗刊》《学术研究》《文学研究》《力学学报》《收获》等，但是1957年的期刊总印数为3.15亿册，一反先前逐年增加的情况而大幅下降（1956年为3.53亿册），从某种意义上讲，与上述的反右扩大化不无关系。

随着1957年底我国超额完成第一个五年计划，党内"左"倾思想得到进一步发展。1958年元旦，《人民日报》发表社论《乘风破浪》，提出"我们要在15年左右的时间内，在钢铁和其他重要工业产品产量方面赶上和超过英国……再用20年到30年的时间在经济上赶上并且超过美国"，从经济方面提出了"赶英超美"的"大跃进"战略任务。1958年2月2日，《人民日报》又发表社论，提出"我们国家现在正面临着一个全国大

---

① 《毛泽东选集（第5卷）》，人民出版社1977年版，第463页。

跃进的新形势，工业建设和工业生产要大跃进，农业生产要大跃进，文教、卫生事业也要大跃进”，将“大跃进”推及社会生活的各个层面。1958年5月，中共八大二次会议召开，正式提出“鼓足干劲，力争上游，多快好省地建设社会主义”的总路线，“大跃进”运动席卷全国，直至1960年冬天才被迫停止。在各行各业“大跃进”的形势下，作为重要的大众传播工具，社会主义期刊事业要承担大量的宣传任务，为“大跃进”推波助澜。同其他传媒一样，期刊宣传中的“左”倾错误非常明显，主要表现为：宣传生产建设成就方面的浮夸风、宣传推广先进经验方面的瞎指挥风和政策理论宣传方面的片面性。① 与此同时，社会主义期刊事业自身也得“大跃进”。1958年4月24日，中共中央同意并转发中央宣传部《关于改变报纸、刊物的创办、停刊和改刊的批准手续的意见》，其中指出：

> 随着国家建设事业的发展，各种科学领域和技术门类的刊物必须有相应的发展，而且由于实际工作的需要和国家机构的经常调整，国务院各部委和中央级各人民团体和学术机关所办的刊物，经常有创办、停办、合并、改变刊名和改变刊期等变动情况，不像报纸那样固定；这些刊物和报纸的区别，还在于它对于国家的政治生活的影响，不像报纸那样大而直接。因而今后对于刊物的创办、停办和改刊的批准权可以放宽一些；不须一律由中央批准。这些刊物的门类很广，内容复杂，变动性较大，全部由中央宣传部来审查，事实上也有困难。②

政策法规的放宽，加上“大跃进”时期人们高涨的热情，致使新的期刊不断地在这一年涌现出来，取得了很大的成绩，但是也存在着盲目发展和忽视质量的问题。据统计，1958年出版的正式期刊为822种，比1957年增加了29.7%，总印数为5.29亿册，比上一年度增加了67.9%。以《红旗》和《前线》为代表的大量时政理论期刊的创办是这一年期刊领域的

① 方汉奇等：《中国新闻事业通史（第三卷）》，中国人民大学出版社1999年版，第219—221页。
② 中国出版科学研究所、中央档案馆编：《中华人民共和国出版史料9》，中国书籍出版社2004年版，第405—408页。

新气象，后文将要论及。值得一提的是，1958 年 3 月 4 日创办的《北京周报》，是当时我国用外文出版的唯一的时事政治性周刊，代表中国政府的立场，介绍分析中国的政治、经济、文化状况，兼具权威性、新闻性和资料性的特点，发行到许多国家和地区，有一定的国际影响。"大跃进"期间还出现了数以千计的群众性非正式期刊，内容浮夸，编校质量低劣，肆意发行，泛滥成灾，"人为地造成纸张供应的紧张，妨碍了出版事业的正常发展"①。

1959 年的期刊出版，着重于整顿巩固，提高质量。3 月 30 日，中共中央发出《关于报刊书籍出版发行工作几个问题的通知》，明确指出：

> 出版物的发展，必须根据国家和人民群众的真实需要，从人民的负担能力和文化水平以及作者和编者的力量等现实条件出发，不能盲目发展。一切出版物的出版和发行，必须有目的、有计划地进行，必须首先注意质量，考虑它的实际效果，绝不能为出版而出版，为发行而发行……报刊和出版社办得不合理的，应当加以调整；无力办好或者不需要的，应当加以收缩。为了保证提高出版物的质量，出版机关应当加强和改进组稿、编辑和审校工作，坚决克服粗制滥造的现象。②

期刊盲目发展的势头因此得到遏制。据统计，1959 年的期刊种数为 851 种，只增加了 29 种，增幅不大，总印数为 5.28 亿册，比 1958 年略有下降。

1960—1962 年，我国经济陷入了深重的困难境地，党中央适时地提出了"调整、巩固、充实、提高"的方针。受其影响，社会主义期刊事业在 1959 年的基础上也加大了调整力度，针对许多期刊难以为继的现状，大刀阔斧地整顿期刊品种结构和发行数量，为保证《红旗》杂志等一些重点期刊的正常运行，关停了一大批刊物（包括大量的非正式期刊）。1960 年 11 月的统计数据显示，中央一级机关 104 个单位原来共有各种刊

---

① 中国出版科学研究所、中央档案馆编：《中华人民共和国出版史料 10》，中国书籍出版社 2005 年版，第 50 页。

② 同上书，第 51 页。

物 1254 种，其中公开刊物 408 种，内部刊物 846 种，整顿之后，前者保留了 150 种，将近 2/3 被削减，后者保留了 157 种，超过 4/5 被削减，二者合起来，占原有刊物数的 24.5%。① 另据 1961 年 3 月国家邮电部门的不完全统计，当时全国邮发杂志 343 种，期发数为 1502 万份，比 1960 年 12 月减少 128 种，压缩 351 万份，占 19%。省、市、区级党刊有 11 种，53 万余份，减少 16 种，其中停刊 12 种，休刊 4 种，压缩 113 万余份。② 从理论的角度讲，一个国家或地区的期刊数量，取决于它的政治、经济、文化和科学技术的发展水平。1960 年的期刊种数为 442 种，总印数为 4.67 亿册，1961 年持续走低，种数为 410 种，总印数为 2.32 亿册，至 1962 年，期刊种数虽然回升到 483 种，但总印数却锐减至 1.97 亿册，只相当于 10 年前的水平，恰好印证了这一点。当然，这三年来期刊发展的困顿，也与这个期间政治上的"左"倾思潮不停抬头有一定的关联。

　　与经济领域的变化相一致，1963—1965 年的社会主义期刊事业也随之进入了一个短暂的恢复时期。首先是期刊在数量上有所恢复，1963 年的期刊种数和总印数都比上一年有较大幅度的增长，分别为 681 种和 2.34 亿册，而 1964 年更是飙升到 856 种和 3.53 亿册，虽然 1965 年的期刊种数回落到 790 种，但是总印数依然走高，达到 4.41 亿册。其次是期刊结构得到改善，《收获》等一大批在经济困难时期停办的刊物陆续复刊，另外还新创办了《儿童文学》（1963）、《故事会》（1964）等刊物。以占期刊绝大多数的科技期刊为例，复刊的加上创刊的，1965 年的种数为 506 种，总印数为 4700 万册，超过历史上科技期刊种数最多的 1959 年，达到了历史最高水平。③ 此外，这一时期的期刊在内容上也有很大变化，一方面讴歌新中国的思想道德模范，如 1963 年《中国青年》第 5、6 期合刊的学习雷锋专辑及 1964 年《收获》发表的《欧阳海之歌》等，使期刊的面貌为之一新；另一方面紧跟文化批判运动，思想文化批判几乎取代了 60 年代初兴盛的杂文现象，如 1964 年《红旗》杂志第 16 期发表的

---

　　① 中国出版科学研究所、中央档案馆编：《中华人民共和国出版史料10》，中国书籍出版社 2005 年版，第 412—413 页。

　　② 中国出版科学研究所、中央档案馆编：《中华人民共和国出版史料11》，中国书籍出版社 2007 年版，第 140 页。

　　③ 高明光：《新中国的期刊出版事业》，载罗琳《中国期刊面面观》，中国书籍出版社 1994 年版，第 15 页。

《哲学战线上的新论战》就上纲上线，把对杨献珍的"合而为一"论的批判认为是意识形态领域的一场严重的阶级斗争。直至1965年底，批判的锋芒彻底转向政治领域，"文化大革命"一触即发。

三

艰难跋涉中的社会主义期刊事业，是宣传党的方针政策，传播科学文化知识，促进社会生产力发展，提高人民群众政治思想觉悟和科学文化水平的重要工具。与初步建立时期相比，这一阶段的社会主义期刊事业具有以下特征：

一是与同时期中国的报纸、广播和电视一样，几乎所有的期刊在记录和反映社会生活的同时，也更加深入地参与到时代精神的构建当中，从而逐步完成了从传播媒介到"阶级斗争工具"的蜕变。原先，在普通人的意识里，甚至在众多期刊工作者的观念中，期刊就是一种介于报纸和图书之间的出版物，它既有传播信息的功能又有积累文化的功能，是一种典型的社会交流工具。但是，在1957年6月公开发表的《关于正确处理人民内部矛盾的问题》的报告中，毛泽东提出：

> 在我国，虽然社会主义改造，在所有制方面说来，已经基本完成，革命时期的大规模的急风暴雨式的群众阶级斗争已经基本结束，但是，被推翻的地主买办阶级的残余还是存在，资产阶级还是存在，小资产阶级刚刚在改造。阶级斗争并没有结束。无产阶级和资产阶级之间的阶级斗争，各派政治力量之间的阶级斗争，无产阶级和资产阶级之间在意识形态方面的阶级斗争，还是长时期的，曲折的，有时甚至是很激烈的。无产阶级要按照自己的世界观改造世界，资产阶级也要按照自己的世界观改造世界……我国社会主义和资本主义之间在意识形态方面的谁胜谁负的斗争，还需要一个相当长的时间才能解决。这是因为资产阶级和从旧社会来的知识分子的影响还要在我国长期存在，作为阶级的意识形态，还要在我国长期存在。[1]

---

[1] 《毛泽东选集（第5卷）》，人民出版社1977年版，第389—390页。

为开展政治战线和思想战线上的社会主义革命寻找依据，把在一定范围内还存在着的阶级斗争扩大为全面的阶级斗争。在随后的历次运动中，传播媒介（包括期刊在内）担当了重要角色，"在反右斗争中同右派分子斗，在'大跃进'中同右倾机会主义分子斗，在'插红旗，拔白旗'中同'右倾保守和翻案风'斗，在'革命大批判'中同各条战线的资产阶级路线斗"①，成了地地道道的"阶级斗争工具"。例如，不少期刊在1960年前后发表了上百篇文章批判马寅初的《新人口论》，说《新人口论》是资产阶级射向无产阶级的一支毒箭，严重地混淆了学术与政治的界限，给期刊发展带来了不良影响。

二是时政理论期刊纷纷创办，组成了一个从中央到地方、遍布全国的时政理论宣传网。② 1958年4月2日，中共中央下发《关于各省、市、自治区必须加强理论队伍和准备创办理论刊物的通知》，明确要求各级党委在适当的时候尽快创办理论结合实际的刊物，用于讨论社会主义革命和建设诸问题，便于指导工作。1958年6月1日，中共中央主办的《红旗》杂志在北京率先创刊，其"任务就是要更高地举起无产阶级在思想界的革命红旗。毫无疑问，任何地方，如果还有资产阶级的旗帜，就应当把它拔掉，插上无产阶级的旗帜"③，毛泽东亲自题写刊名，审阅了发刊词。随后，各省、市、自治区党委纷纷效仿，同类性质的杂志陆续创刊，主要有北京的《前线》、黑龙江的《奋斗》、吉林的《跃进》、辽宁的《理论学习》、河北的《东风》、内蒙古的《实践》、山西的《前进》、山东的《新论语》、河南的《中州评论》、湖北的《七一》、湖南的《学习导报》、安徽的《虚与实》、江西的《跃进》、福建的《红与专》、上海的《解放》、浙江的《求是》、江苏的《群众》、广东的《上游》、广西的《思想解放》、四川的《上游》、云南的《创造》、贵州的《团结》、陕西的《思想战线》、甘肃的《红星》、宁夏的《星火》、青海的《红与专》、新疆的《新疆》等。其中有代表性的是《前线》杂志，创办于1958年11月，"跟群众血肉相连地打成一片，在群众自觉的基础上，领导群众一同前进……根据党的方针政策，根据客观实际的可能性和必要性，最大限度发

---

① 童兵：《主体与喉舌——共和国新闻传播轨迹审视》，河南人民出版社1994年版，第106页。

② 黄瑚：《中国新闻事业发展史》，复旦大学出版社2009年版，第299页。

③ 《发刊词》，《红旗》1958年第1期。

挥主观的能动性"①，集理论性、针对性和知识性于一身，是北京市党组织及时地反映现实、指导实践、改造现实的有力思想武器②。这一时期的时政理论期刊由中共中央和各省（区、市）党委主办，有出版条件的地（市）委甚至县委也有类似刊物，遍及全国，数量众多，极大地满足了当时广泛传播马列主义的需要，其结构体系和办刊模式基本延续至今，在我国期刊发展史上具有独特的地位和作用，成为我国社会主义期刊事业的一大特色。

　　三是这一阶段的社会主义期刊事业在困难环境中发展，既经受了经济困顿的考验，也经历了"左"倾政治的干扰，但不少期刊依然坚持宣传马克思列宁主义、毛泽东思想和党的路线、方针、政策，坚持贯彻"百花齐放、百家争鸣"的方针，坚持为社会主义建设事业服务，专栏设置合理多样，精选细编，取得了良好的传播效果。《红旗》从创刊开始，发表了许多具有指导性的重要文章，宣传马列主义，指导党的工作，在全党起了很大作用。《前线》先后开辟有知识小品、学术资料、问题解答、读者信箱、思想杂谈和三家村札记等栏目，理论联系实际，文章生动活泼，深受读者喜爱。《中华医学杂志》第43卷发表了汤飞凡等人的文章《沙眼病原研究：Ⅴ.沙眼病毒分离技术的改进》，引起国际医学界重视，导致了微生物分类的变革。《科学通报》1964年第3期发表了竺可桢的文章《论我国气候的几个特点及其与粮食作物生产的关系》，《人民日报》和《地理学报》先后转载此文，毛泽东接见了文章作者。尤其是文学期刊《收获》，1957年7月创刊，1960年因经济困难而停刊，1964年复刊，1966年又因"文化大革命"而停刊（1979年复刊后出版至今），业务水平高，积累了丰富的编辑经验。1958年第1期的《编后记》中，《收获》发表了一段类似于编辑部独白的文字：

　　　　在我们的编辑工作中，总是尽力做到尊重作家的辛勤劳动的。来稿处理力求迅速认真，有的稿件甚至经过编辑部半数以上的工作同志仔细阅读，相互研究讨论，才做出最后决定的。准备刊用而还有些意见的稿件，我们都轻轻地做下了记号，提出编辑部的参考意见，连同

① 《站在革命和建设的最前线》，《前线》1958年第11期。
② 宋应离：《中国期刊发展史》，河南大学出版社2000年版，第264页。

　　原稿寄还原作者自己酌量去考虑修改。就是文句间有不妥之处，我们也注明行数、字数和作者商讨，经作者同意才代为改正。①

其中所体现出来的严谨细致的编辑作风和尊重作者的编辑立场，很值得我们继承与学习。当然，这一阶段的社会主义期刊事业在编辑方针和出版方式上也带有明显的时代烙印，如刻意强调期刊内容上的意识形态性、印刷纸张的统一调配与供应、稿酬标准的制度性变化与调节等，需要我们去认真对待。

四

　　1957—1965 年的中国，发生过太多刻骨铭心的事情，从反右斗争到"大跃进"，从三年经济困难到"以阶级斗争为纲"，直至"文化大革命"爆发，社会主义的期刊事业无一例外地都处在风口浪尖上，既要为历次运动推波助澜，又要作为对象直接参与运动，在曲折中前进，为以后中国期刊事业的发展打下了坚实的基础。

　　加拿大传播学者马歇尔·麦克卢汉（Marshall Mcluhan）认为："书籍是一种个人的自白形式（private confessional form），它给人以'观点'。报纸是一种群体的自白形式（group confessional form），它提供群体参与的机会。"② 期刊同样可以作如是观：第一，期刊介于报纸和书籍之间；第二，期刊既可以被看作是一种个人的自白形式，也可以被看作是一种群体的自白形式；第三，期刊在给人以观点的同时也提供群体参与的机会。如果上述意见成立，那么麦克卢汉所说的"书籍披露作者心灵历险中的秘闻……报纸的版面披露社会运转和社会交往中的秘闻"③，同样也是期刊所兼备的功能。也就是说，通过期刊，我们可以进入更多知识分子的内心世界，也可以更多地了解一个时代的社会真相。从这个意义上讲，我们所探讨的社会主义期刊事业，因其不可替代的传播特征和传播功能，理应得到研究者们的重视。

---

① 宋应离：《中国期刊发展史》，河南大学出版社 2000 年版，第 271 页。
② ［加］马歇尔·麦克卢汉：《理解媒介》，何道宽译，商务印书馆 2000 年版，第 256 页。
③ 同上书，第 257 页。

英华书院与近代中国的新闻传播事业

1813 年 7 月的一天，伦敦布道会的年轻传教士米怜（William Milne）带着新婚的妻子漂洋过海来到澳门，协助早在 1807 年 9 月就已奉命到中国的马礼逊（Robert Morrison）开展对华传教事业。此时的马礼逊虽然熟识中文典籍、精通中国官话和粤语，但布道工作却颇费周折，局面难以突破。米怜夫妇的到来，使得一心要建立对华传教基地的马礼逊看到了希望。他们辗转于南洋群岛，四处寻访适宜传教之地，最终选择落脚在马六甲，编印书报，设馆授徒。新闻史的研究表明，在马六甲印刷出版的《察世俗每月统记传》是世界上发行最早的近代化中文报刊。也就是说，中文近代报刊的历史，中国大地上近代报刊的历史，是由几个外国人揭开序幕的。①

近代中国的新闻事业就这样和传教士们在中国本土以及本土以外地区传播福音的活动如千丝万缕般纠葛在一起，六七十年的演绎，分割不清。当我们不得不把目光投向那些具有浓厚宗教意味的刊物时，历史的主体往往就模糊了，而合法的叙事必须进行。为开拓对华传教事业而创建的英华书院（Anglo – Chinese College）就这样进入了我们的视野，为什么要创建这么一所学校？这所学校有何特殊之处？它对中国的新闻传播事业发展有什么样的作用？将是我们要讨论的主要问题。

一 创建英华书院之缘由

马礼逊和米怜要在中国传教，面临的首要难题是清朝政府的闭关禁教

---

① 方汉奇等：《中国新闻事业通史（第一卷）》，中国人民大学出版社 1992 年版，第 244 页。

政策。清朝政府对外人在华活动严格限制，雍正年间的上谕就规定"各省西人，除应到京效力者外，余俱安置澳门"①，并且严密监视外国人在中国的活动范围。嘉庆十六年严定《西洋人传教治罪专条》，更是对中国境内外国人的传教活动明令禁止，"西洋人有私自刊刻经卷，倡立讲会，蛊惑多人及旗民人等向西洋人转为传习，并私立名号煽惑及众，确有实据，为首者意当定为绞决；其传教煽惑而无名号者，着定为绞候；其仅止听从入教不知悔改者，发往黑龙江给索伦达呼尔为奴，旗人销去旗档"②。当然，清廷禁令既适用于早期的天主教，也适用于后来的基督教新教，因为对于清朝而言，二者并无太大的区别。马礼逊和米怜深谙局势，自是不敢冒天下之大不韪，要知道，轻易传教所冒的风险是"定为绞决"。其次，作为新教传教士的马礼逊和米怜还要面临来自天主教的阻碍。葡萄牙殖民者将天主教视为国教，把澳门当作天主教的势力范围，不容新教染指，对新教采取的是抵制政策。米怜甫一抵达澳门，即遭天主教鼓噪排挤，被澳葡当局下令离境，前往广州，过着十分不安稳的生活。1815 年，马礼逊和米怜在给伦敦布道会的建议里倾诉了他们的苦楚以及想法："以今日中国的情况而言，要通过出版物或者我们布道会的其他活动来进行传教是十分困难的；实际上，就连个人的居住问题都没有保障。因此，我们希望能在某个欧洲新教国家管辖而又距离中国不太远的地方，辟设一个在客观条件上允许我们较能展开活动且能奏效的根据地。这样，我们就可以做好准备工作，在中国按照上帝的旨意开放其门户时进入该国。"③ 地理位置优越的马六甲，拥有大量华侨，距离中国较近，殖民当局支持新教传播，自然而然成了新教传教士们建立根据地的上上之选。

1815 年 4 月 17 日，还是晚春时节，米怜携夫人和几名雇员（主要是中文教师和刻工）从广州出发，经过 35 天的颠簸后抵达马六甲。8 月 5 日，宗教月刊《察世俗》问世，就在同一天，以中国人为对象的免费学校"立义馆"也顺利开校。随着传教工作的陆续展开和深入，米怜肩上的任务也越来越重，作为"越恒河布道会"（Ultra Missionary Union）主席的米怜迫切期望能有一个团队给他提供帮助，他指望有这样一所学校：不

---

①　潘贤模：《南洋萌芽时期的报纸——近代中国报史初篇》，《新闻研究资料》总第9辑。

②　中国人民大学清史研究所：《清史编年（第七卷）》，中国人民大学出版社2000年版，第604页。

③　［新加坡］卓南生：《中国近代报业发展史》，中国社会科学出版社2002年版，第15页。

仅培养华人懂得英文，而且也培养优秀传教士懂得中文。显然，仅仅招收华裔男童的"立义馆"是不能满足米怜真正的愿望的，它只不过是一所简陋的过渡性学校而已。

其实，早在 1812 年致伦敦布道会财务总管和秘书的信中，马礼逊就提出要在马六甲建立一所学院，以便培养海外传教士，他写道："我希望我们在马六甲有所学院，为恒河外方的各国培养欧洲及本地的传教士。"①米怜的遭遇更加坚定了马礼逊的这一构想。1815 年 10 月，马礼逊向社会公布了《致大不列颠及北爱尔兰仁慈的基督徒：关于通过自愿募捐在东印度的马六甲建立一所英国的和中国的学院的提议》，这一计划文本共八条内容，第一条明确地指出了建立学院的"直接的目标是促进英国和使用中文的各国间友好的文学交流，最终的目标是实现一个愿望：在上帝福佑下，借助本学院，将理性和启示之光，以和平方式逐渐地照向亚洲的东部尽头和太阳升起处的那些岛屿"②，其余各条涉及学院管理、招生和批准诸事项。随后，各类捐献纷至沓来，计其要者，有：伦敦布道会 500镑，东印度公司每年 1200 镑，马礼逊本人 1000 镑并每年 100 镑（以 5 年为限），来自印度、英国、美国、马六甲殖民政府和在华洋商的若干。

1818 年 11 月 11 日，英华书院举行奠基礼，驻马六甲英军司令法夸尔（William Farquhar）上校主持仪式，当地官吏士绅均应邀参加。书院接管原"立义馆"之学童，并于 1820 年建成后正式招生。

二　英华书院办学状况分析

英华书院滨海而建，除了常设和外设的教学机构和设施外，还有中文印刷所和英文印刷所。人员从院长到教师，包括随员、学生以及刻版工、写字匠、装订工、木匠和园丁，一应俱全。第一次鸦片战争后，香港被英国占领，1843 年书院整体迁港，并于 1844 年更名为英华神学院，1856 年停办。从 1818 年至 1856 年，担任英华书院院长的均为伦敦布道会的传教士（见表 1③）。

---

① 谭树林：《英华书院：近代教会学校之滥觞》，《聊城大学学报》2002 年第 2 期。

② 同上。

③ 熊月之：《西学东渐与晚清社会》，上海人民出版社 1994 年版，第 124 页。

表 1　　　　　　　　　英华书院历任院长一览表

任职时间	院长
1818—1822 年	米怜（William Milne）
1822—1824 年	宏富礼（James Humphery）
1824—1828 年	柯大卫（David Collie）
1828—1832 年	吉德（Samuel Kidd）
1832—1834 年	汤雅各（Jocob Tomlin）
1834—1840 年	伊万斯（John Evans）
1840—1856 年	理雅各（James Legge）

英华书院作为一所教会学校，它助纣为虐的侵略性是有目共睹的，但是从积极的角度来讲，致力于宗教传播是它的本分，而且由于它独特的历史地位，我们不应该低估它在中西文化交流方面所产生的深远影响，以及对我国教育、科学、新闻出版等领域更为明显的促进作用。因此，我们有必要分析一下英华书院作为一所教育机构的基本状况，给后面的阐述做个铺垫。

1. 办学宗旨。米怜在《英华书院计划书》（*General Plan of the Anglo - Chinese College*）里明确宣布："本院之设立，以交互教育中西文学，及传播基督教理为宗旨。一则造就欧人学习中国语言及中国文字；二则举凡恒河外方各族，即中国、印支及中国东南诸藩属之琉球、高丽、日本等民族，其就读于中文科者，皆能以英语接受西欧文学及科学之造就。本院各项课程之设计，均本以和平传播基督教及东方一般文化之原则，冀以达致有效影响为目的。"[①] 要而言之，英华书院的办学宗旨，一为传播宗教，二为传播科学文化。

2. 教学内容。在《英华书院计划书》里，同时也规定了学生必修的科目："欧籍学生必须授予中国语文，惟各生得按其意愿在宗教、文字、经济诸科上有所选择；本土学生必须以英国语文授以地理、历史、数学，及有关学术与科学之各项科目。如属时间许可，亦将授以伦理哲学、基督教神学及马来文等。"[②] 总体来说，英华书院的教学内容体系从

---

① 李志刚：《基督教早期在华传教史》，台湾商务印书馆 1985 年版，第 203 页。
② 同上书，第 204 页。

属并服务于传教工作，包括三个方面：一是中国语言文化，主要学习《幼学琼林》《四书》《三字经》等传统蒙学典籍，有时也请人教授闽方言和粤方言等利于日常交流的口语；二是英文与西方科学知识，开设的课程中语言训练方面的有英语对话、写作、语法等，西方科学知识方面的有地理、历史、天文、数学及常识等；三是宗教教育，围绕《圣经》，除了布道、礼拜、晨读等常规内容外，还在其他课程的授课当中渗透甚至灌输基督教教义。

3. 教学方法。英华书院几乎每个人的生活都是从早晨的诵经开始到晚上的祷告结束，日复一日，年复一年，但是置身其中的教学活动并非想象中的那么呆板、那么枯燥，相反，却是别开生面，值得称道的。英华书院的教师们将西方传统的自由和博爱原封不动地搬到了这所被后人称为基督教传教士开办的第一所中文学校的课堂上，他们注重对知识的理解，不强求学生死记硬背，尊重学生个性，按照学生的水平划分班级，因材施教。他们精心组织课堂教学，用地球仪做教具讲解地理知识。他们要求学生阅读经典，在做中学，学以致用，直接参与翻译实践。这些都与当时流行的私塾和官学模式有着天壤之别。

4. 招生培养及影响。按照计划，英华书院既设中学，也设小学，其生源比较广泛，欧美基督教徒、传教士、商行人员或本土青年，经过简单的资格认证，均可入学就读。实际上，英华书院的在校生中，小学的规模远远大于中学。1835—1836 年间，下属 9 所小学在校生男女总数达 340 多人，而同期的中学在校生最多时也只有 70 人左右（见表 2），之所以出现这种悬殊情况，大概和小学实行免费教育有关。19 世纪是中国政治、经济、文化等各方面转型的重要时期，西学东渐也好，洋为中用也罢，带给时人的毕竟是煌煌天朝从未领略过的思想、制度和器物。以宗教的名义，为近代教会学校之滥觞的英华书院开创了近代中国教会学校的基本模式，奠定了中国近现代教育的早期基础。从 1818 年奠基到 1843 年迁港，在马六甲凡 25 年，英华书院为之后的中西文化交流培养了一大批双语人才。如果说英华书院的影响波及中国近代化历程的多个侧面，一点也不为过。

表 2	英华书院在校学生统计（以中学为例）		单位：人
年份	人数	年份	人数
1818	7	1824—1826	26
1819—1820	7	1827—1829	30
1821	10—11	1830—1832	25
1822	15—16	1833—1834	32
1823	16—17	1835—1839	70

注：本表据李志刚《基督教早期在华传教史》（台湾商务印书馆 1985 年版）第 211 页绘制。

三　英华书院在近代中国的新闻
传播事业发展中的作用

基督教在华进行传教的方式有"口头播道"、"教育播道"、"文字播道"和"医疗播道"等，而新教早期所采用的主要是"教育播道"和"文字播道"。英华书院一方面是"教育播道"的主要标志，另一方面也和"文字播道"关系密切，可以说它是两种传教方式相结合的产物。就新闻史的角度而言，从 1815 年到 1874 年期间的所有传教士报刊，几乎无一例外都是"文字播道"的产物，而这期间的其他中文报刊也或多或少会受到"文字播道"路径的影响。卓南生先生把这 60 年的中国近代报刊发展史分为两个阶段："第一个阶段是宗教月刊时期，即从 1815 年伦敦布道会在马六甲创办《察世俗每月统记传》开始至 1857 年创刊于上海的《六合丛谈》在 1858 年停刊为止。第二个阶段是'新报'的萌芽与成长期。"[1] 我们接受这样的分类，早期宗教月刊的确是中文近代报刊发展的重要时期。这样看来，英华书院拥有的是和宗教月刊同样的历史阶段。我们相信，在共同的传教目的支配下，英华书院和宗教月刊之间千丝万缕的联系，使得英华书院在近代中国的新闻传播事业发展中扮演了举足轻重的角色。

早期宗教月刊都是传教士主编，"他们几乎都出身英华书院或与该书院有某种密切的关系"[2]（详见表 3）。其中所列的《依泾杂说》据说是中英文合刊的，可惜没有原件保存下来，相对具有特殊性，也就不在我们的

---

① ［新加坡］卓南生：《中国近代报业发展史》，中国社会科学出版社 2002 年版，第 205 页。

② 同上书，第 21 页。

讨论范畴之内，这里只是录以备考而已。米怜在编印《察世俗》的过程中体会到了人才的重要性，和马礼逊一起创办了英华书院并兼任首任院长和教员。麦都思（Walter Henry Medurst）于 1817 年被伦敦布道会派往马六甲协助马礼逊和米怜推行"文字播道"活动，在努力学习中文的同时，他一直是印刷部门的主管，并且在米怜健康欠佳时期实际主持所有工作，可以说，麦都思是英华书院的重要创始人之一，先后创办了《特选撮要》《各国消息》和《遐迩贯珍》。吉德是 1824 年 11 月来到马六甲的，先是在英华书院以学生的身份学习中文，1827 年成为英华书院的中文教师，1828 年担任院长，在此期间创办了《天下新闻》。《东西洋考》的创办者郭士立（Charles Gutzlaff）于 1826 年由荷兰布道会派往巴达维亚，随同伦敦布道会的传教士们学习中文和马来文，与这些和英华书院有直接关系的传教士们过从甚密，深受其影响，1829 年干脆退出荷兰布道会前往马六甲英华书院为伦敦布道会服务，并继续学习中文。《东西洋考》的后期编者之一马儒翰［又叫小马礼逊（John Robert Morrison），是马礼逊的次子］则是从英华书院毕业的著名人士。奚礼尔（Charles Batten Hiller）协助麦都思编辑《各国消息》和《遐迩贯珍》，可以说是"亲情客串"，他是麦都思的女婿，也是一名英国商人兼驻外官员。《遐迩贯珍》的另一位主编理雅各于 1840 年被伦敦布道会派遣到马六甲，在 1840—1856 年期间长期担任英华书院院长。创办《六合丛谈》的伟烈亚力（Alexander Wylie）也是伦敦布道会的传教士，和麦都思的经历极为相似。

表 3   早期宗教月刊一览表（1815—1858 年）

刊物名称	办刊时间	创刊地	主要编者
《察世俗每月统记传》	1815—1821	马六甲	米怜
《特选撮要每月纪传》	1823—1826	巴达维亚	麦都思
《天下新闻》	1827—1828	马六甲	吉德
《东西洋考每月统记传》	1833—1838	广州	郭士立、马儒翰
《依泾杂说》	1837—1838	澳门	士罗
《各国消息》	1838—1839	广州	麦都思、奚礼尔
《遐迩贯珍》	1853—1856	香港	麦都思、奚礼尔、理雅各
《六合丛谈》	1857—1858	上海	伟烈亚力

注：本表据卓南生《中国近代报业发展史》（中国社会科学出版社 2002 年版）第 215 页绘制。

　　1842 年《南京条约》签订之前，英华书院是培养欧美的中国通的唯一学校。早期宗教月刊在办刊宗旨、主要内容、样式版式、印刷发行等方面也极为相似（见表 4），"存在某种一脉相承的关系"①，从某种意义上讲，正是英华书院的传教氛围、文化环境和教育策略长期作用的结果。来源于中国古代报纸（邸报或京报）的线装书册式的装帧，适应复杂传教环境的"附会儒学"式的封面设计，追求如"彩色云"一般通俗和生动的文章写作，是宗教月刊初创时期的一大特色。之所以有这样的风格，除了刊物之间的先后示范作用外，大概也和英华书院的受教育经历对传教士潜移默化的影响有关。从《察世俗》的"阐发宗教教义"到《东西洋考》的"为在华外人之利益辩护"，再到《遐迩贯珍》的"促进中英两国的相互理解"，早期宗教月刊宗旨的这种演变一方面是办刊者对形势认识不断深入的体现，另一方面实际上也是前文所述的英华书院办学宗旨在应用领域不断得到强化的结果。就内容而言，早期宗教月刊很好地适应了马六甲、广州、香港和上海等不同地域的社会状况，从《察世俗》到《东西洋考》，再到《遐迩贯珍》，宗教自身的宣传越来越少，代之以越来越多的商业和新闻元素，"新报"的味道也越来越浓。宗教伦理肯定出自传教士之手，大部分介绍西方文化和科学知识的文章也是传教士所写，新闻和市场行情则大多摘译于同时期的外文报刊，英华书院的师生自始至终地参与到变迁过程中，充当大部分稿件的撰稿人。例如，《察世俗》第 7卷（1821 年）刊载的《少年人篇》就是英华书院学生的作品："在天地间，那一类是最贵的？曰：人为万物之首。／人以何算得万物之首？曰：以其有灵魂而万物皆无之故也。／若汝怀恶心，行歹事，此即以自己成禽兽又比较禽兽更不好也。"② 虽然写得简单粗糙，但也给《察世俗》平添了些许"彩色云"。

　　此外，英华书院对提高中文近代报刊的印刷技术也有很大贡献。鸦片战争之前，英华书院使用铅活字印刷所有的英文资料，但限于技术条件，中文出版物大多采用木刻雕版印刷，偶尔采用胶泥活字和石印技术，出版物的质量很难得到保证。为了提高中文印刷水平，伦敦布道会派戴尔

---

　　① 方汉奇等：《中国新闻事业通史（第一卷）》，中国人民大学出版社 1992 年版，第 271页。

　　② ［新］卓南生：《中国近代报业发展史》，中国社会科学出版社 2002 年版，第 34 页。

表4　　　　　　　　　　早期宗教月刊（1815—1958 年）简况

刊物名称	宗旨	主要内容	样式版式	印刷发行
《察世俗》	阐发宗教教义	神理、人道、国俗	线装书册式	雕版免费赠阅
《特选撮要》	……《察世俗》的巴达维亚版……			
《天下新闻》	—	新闻和其他科学宗教知识	散张式	活字印刷
《东西洋考》	为在华外人之利益辩护	介绍西方的知识与文明	线装书册式	雕版
《各国消息》	以《东西洋考》为范本	外国新闻、广州市场行情	线装书册式	石印
《遐迩贯珍》	促进中英两国的相互理解	介绍西方文明、登载新闻	线装书册式	香港英华书院铅活字印刷发行
《六合丛谈》	……《遐迩贯珍》的上海版……			墨海书馆印刷发行

（Samuel Dyer）到马六甲进行专门研究，经过悉心探索，戴尔最终研制出了先雕钢模，然后冲制铜字模，再制汉字铅活字的技术工艺，于1843 年病故前刻制了一大批美观耐用的中文字模。香港英华书院以这副字模为根本，成为中国第一家拥有中文铅活字设备的印刷机构，承印了大量的中文出版物，其中就包括《遐迩贯珍》，开了中国新闻传播事业史上用铅活字印刷中文报刊的先河。后来王韬和黄胜集资购买英华书院的印刷设备，组建中华印务总局，并且出版《循环日报》，则使其更加具有历史意义。

第 2 辑

略论勒温对传播学研究的贡献

　　著名社会心理学家库尔特·勒温（Kurt Lewin, 1890—1947，又译卢因、列文），生于东普鲁士的莫吉诺（今属波兰），是完形心理学派的代表人物，被誉为拓扑心理学的创始人和实验社会心理学的奠基者。勒温曾在弗赖堡大学、慕尼黑大学和柏林大学等校学习，与沃尔夫冈·苛勒（Wolfgang Kohler）和库尔特·考夫卡（Kurt Koffka）等著名的格式塔心理学家同窗攻读并深受其影响。1914 年，勒温获得柏林大学哲学博士学位，此后一直担任教学和研究工作，先后任美国斯坦福大学客座教授，依阿华大学儿童福利研究所儿童心理学教授，美国麻省理工学院团体动力学研究中心主任等职。作为一名移民学者，勒温注重心理学在社会实践层面的具体运用，把它当作一门真正的社会科学进行毕生的理论探讨，他率先把心理学的观点与方法引入传播学领域，用以考察人类的传播现象和传播活动，是传播学的四大先驱之一。

　　人们普遍认为，勒温对传播学有影响的心理学研究主要包含在他的《人格的动力理论》（1935）、《拓扑心理学》（1936）、《对心理学理论的贡献》（1938）、《解决社会冲突》（1948）、《社会科学中的场论》（1951）等著作当中，我们从传播学的角度系统梳理勒温的心理学观点，主要意图在于更进一步地揭示勒温在传播学史上的真正意义。

一

　　通常情况下，心理学研究的目的在于寻找出控制心理事件的所谓规律，也就是说，研究者应该确定不同类型的心理事件在何种条件下发生、具有怎样的效果。同时，心理学的探求还应表明特定的个体行为采取唯一方式的必然性。针对后者，勒温提出了著名的行为公式："如果人们用 B

表示行为或任何类型的心理事件，用 S 表示包括个体的整个情境，那么 B 可以被看作 S 的函数：B = f(S)。在这个等式中，函数 f，或更准确一点，它的一般形式就表示人们通常所称的规律，如果人们以个案的特性常数取代这个公式中的变量，那么人们就可应用于具体情境。……在心理学中，通过大致地区分个体（P）和他的环境（E），人们能够开始描述整个情境。每一心理事件取决于个体的状态，同时也取决于环境，虽然个体和环境的相对重要性在不同个案中有所不同。因此我们能够把适合于每一心理事件的公式 B = f(S) 陈述为 B = f(PE)。"① 在勒温的心理学研究中，行为和心理事件是并称的。显然，行为仍然是勒温心理学的基本研究对象，可是勒温所强调的行为（心理事件）并不是一种单纯的生物性活动，他的行为公式 B = f(PE)（其中 B 代表个体的行为，P 代表人，E 代表环境，f 为函数）告诉我们：行为会随着人与环境这两个因素的变化而发生改变。也就是说，不同的人对同一环境可产生不同的行为，同一个人对不同的环境也可产生不同的行为，甚至同一个人在不同的情境下，对同样的环境也可产生不同的行为。

美国早期的传播学研究就是把传播作为一种行为来对待的，比如拉斯韦尔的 5W 模式、香农和韦弗的数学模式，等等。众所周知，这些模式所阐述的都是简单的从传播者到接收者的信息传递过程，信息运动的轨迹是线性的，信息行为的主动施予者和被动接受者之间只存在单向联系。这些模式深受行为主义的影响，相信刺激—反应理论（S-R 理论），把媒介信息作为刺激，把受众的行为和态度的改变作为反应，在整个研究过程中比较重视对传播效果的分析探讨。S-R 理论是行为主义心理学的基本假定，认为人类的一切行为（包括语言）都可以解释为刺激和反应的联结，因此要求研究"可观察的"人类行为。以行为主义为主要理论导向并侧重于效果研究是迄今美国传播学研究的主流，可以说，这种研究构筑了传播学大厦的基石和总体框架。但是，这种主流传播研究也有其明显的缺陷：不但对传播行为内部各功能因素之间的相互影响、相互制约进行了简单化处理，而且更重要的是，把具体的传播行为和外部环境及其背景因素人为地割裂开来，造成了传播学研究"只见树木，不见森林"的微观化

---

① ［美］库尔德·勒温：《拓扑心理学》，竺培梁译，浙江教育出版社 1997 年版，第 10—11 页。

倾向。正如台湾学者张锦华所说的："传播效果（effect）研究囿于行为主义量化的模式，只探讨短期的、可观察的、量化的'效果'，但忽略了长期的、非量化的，以及结构性的传播'力量'（power）。"①

勒温的行为观强调环境在人的行为发生过程中的重要影响，与行为主义心理学的行为假定有极大的不同，从这一点出发，在传播学研究的效果分析或受众行为分析中，研究人员就不能只做出单纯的刺激—反应式判断，而是要意识到传播效果或受众行为之所以如此的复杂性，充分考虑环境诸要素对传播行为的决定性影响和作用。主流传播学因此而获得了较为广阔的研究前景。当然，勒温的行为观也不同于和他同时代的较有影响的考夫卡的"双重环境论"。考夫卡认为，个体总是在地理环境和行为环境中行为，对个体而言，虽然觉知的行为环境直接制约着他的行为，但觉知的行为环境并不时刻等同于现实的地理环境，所以"双重环境"都会对人的行为造成影响。但是，考夫卡的"双重环境"是具体可感的，对人的行为的影响是可测量、可观察的，而勒温所指的环境，并不是客观的地理环境和社会环境，他是指心理环境（mental environment）。凡属于有影响的事实，即使个体当时没有意识到，也包括在勒温的心理环境之中。②勒温把心理环境分为三类准事实——准物理的事实、准社会的事实和准概念的事实，它们并非纯自然、纯社会、纯概念的事实，是在人与环境相互作用中产生的。就传播学而言，重视心理环境对人的行为的影响，事实上已经触及了受众的主体性特征，对以传播者为单一主体的早期美国传播学研究来说，无疑是一大进步。

二

把行为仅仅用函数公式表达出来并非勒温心理学的指归，勒温真正的用意在于张扬完全不同于行为主义的另一种行为观，并且以此为基础，试图构建别样的、另类的心理学图景，这一点，也正是同时期的传播学所期待的。谈及此，我们也就撇不开勒温的场论。

场论（field theory）是勒温从一名心理学家转向一位社会心理学家的

---

① 张锦华：《传播批判理论》，黎明文化事业股份有限公司1994年版，第43页。
② 车文博：《西方心理学史》，浙江教育出版社1998年版，第435页。

过程中最值得关注的重要理论，是其跨越两个学科领域的衔接点。勒温多次强调："心理学必须给每一个体和他自己的环境确定一个分离空间。每个这类空间相当于一个心理生物世界的总体（从科学理论的观点来看，它等价于整个物理世界）。"[①] 心理场（psychological field）或生活空间是因此而提出来的拓扑心理学中的一个基本概念。勒温把行为公式 B = f(PE) 当中的 P 和 E 提取出来，当作一个整体进行研究，从物理学中借用了"场"的方法，用来描述个体和环境二者的状态。他认为，人就是一个场，人的心理现象具有空间的属性，人的心理活动也是在一种心理场（或生活空间）中发生的，人的行为是由场决定的。这个场就是个体和环境所处的同一情境，而"情境"一词容易和环境一词相混淆，所以勒温使用"心理场"（或心理生活空间，简称"生活空间"）这一术语，来确定影响个体在某一时刻的行为的全部事实。勒温还认为，心理场的"每一组分都可同等于一个区域（region）。因此我们必须把每一事物描述为一个区域：首先，生活空间的一个物体如一个个体，在区域内有其位置；它在区域内运动；它通过区域进行位移。其次，同时我们在区域内能够区分若干位置或组分，或者该区域是一个范围更大的整体的组分。这个定义意味着个体本身必须被描述为生活空间内的一个区域，而且，整体生活空间也是一个区域。心理区域的可逆定义也成立，在描述情境时，作为一个区域的每一事物必须是生活空间的一个组分"[②]。心理区域具有一定的边界，但个体行为能够从一个区域运动到另一个区域（勒温称之为位移）。

　　勒温的场论在开创心理学的认识方法的过程中起了重要的作用，勒温因此被后人称为"社会心理学的认识论者"。把人的心理现象视为一种心理场，而且似乎是一个可视的空间系统，可以用来解释人类认识活动的深层次规律。具体的人在这里被表述为心理生活空间的组成部分，并在其范围内存在变化，而每一个体行为（心理事件）的发生发展，事实上就是整体的生活空间发挥系统作用的结果，当然，个体行为有时也能突破（位移）小的生活空间（区域），但罩在其上面的，仍然还有一个更大的整体。显然，勒温的场论旨在阐明个体和其环境之间联系的合理性甚至唯一性。场论所揭示的个体行为对其心理空间的依赖或顺从，从某种意义上

---

① ［美］库尔德·勒温：《拓扑心理学》，竺培梁译，浙江教育出版社 1997 年版，第71页。
② 同上书，第92页。

也就彻底粉碎了前述行为主义的 S－R 理论。对传播学而言，勒温的场论恰好描绘出了一幅极佳的研究前景图：如果把场论纳入传播者研究，则传播活动不能只解释为传播者的主观行为；如果把场论纳入受众研究，则我们就不能轻易相信受传者只是被动地对刺激做出直接反应，无论是传播者还是受众，二者传播或是接收行为的外围都存在一个值得我们关注的"心理场"，像屏障一样保护二者，同时也对二者有不小的压力。

不仅如此，场论对于传播学还有重要的认识论意义。著名传播学者罗杰斯认为，勒温的这一理论在传播中表现为"认识既是传播的结果，又是传播的起源。在你心中的东西业已是获得的传播的结果，你告诉其他人的东西是来自同一心灵的内容——这些内容正经历变化，并相互发生作用。……正是场论的认识论重点和人类传播过程之间的这一紧密的对应关系，导致了勒温达到了一个传播学前辈的高度"[1]。离开了勒温的场论，我们对人类传播行为的讨论将会失去某些有关源头方面的重要依据，从而导致传播学研究方向的不确定性。

三

然而，目前国内大部分学者倾向于认为勒温的团体动力学（也称群体动力学）真正使其厕身传播学四大先驱之列[2]，我们也不得不正视这一点。"团体动力学"（group dynamics）这一概念在勒温的《社会空间实验》（1939 年）一文中首次被使用，之后，在勒温的极力倡导实践下，逐渐成为一门学科专业，甚至蔚为实践运动之大观，被誉为当代西方社会心理学发展史上的一座里程碑。勒温的团体动力学以其场论为基础，吸纳了社会学、文化人类学以及经济学等领域的相关知识与研究手段，从整体的观念出发，主要运用实验方法来研究社会心理现象（重点是团体生活），试图针对小型团体的结构和动力问题得出科学的试验性阐释。正因为团体动力学研究的主旨是团体内部的动力关系，所以我们首先要做的是考察勒温对"动力"和"团体"的认识。

勒温所指陈的"团体"是以人与人之间的面对面直接接触关系为特

---

① ［美］E. M. 罗杰斯：《传播学史》，殷晓蓉译，上海译文出版社 2002 年版，第 338 页。

② 李彬：《传播学引论》，新华出版社 1993 年版，第 23 页。

征的小型团体，它并非个体的简单集合，而是一个具有整体意义的"场"，所以整体观才是我们理解"团体"意义的根本所在。勒温认为，在团体与个体的关系中起决定作用的是团体而不是个体，团体也许会受到其中每位个体成员的心理因素的影响，但更重要的却是个体必须受所属团体的支配与左右。在团体动力学中，团体的"内聚力"（cohesiveness）以无可辩驳的强势影响力成为研究的焦点。内聚力乃是团体成员发生作用的所有力量的汇合，表现在个体成员的心理感受层面，则是认同感、归属感和有力感。也就是说，在勒温看来，团体是个体动力的主要源泉。因此，团体动力学关注的范围虽然很广——包括团体气氛、团体内部人际关系、领袖与领导方式、团体决策历程以及大团体中各小团体的形成与成功等，但是团体的内聚力依然显得特别重要，它标志着团体对于个体的极端重要性。从而，对于动力的倾心探讨就成了团体动力学必须完成的功课。

心理学中，"动力"一词，包含有力量、活动和方向等方面的意义，可以涵括决定或影响有机体行为的所有内在与潜在因素。不同的心理学家，对"动力"概念的使用是不尽相同的。比如，弗洛伊德强调潜意识里欲望的动力性，而麦独孤（W. McDougall）的动力观更注重人的本能和本能对行为的驱动。勒温的团体动力学中，则倾向于对动力作一种关系性的揭示，他把动力的本质归结为包括人与环境在内的各种力量相互作用的心理紧张系统。勒温认为，只要在一个人的内部存在一种心理的需求，就会存在一种处于紧张状态的系统，紧张的释放可以为心理活动和行为提供动力和能量，从而也就构成了决定人的心理活动和行为表现的潜在因素。由此出发，勒温构建了他的整体的动力观：动力研究中应强调人与环境的关系和相互作用，突出人的情感、意志和人格，动力的意义体现在发展变化的过程之中，要把动力放在系统中去理解，重视动力研究本身对心理学的整合作用。[①]

正是团体动力学的出现，改变了以往心理学研究只注重个体心理而不注重团体心理的局面，同时也给心理学带来了严格求证的实验方法。同样地，与心理学有着千丝万缕联系的传播研究也出现了明显的变化，这里不再一一赘述。但是，有一点我们必须明确，勒温的团体动力学至少告诉我们：传播行为的本质实际上是人的心理紧张的释放，是人和环境之间的一

---

① 申荷永：《论勒温心理学中的动力》，《心理学报》1991 年第 3 期。

种关系行为。在传播学研究中，我们所面对的是人的整体性抑或整体的人，因而传播者也好，受传者也罢，其所具有的整体的系统特征足以证明传播活动的复杂性，仅仅专注于单一类型的浅表层次的传播研究，恐怕不能满足学科的真正要求。所以，自我传播、人际传播、组织传播和大众传播的粗略划分，从某种意义上就有了心理学的原初支持。对组织传播来讲，团体动力学尤其具备着开拓性的意义，奠定了最基本的理论框架。此外，传播效果研究由"枪弹论"折向"有限效果论"，又转至"强大效果论"，所依据的理论框架中也有团体动力学亦隐亦现的踪迹。

四

勒温是"最早研究团体的决定对个人态度和行为的影响的学者之一"①，他由此开创了传播学中"把关人"理论研究的先河。

在依阿华大学期间，勒温主持了著名的改变食品习惯实验研究，实验目的是要增加美国国内居民餐桌上对牛的心、胰脏、肝和肾的消耗，以缓解二战期间食品供应不足的状况。勒温的实验对象是 6 个红十字志愿者小组，每个小组由 13—17 名家庭主妇组成。实验进行时，其中的 3 个小组听了有关饮食习惯与人体健康的 45 分钟讲演，由一名也是家庭主妇的营养学家进行讲演，讲演中强调了那些美国人平素不欢迎的肉类的维生素价值和其经济优势，详细解释了牛下水的制作方法，用来烹调胰脏肉类的菜谱手册也被分发给每个小组的每位成员。另外 3 个小组则参加了同样时间的讨论课，课堂中所给予的信息与讲演小组一样，讨论课由特别擅长团体领导方式研究的博士生主持，每个小组成员都可以自由地参与讨论，提出那些关于烹制胰脏肉类的问题。按实验要求，讨论课结束时参与讨论的家庭主妇们举手表明是否会在下个星期内愿意烹制胰脏肉类。实验结束几个星期后，实验研究人员所进行的一项跟踪调查显示："在听过讲演的家庭主妇中，只有 3% 的人（已经）烹饪了以前从未做过的肉类中的一种，而在小组决定以后，则有 32% 的人（已经）烹饪了其中的一种。"②

---

① ［美］威尔伯·施拉姆等：《传播学概论》，陈亮等译，新华出版社 1984 年版，第 232 页。

② ［美］E. M. 罗杰斯：《传播学史》，殷晓蓉译，上海译文出版社 2002 年版，第 353 页。

　　这次实验堪称经典，对后来的传播学研究影响巨大而且深远。罗杰斯对勒温主持的这一研究给予了很高的评价，他认为"在有关相互作用的人际传播（由讨论的条件所代表）和单向大众传播（近似于讲演的条件）之间的差异方面，勒温的胰脏试验成为一个经典性的研究"①。更重要的是，在这次改变食品习惯的实验研究中，勒温发现：家庭主妇是她们家庭消费的新食品的把关人（gate keeper）。随后，勒温在《群体生活的渠道》（1947 年）一文中系统地提出并阐述了"把关人"这一概念，他认为："信息总是沿着包含有'门区'的某些渠道流动，在那里，或者根据公正无私的规定，或者根据'守门人'的个人意见，就信息或商品是否可被允许进入渠道或继续在渠道里流动作出决定。"② 更进一步，勒温又提出："这种情况不仅适合于食品系统，而且适合一条新闻通过某种传播渠道在群体中的流通。"③ 从而开创了传播学中传播者研究的重要理论——"把关人"理论的先河。后来，勒温的学生怀特（D. M. White）在研究美国一家非都市报纸的电讯编辑时采用了这一概念，首次为新闻传播之"把关人"的存在与作用收集了实证材料，确立了"把关人"理论研究在传播研究当中的基础地位。

　　心理学家托尔曼（E. Tolman）曾预言："在未来的心理学史上，有两个人必将超于众人之上——弗洛伊德和勒温。他们两人的洞察力相反相成，初次使心理学成为可以同时适用于真实的个人和真实的社会的一门科学。"④ 勒温是最早研究传播学的心理学家之一，他把"真实的个人和真实的社会"联结在一起，从某种意义来讲，也就是把传播主体和传播环境统一成整体进行研究，此种功劳非同小可，无论是哪一方面，都将永远铭记"勒温"这个名字。

---

① ［美］E. M. 罗杰斯：《传播学史》，殷晓蓉译，上海译文出版社 2002 年版，第 353 页。
② 参见 ［英］丹尼斯·麦奎尔等《大众传播模式论》，祝建华等译，上海译文出版社 1997 年版，第 134 页。
③ ［美］E. M. 罗杰斯：《传播学史》，殷晓蓉译，上海译文出版社 2002 年版，第 354 页。
④ 申荷永：《论勒温心理学中的动力》，《心理学报》1991 年第 3 期。

知识经济时代与大众传播

人类社会在经历了农业经济、工业经济的形态之后，正在迈向知识经济的形态。面对这一历史的必然，大众传播媒介饱含巨大的热情，尽其所能地摇旗呐喊，向广大受众描绘一幅幅知识经济时代的蓝图。于是，人们似乎陷入了由大众传播媒介织就的信息包围圈之中，各种真实的、荒诞的、正面的、负面的信息扑面而来。面对这前所未有的情景，人们不仅手足无措，而且显示出种种茫然：谁给我们打造了眼前的一切？我们应该如何认识这个社会？我们究竟该怎么办？……不管情愿不情愿，在媒介或多或少的干预下，知识经济已成为人们思维和生活的焦点，无论是作为社会发展的一个阶段，还是作为一个经济知识化的过程，知识经济已经而且正在引起我们这个世界经济、社会、生活等各方面的深刻变化。

知识经济是 21 世纪的新经济，对此我们不能无动于衷。我们不但要弄明白知识经济带给我们的历史变化和难逢的机遇，而且更要搞清楚自身在这个时代所处的位置。传播学研究尤其要做到这一点，不仅要研究知识经济给传播带来什么，而且更要研究传播（特别是大众传播）在知识经济时代扮演什么角色、发挥什么样的功能。

一 大众传播视野中的知识经济时代

知识经济是和农业经济、工业经济相对应的一个概念，它指的是当今世界的一种新类型的、富有生命力的经济。1997 年初，经济合作与发展组织（OECD）发表题为《1996 年科学、技术和产业展望》的报告，提出"以知识为基础的经济"，简称知识经济，并对其作了全面、系统的阐述。报告认为知识经济是指以知识（智力）资源的占有、配置、生产和使用（消费）为最重要因素的经济。1997 年 2 月，美国总统克林顿在公开演讲中采用"知识经济"的说法，认为新经济就是知识经济。自此，知识经济逐渐成为世界范围的时髦词语，在各种著作、讲话、文本中频繁出现。

从大众传播学的角度看，知识经济时代具有以下特征[①]：

1. 生活信息化。知识经济是微电子技术和信息技术充分发展的产物，是信息社会的经济形态。在知识经济时代，数字化革命使信息流动大大加快，自动化技术、因特网等被大量使用。信息在全社会广泛渗透，对政治、经济、社会文化道德等有着全方面多方位的影响。信息产业成为国民经济的主要部门。信息是社会最重要的资源和财富之一，它的获取、加工、传输、储存以及享用几乎是人类生活的全部。

2. 日益普及的网络化。随着通信光缆、通信卫星和因特网的发展，人类社会赖以存在的地球正在缩小，有人称之为"地球村"。先前独立存在着的单元如政府、企业、部门、个人等正被紧密地联系起来，共同存在于一个巨大的网络之中，各自的发展都要依赖其他因素，各单元之间的沟通交流也更加高效、迅速、安全。因特网已经覆盖包括我国在内的大多数国家和地区，据美国《电脑工业年鉴》2001年公布的数据，全球因特网用户已从1998年底的2亿多人增加到2000年底的4.14亿人。而且正以每月16%的速度递增，预计至2001年7月，全球网民将达到6.99亿人。

3. 创新是社会经济发展的动力。知识经济时代，技术和产品的生命周期日益缩短。"不创新就灭亡"的说法已不是危言耸听。唯有全面创新，包括技术、制度、产品、市场、管理等的创新，并将其相互结合，形成一种持续创新机制，使技术与经济、教育、文化有机结合，综合协调，一体化发展，才能赢得和保持竞争优势。据调查，创新对经济增长的贡献率在20世纪初为5%—20%，70年代至90年代初为70%—80%，因特网出现（1994）后为90%。可以说，创新是经济发展的源泉。

4. 以智力为支撑。知识经济也可称为智力经济，即一种以智力资源的占有、配置、生产、分配使用为最重要因素的经济。在传统经济发展中，资本、设备、资源等有形资产的投入起决定性作用。在知识经济中，智力、知识、信息等无形资产的投入起决定性作用，财富和权力再分配取决于拥有的信息、知识和智力。智力资源的多寡、智力资源开发和利用程

---

① 朱传贤：《新世纪经济与公共关系》，《公共关系》1999年第12期。

度的高低，决定着一个组织面向未来竞争的优势。据估计，1997 年 OECD 主要成员国国内生产总值的 50% 以上是以知识（智力）为基础的。

5. 强调可持续发展。工业经济社会的发展，尽可能多地利用自然资源，以获得最大利润，不考虑或极少考虑环境效益、生态效益，严重污染了自然环境，破坏生态平衡，损害了人类赖以生存的地球，危及人类长期发展。知识经济则强调把科学与技术融为一体，科学、合理、综合、高效地利用现有资源，同时开发尚未被利用的资源来取代已接近枯竭的稀缺资源，重视环境保护，发展生态化工业，实行优化的人口生产。

6. 大众传播事业蓬勃发展。知识经济时代是一种以信息传播为核心的传播社会，报纸、广播、电视在人们的日常生活中扮演着极其重要的角色。信息量的剧增、受众要求的细化、传媒之间的竞争使得报纸、广播、电视不断地采用高新技术来武装自己，提高自己的生存能力。随着互联网络的出现及其迅猛发展，传播尤其是大众传播的发展过程中出现了一些新的事物，如网络报刊、窄播电视、电话广播等。各种大众传媒不但各自构成一个个多元信息载体（如各种各样风格迥异的报纸、越来越多的电视频道），同时也在竞争中摔打成互为补充的立体存在。我们认为，在知识经济时代大众传播媒介之间不是试图去消亡对方，而是相互促进，共同推动大众传播事业的发展，从而使信息的交流更加频繁，经济更加发达。

知识经济的到来不容回避。20 世纪 90 年代初，世界级管理大师彼得·德鲁克（Peter Drucker）就认为世界上没有贫穷的国家，只有无知的国家，在其著作《后资本主义社会》一书中前瞻性地提出"知识的生产率将日益成为一个国家、一个行业、一家公司竞争的决定因素"[1]。作为发展中国家的中国，对此应该刻骨铭心地记取，中国的大众传播更应该未雨绸缪。

二 知识经济时代大众传播的地位

所谓大众传播，是指传播机构通过特定的技术手段和工具向为数众多的、分散的受众进行的大规模信息传播活动。[2] 它是随着社会生产力的发

---

① 转引自陶德言《知识经济浪潮》，中国城市出版社 1998 年版，第 5 页。
② 段京肃：《基础传播学》，兰州大学出版社 1996 年版，第 103 页。

展，由于人们进行信息交流的需要而产生的。因特网的出现虽然使人类的传播活动具有了极强的互动性与双向性，但因特网没有从根本上改变现有的媒介格局，况且把因特网作为一种媒介来看待时，它仍然具有信息公开性、受众分散且大量存在等特征。因此，我们不妨认为，因特网是继报纸、广播、电视之后的"第四媒体"，属于我们所讨论的大众传播的范畴。在知识经济时代，大众传播与知识经济是互动的关系，相互作用、相互影响、相互依赖。知识经济的发展，势必导致国民经济各部门趋向更合理的优化组合，信息产业将成为其中的支柱和先锋。信息技术的不断突破，使得大众传播领域向更加智能化、数字化、网络化、个性化的方向发展。大众传播领域的突飞猛进，则会使知识经济时代的信息传播更加广泛快捷，对其政治、经济、文化、生活等不同领域产生更加深刻的影响。所以，从大众传播与知识经济的互动关系中进一步认识大众传播所处的位置，无论是对我们从事传播学研究来说，还是针对大众传播自身的发展来讲，都是很有必要的。

1. 大众传播是知识经济的重要组成部分。信息产业是在信息技术基础上形成的蓬勃发展的新兴工业，它除了理所当然地包括信息技术（现代电子通信技术、数据处理技术和日用电子技术等）产业外，还包括信息服务业和信息娱乐业。[①] 信息产业是人类进入知识经济时代前后发展最迅速的支柱产业，也是最庞大、最重要的产业。据报道，1996 年全球信息产业总投资大约为 6100 亿美元。仅电讯产业的市值即达 6000 亿美元，仅次于医疗保健业和金融业，位居全球第三大产业。[②] 大众传播是信息产业的重要组成部分。传播学的集大成者威尔伯·施拉姆根据弗里茨·马克卢普的《知识产业》（1962）一书的表述，认为知识行业是按照以下方式组织起来的："信息增殖机构：大众传播媒介——报纸、杂志、书籍、电影、无线电广播、电视；信息传递机构：电话、电报、邮政、卫星系统及其他；为个人需要提供信息的机构：图书馆、文件摘编机构、计算机服务处、数据库等等。"[③] 据统计，到目前为止，中国的有线电视用户已经达到 8000 万户，居世界第一，固定资产达到了 2000 亿元，如果投入 100 亿

---

① 明安香：《信息高速公路与大众传播》，华夏出版社 1999 年版，第 8 页。

② 同上书，第 10 页。

③ ［美］威尔伯·施拉姆等：《传播学概论》，陈亮等译，新华出版社 1984 年版，第 155 页。

元整合全国的有线网络，可以达到 5000 亿元的资产规模。① 信息产业是以信息为核心的，大众传播媒介的基本职能就是收集、整理、加工、存储、运输信息。可见，大众传播已成为国民经济构成的重要因素。我们认为，大众传播是知识经济时代的产业先锋。目前，我国愈演愈烈的媒介产业化趋势也恰好证明了这一点，如媒体并购、报业集团、广电上市等，限于篇幅，不再赘述。

2. 大众传播是知识经济发展的重要推动力量。20 世纪 80 年代，美国加利福尼亚大学伯克利分校的保罗·罗默（Paul M. Romer）教授提出了经济增长的四要素理论，核心是把知识作为经济增长的更重要的因素。他主张知识是推动经济增长的重要动力，他把知识分解为可度量的要素，即：（1）人力资本（以受教育年限衡量）；（2）新思想（用专利衡量）；（3）资本；（4）非技术劳动力。他认为：第一，知识能够提高投资效益；第二，知识需要投资；第三，知识与投资存在良性循环的关系，投资促进知识，知识促进投资。他还强调，传统的物质经济形态中人类利用的资源是自然资源，越用越少，处于递减状态，而在知识经济形态中，人类制造财富的资源是知识，越用越多，处于递增的状态。现在看来，罗默教授所持的观点是比较正确的，知识已成为这个社会不可或缺的重要资源。那么，知识能自成其事吗？很显然，知识是静止的，知识的产生、发展、分享以及发生巨大作用，都离不开大众传播的影响。在知识经济时代，大众传播媒介是人类用来传递信息与获取信息的工具，是沟通与联系的手段，大众传播承担着整个社会纵与横两个方向的知识传承任务。因此，我们认为，大众传播是知识经济时代的"推进剂"，是社会发展的动力源，不仅为其他产业提供服务，而且其本身的进步也带动整个经济的发展。

三　知识经济时代大众传播的功能

朱镕基总理 1998 年在中央电视台视察工作时为"焦点访谈"栏目题词"舆论监督，群众喉舌，政府镜鉴，改革尖兵"，对新时期的大众传播事业提出了新的发展要求。同时，知识经济浪潮的冲击，使大众传播肩负着前所未有的历史使命。所以，对知识经济时代大众传播的功能认真加以

---

① 黄升民：《重提媒介产业化》，《现代传播》2000 年第 5 期。

研究，则是当务之急。

大众传播功能是指大众传播活动所具有的能力及其对人和社会所起的作用或效能。不同社会、不同阶层的学者对大众传播的功能向来有不同的认识。美国政治学家、传播学的四大先驱之一哈罗德·拉斯韦尔在其《社会传播的结构与功能》（1948）一文中提出传播有三个功能，即对环境进行监视，使社会各部分为适应环境而建立相互关系，使社会遗产代代相传。① 后来，社会学家查尔斯·赖特在《大众传播：功能的探讨》一书中从社会学的角度出发，在拉斯韦尔的基础上增加了传播的第四项功能——娱乐。施拉姆则认为传播有如下功能：社会雷达、操纵（决定—管理）、指导、娱乐，且有外向方面与内向方面之分。② 国际交流问题研究委员会在《多种声音，一个世界》中着眼于全球归纳了交流（communication）的八种功能：获得消息情报、社会化、动力、辩论和讨论、教育、发展文化、娱乐、一体化。③ 无产阶级政党及其革命家、政治家从宣传的目的出发特别强调大众传播的"耳目喉舌"作用，强化媒体的教化功能。以上认识，从不同的角度在不同的时代对大众传播的功能作出了不同的概括，都试图将大众传播多元化的功能剖析出来，为我所用，有其合理的科学的成分。

我们认为，大众传播的功能在经济发展的不同历史时期和在同一历史时期的不同发展阶段会有不同的变化，人们对它的认识自然也会呈现出多样性。在知识经济时代，大众传播会面临许多新问题，它不但仍要发挥传统的功能，而且更应发挥一些新的功能。我们从宏观角度出发对大众传播的功能进行分析，试图揭示大众传播在本质上一定要发挥的功能，否则就与微观的效果研究混同起来了。

1. 政治功能。大众传播在长期的传播实践和社会生活中已经形成了极高的权威性，这种权威为其功能作用提供了强大的社会保证，在政治生活领域尤其如此。大众传播的政治功能表现相当广泛，由此也更加为传播学研究者所关注。施拉姆借助社会科学家的研究，指出传播的社会功能中

---

① ［美］哈罗德·拉斯韦尔：《社会传播的结构与功能》，载《传播学（简介）》，人民日报出版社 1983 年版，第 186 页。

② ［美］威尔伯·施拉姆等：《传播学概论》，陈亮等译，新华出版社 1984 年版，第 34 页。

③ 国际交流问题研究委员会：《多种声音，一个世界》，中国对外翻译出版公司第二编译室译，中国对外翻译出版公司 1981 年版，第 19—20 页。

首要的是政治功能并且列表描述，传播的政治功能包括：监视（收集情报），协调（解释情报；制订、传播和执行政策），社会遗产、法律和习俗的传递。① 施拉姆是比较民主的，所持的态度比较公允。而大多数西方大众传播媒介（尤其是在实践领域）总是过分夸大媒介的独立自由，极力抹杀传播的政治功能，把政治功能看作少数集权国家所独有的事物。事实上，大众传播媒介掌握在统治阶级或集团手中，占统治地位的阶级或集团为了谋取利益，肯定会利用手中的媒介工具为其服务，社会经济越发达，利用的程度越深。海湾战争期间美国方面的新闻宣传、发达资本主义国家对发展中国家的肆意歪曲报道等事例都充分显示了大众传播强大的政治功能的效应。在知识经济时代，大众传播不能不反映政治、表达政治、服务政治和参与政治，它的政治功能一如既往地存在。大众传播既可以帮助政府收集情报、解释情报，传播政策、执行政策，宣传纪律，传递规范，稳定社会秩序，协调社会行为；也可以帮助人民了解政府职能、监督从政为民，表达民情民意、影响政府决策，认识生活环境、提高生活质量。在我国，大众传播的政治功能还鲜明地表现为大众传播媒介要在更高层次上做好党和人民的"耳目喉舌"，创造一个祥和稳定的政治环境。

2. 经济功能。前文已经论及，在知识经济时代，大众传播并不仅仅限于为其他产业提供信息服务，它本身就是知识产业的重要组成部分，在整个社会经济中占有重要的地位。大众传播的经济功能因此显得非常重要。施拉姆认为："（大众）传播首先必须满足绘制环境的经济图表的需要，以致每个人和组织就能构成自己对在特定时刻的买和卖的机会的印象。这种印象的一部分将通过广告完成，一部分通过对价目表和生意的分析完成。其次，经济政策必须通过个人和组织，或者通过国家起关联作用。市场必须加以管理和控制，制造商、商人、投资者和消费者必须决定怎样进入市场。最后，必须提供技术方面的指导和对经济行为的展望。"② 知识经济时代，大众传播媒介还可以提供关于国家发展、经济变革的信息，向人们传递必需的技术与知识，使广大人民有机会参与决策过程，从而在经济发展中发挥积极作用，也就是说，大众传播是经济建设所必需的重要的工具。大众传播经济功能的最明显的表现是广告业，在世界范围

---

① ［美］威尔伯·施拉姆等：《传播学概论》，陈亮等译，新华出版社1984年版，第33页。
② 同上。

内，广告这块蛋糕越做越大，以我国为例，1999 年我国的广告经营额已经达到 622 亿元，相当于 GDP 的 0.7% 左右。①

3. 教育功能。人的全面发展在任何时期都是值得重视的问题。知识经济时代，一个人能否成为高素质的劳动者，不是取决于他掌握知识的多少，而是取决于他能否及时学习、适应环境。大众传播在人的全面发展的过程中无疑要发挥重要的教育功能。国内一些学者认为："大众传播的教育功能，首先表现为大众传播媒介拥有巨大的教育价值，可以从某些方面起到等同于学校的部分作用；其次，它可以创造一种重视教育、具有强烈教育意识的社会环境，使社会大众争相吸收和享用文化知识；同时它能通过持续不断的信息传播逐步夹带和积聚知识；还有，就是直接传播知识。除了广播电视的教育台、教育频道和时段以及用于教育的报刊、网络之外，一般的大众传播媒介传播知识有着自己的特点，即它总是传播最新的知识、最常用的知识和最受公众欢迎的知识。"② 我们认为，大众传播的教育功能还体现在人们对大众传播媒介自身的使用上。学会广泛地使用（利用）各种各样的传播媒介（尤其是电子媒介）是知识经济时代个人和组织赖以生存的必要手段，比如能否灵活自如地操作计算机会使个人或组织对某些信息的获得受到限制。对发展中国家来讲，要接受知识经济的洗礼，发挥大众传播的教育功能显得尤为重要。

4. 文化功能。知识经济时代也叫信息社会，虽然方便快捷的信息传递使人类的居所变成了"地球村"，但就目前趋势而言，这种空间的缩小并未造成各民族文化之间的彻底融合，相反，"文化帝国主义"的呼声越来越高，反对"文化霸权"、争夺"话语权力"的活动愈演愈烈。大众传播的文化功能正是在此背景下提出来的。发达国家利用先进的传播技术，把大量的信息制品投放到全球的文化市场。面对外来文化，发展中国家的大众传播一味排斥和盲目照搬都是不对的，而是要依据一定的标准加以合理的选择，并结合本民族文化加以吸收和发展。同时，如何针对本民族人民的文化要求，积极弘扬本民族的传统文化，使其远播海内外，也需要大众传播积极发挥其文化功能。在知识经济时代，大众传播的文化功能涉及民族文化的生存和发展，从而影响到一个国家文化主权的完整和民族的独

---

① 黄升民：《重提媒介产业化》，《现代传播》2000 年第 5 期。

② 邵培仁：《传播学》，高等教育出版社 2000 年版，第 64 页。

立。因此，大众传播的文化功能也可以称为维护历史和传统的功能，在大众传播的功能系统中是不容忽视的。也有学者把大众传播本身作为一种文化现象来看待，当不属于我们讨论的范畴。

5. 娱乐功能。娱乐能使人们在精神上得到享受和放松，感情上得到满足和发泄，进而消除神经和体力的疲劳，在人们的劳动、生产和生活过程中是一种调节剂。在知识经济时代，大众传播活动中娱乐性内容在时间上所占比例是最大的，对人的吸引力也是最大的。施拉姆认为："大众传播主要被用于娱乐的占有的百分比大得惊人。几乎全部美国商业电视，除了新闻和广告（其中很大一部分也是让人消遣）；大部分畅销杂志，除了登广告的那几页；大部分广播，除了新闻、谈话节目和广告；大部分商业电影；还有报纸内容中越来越大的部分——都是让人娱乐而不是以开导为目的的"①。在知识经济时代中的全球范围内，情况依然如此，只不过还要添加形形色色的互联网络娱乐项目。大众传播的娱乐功能并不会使一个民族的文化消费趋于颓废，相反，大众传播可以承载和传递当前任何形式的高雅文化品，甚至有可能由此产生具有新的形式和新的内容的艺术样式，让文化市场进一步繁荣。所以，我们认为，大众传播的娱乐功能并非仅仅是一种消遣，同时也具有渗透、创造和发展的功能。

除了上述的正面功能之外，大众传播还有负面功能。拉扎斯菲尔德和默顿都曾指出大众传播媒介的一种"麻醉"功能，即如果一个人接受了过多的信息，便可能陷入一种对信息的漠不关心或被动消极的状态。② 任何事物都具有两面性，在知识经济时代，大众传播的负面功能主要表现在它可以导致人们认识世界的手段单一化，使人易患媒介依赖症，从而形成媒介营造世界的现象。此外，大众传播媒介铺天盖地而来，造成信息泛滥，容易诱发诸如色情、吸毒、暴力、同性恋、少年犯罪等社会不良现象。因此，大众传播的负面功能作为传播者在传播活动中不愿见到或力求避免的一种病态效应，在知识经济时代，我们对其应该有充分的认识，努力消除它的影响。

以上对传播功能的分析，是为了寻求认识上的方便。在知识经济时

---

① ［美］威尔伯·施拉姆等：《传播学概论》，陈亮等译，新华出版社1984年版，第37页。

② ［美］沃纳·塞佛林等：《传播理论：起源、方法与运用》，郭镇之等译，华夏出版社2000年版，第348页。

代，大众传播的功能是相互联系、相互渗透、相互影响的统一整体。在有机的系统内，任何一项功能的发挥都离不开其他功能的互动与支持。由于大众传播在知识经济时代的特殊地位和作用，每一项功能内部也有层次可言，各自又构成独立的范畴，有待人们去进一步认识、发现。

总体来讲，知识经济在世界范围内已初显端倪。摆在我们面前的是新的机遇，如何抓住它、利用它，大众传播当之无愧是其中的先锋。

微弱的辩证:传播批判理论研究

一

一般意义上,我们所言说的传播学主要是指以功能主义和实证主义为特征的美国主流传播学(the main stream),学界普遍称之为传播学的经验学派(或传统学派)。20 世纪 40 年代末 50 年代初,在威尔伯·施拉姆等众多专家学者的努力下,传播学经验学派形成了明确的研究内容和研究方向,并且拥有完整的理论体系。二战后,世界经济的飞速发展、传媒科技的长足进步又使得经验的传播学在世界范围内广为流传,至今大致经历了三个发展时期:一是传播学的"模式"研究时期。20 世纪 50 年代的传播理论研究中涌现出了许多传播模式,开始扩展拉斯韦尔的 5W 理论,提供了关于传播研究的多种思路。二是传播学突破传统时期。20 世纪 60 年代美国的传播学研究突破了长期以来以传播效果为中心的强烈的实用主义取向,转而把传播活动作为完整的系统进行全面细致的考察,受众因此获得了传播主体的权利,研究中还重视对传播活动长期效果的跟踪认识,甚至有研究者把传播现象作为社会的控制机制来做初步探讨。三是传播学整合时期。自 20 世纪 70 年代以来,美国经验的传播学渗透到社会生活的各个领域,与社会的互动更加紧密,传播学进入了全球化发展阶段,对经济、政治、文化等的影响日益明显,而世界范围内的传播学研究也呈风起云涌之势。①

由于种种原因,我国(不包括香港和台湾)的传播研究起步很晚,严格来讲,传播学由最初的概念引进直到如今的日渐成熟,只有 20 年的历史。这期间,传播学的发展时兴时衰,坦荡与坎坷交织,吸收与创新共

---

① 段京肃:《基础传播学》,兰州大学出版社 1996 年版,第 27—30 页。

舞。具体来看，20 世纪 80 年代是传播学的引进发展期。1982 年 11 月在北京召开的第一次全国传播学会议由部分新闻单位和大专院校的新闻系（所）参加，会议提出了"系统了解，分析研究，批判吸收，自主创造"的 16 字方针，首次在全国学术界公开确立了对待西方传播学的态度和原则，传播学开始了在中国的正式引入，首批传播学译著相继问世，并据此构建了我国传播学学科的大致框架，沿用至今。1986 年，第二次全国传播学会议在黄山开幕，与会代表跟踪国际传播学研究的最新发展，不仅回顾了此前传播学的研究成果，而且达成了"建设有中国特色的传播学"的共识，把新闻传播作为今后我国传播学的主攻方向，奠定了传播学在我国发展的特殊模式。20 世纪 80 年代末 90 年代初是传播学研究的相对低谷时期。1989—1992 年是我国舆论环境和媒介环境突变的时期，由于意识形态方面的进一步调整，因一度被误解为资产阶级的歪理邪说，传播学的研究从数量上锐减，传播学跌入低谷。1992 年之后是传播学的黄金时期。1992 年邓小平同志的南方谈话如一缕春风吹遍中华大地，大大加快了我国大众传播事业的发展，传播学研究也随之焕发青春，呈现勃勃生机。各类传播著作如雨后春笋般涌现。1997 年，新闻传播学被国务院学术委员会调整为一级学科，下设新闻学与传播学两个二级学科，传播学具备了正式的"公民"身份。跨入 21 世纪，传播学更是成了公认的"显学"，研究领域的极大拓宽，研究方法的多种多样，研究成果的不胜枚举，使传播学像一棵参天大树，浑身都透着活力。

　　回顾历史，我们称赞所取得的辉煌成果，承认传播学引进所带来的巨大社会价值。但是，稍加检视就会发现，有意无意间，我国的传播学研究曾经走了一条不完整的路，确实忽略了某些东西，诚如国内一位传播学者所言，"多年来，我们对西方传播学的认识，主要来自由施拉姆书写的那段'标准的历史'"①，研究视野被局限，造成了一定的学术偏颇。专家学者们一直以来注重的是前述美国的主流传播学，而事实上，20 世纪 60 年代，我们的论述对象——传播批判理论——就已初显端倪，并逐渐形成气候，只是我们在传播学领域没有过多地加以关注，并不十分了解它。

　　其实，早在 1994 年就有人认为："对于一个世界上最大的发展中国

---

①　王怡红：《僵化与断裂：对我国传播研究思路的反思》，《新闻与传播研究》1998 年第 4 期。

家，一个正在建设社会主义市场经济的国家来说，探讨批判学派的理论，借鉴批判学派的成果，开展批判学派的研究，无论从哪方面看都是十分必要的，而且是刻不容缓的。"① 对这段话我们深表赞同。传播批判理论的实践价值在现代性意义上不可小觑，尤其是正处于高速发展时期的中国传播界，更应该珍视并借鉴之。世界传播学研究当中，传播批判理论的研究几乎占据半壁江山，我国的传播学研究需要进一步拓展其研究范围甚至"变脸"才能保持与西方传播研究的同步。

（一）什么是"批判"

汉语的"批判"一词，意指"表示判断；评论，评断；对所认为错误的思想、言行进行批驳否定"②。从语义上看，"批判"只是表情达意的一种方式，其行为本身不应该带有太过浓烈的价值伦理色彩，更不具备攻击性的特征。但在历史上，汉语的"批判"经常充当特殊时期喊声震天的工具，词语背后隐藏了太多的悲剧性故事，因此国人对"批判"的态度总是暧昧有加。

事实上，西方的"批判"概念是一个发展的甚至辩证的概念。

Critique 一词最初是从希腊文 krinein（区别、辨别的意思）转化而来的，其用法有一个从古典到近代的演变过程。据张汝伦先生考证，古典的"批判"概念主要有三种指称：其一是指在法律讼争中的秩序重建；其二是指一种疾病的转折点；其三是指对文学文本的研究，分别具有司法、医学和文本学的背景。现在广泛使用的"批判"概念实际上是一个近代概念，它的形成与不断变化的"理性"概念密不可分。传统的理性被用来发现和描述第一原理以及支配现象的普遍真理，因此理性是人的最高能力，联结着思维和知性，是一种肯定的力量，能够帮助人类理解宇宙的秩序并继续其生活。③ 1697 年出版的《历史批判词典》中，法国思想家皮埃尔·培尔（Pierre Bayle）认为："人类理性……是一种破坏的原则，而

① ［美］E. M. 罗杰斯：《传播学两大学派的对立与交融》，王怡红译，《郑州大学学报》1994 年第 2 期。
② 汉语大词典编辑委员会：《汉语大词典》第 6 卷，汉语大词典出版社 1990 年版，第 366 页。
③ 张汝伦：《思考与批判》，上海三联书店 1999 年版，第 578 页。

不是开导的原则。"① 他总结了自文艺复兴以来的颠覆性"理性"概念：相比较古典的理性而言，近代的理性更应是一种否定的力量，其任务是去寻求有待确立的真理，它的目的不再是描述已存有的既定真理，而是要理解一切可能的事实，所以理性必须视自身为批判。从这个意义出发，"批判"就成了区分理性和天启的某种必要活动，它是人类社会近代以来的时代特征。所以，著名哲学家康德才发出"我们的时代是一个批判的时代，一切都须受到批判"② 的断言，并且严肃指出，理性既是批判者又是被批判者，任何规范本身必须先接受批判。

批判和批评之间有着质的区别。汉语中，"批评"意指"评论、评判，对事物加以分析比较，评定其是非优劣；对书籍、文章加以批点评注；指出所认为的缺点和错误；对缺点和错误所提出的意见"③，显然，从中品味不出关于否定的含义来。美国学者塞拉·班哈比卜（Seyla Benhabib）指出：

> 批评站在它批评的对象之外，维护规范反对事实，维护理性的命令，反对世界的不合理，批判拒绝站在它的对象之外，而是将其对象内在正常的自我理解与其实际的现实并置。批评给一个阿基米德点以特权，不管它是自由还是理性，进而去表明用这个理想范式去衡量世界的不自由和不合理。通过给这个阿基米德点以特权，批评成为教条：它不解释自己的立足点，或在进行批评任务前就假定了它的立场有效。④

可见，批判并非纯粹的反思和判断，"不是根据某种现存权威的规范来判断或评价事物，也不只是要得到所谓正确的思想和逻辑确定性，而是要把批判引到批判的条件和前提，弄清在批判过程中发生的事"⑤。批判当中并不包含断然否定的决绝意思，应该说，批判是一种兼有价值伦理色彩的

---

① 转引自张汝伦《思考与批判》，上海三联书店 1999 年版，第 579 页。
② 同上。
③ 汉语大词典编辑委员会：《汉语大词典》第 6 卷，汉语大词典出版社 1990 年版，第 367 页。
④ 转引自张汝伦《思考与批判》，上海三联书店 1999 年版，第 580 页。
⑤ 张汝伦：《思考与批判》，上海三联书店 1999 年版，第 580 页。

工具性的理性分析。

（二）什么是"批判理论"

基于近代批判概念之上的"批判理论"（critical theories），酝酿于近代工业革命的完成时期。它对高度发达的资本主义工业文明持种种反对态度，着重于反思人类的"现代化"过程，对人的"现代性"迷思进行彻底的批驳，并在理性实践中逐渐成型。在建设中国特色社会主义的过程中，"批判理论"一直是受学界广泛关注的热门话题。

"批判理论"的概念有广义和狭义之分。国内学者单世联认为：

> 广义地讲，批判理论就是德国思想家反省文明历史、批判现代社会的思想学说。席勒对恐怖政治与机械分工的美学否定，青年黑格尔派对古典哲学的实践性转向，马克思对资本主义社会所作的经济学—哲学分析，尼采重估一切价值的呼号，弗洛伊德对文明压抑人性的揭发，胡塞尔对"欧洲危机"的忧虑，海德格尔早期对西方历史遗失"存在"的发现及晚期对"技术"的敌意等等，均属批判理论的家庭成员。①

很显然，广义的批判理论并不是哪家哪派哪一个人的理论。如果再泛化一点，"批判理论"也应该是没有国界的，如此一来意大利共产党总书记葛兰西（Antonio Gramsci）的"文化霸权"理论、法国学者福柯（Michel Foucault）的"话语权力"理论、英国学者霍尔（Stuart Hall）等人的"文化研究"等均应属于批判理论的范畴。

但是，狭义的"批判理论"却与法兰克福学派息息相关。

> 所谓"批判理论"，在其特定意义上，即是指法兰克福学派的社会哲学理论。它以焕发马克思主义的激进意识和批判潜能为起点，在整合了精神分析、存在哲学（后期还包括语言哲学、解释学等）等现代思想后，发展为对现代社会，特别是发达工业社会进行跨学科综

---

① ［美］马丁·杰伊:《法兰克福学派史》，单世联译，广东人民出版社 1996 年版，序言，第 3 页。

合性的研究和批判。批判理论植根于欧洲传统哲学的核心而又敏感于时代的重大问题（尤其是纳粹的兴起和大众文化的霸权），并吸收当代社会学的经验技术，思想锋利，意蕴幽玄，加上人物众多，组织一贯，历史甚久，不但成为当代思想界强有力的竞争者，也是任何现代化国家不能不聆听的清醒之音。①

依据狭义的理解，霍克海默、阿多诺、马尔库塞、哈贝马斯等人理所当然地成了批判理论的主要代表人物，他们的思想成果就应该是批判理论的经典。事实上，目前学界所接受的也就是狭义的"批判理论"概念。广义和狭义的批判理论之间有着极为复杂的传承和渊源关系，在没有或无法彻底弄清之前，贸然地选择其中的任何一方，都不利于我们关于"传播批判理论"的具体论述，因为"传播批判理论"是一个整合功能极强的领域，上述任何一种理论都有可能在"传播批判理论"的园地里找到自己的"前世今生"。

（三）什么是"传播批判理论"

可以说，目前我国传播学界在学术术语的使用方面并不是很统一，甚至处于比较混乱的状态，"传播批判理论"（critical communication theories）即属于此例。据我们统计，属于同一概念范畴的不同说法还有"批判的传播理论"、"传播学批判学派的理论"、"批判传媒研究"、"批评理论"、"媒介批评"等，之所以形成这种状况，主要原因在于传播学发轫于西方，且引进历史较短，对关键字眼的翻译还未达成共识。究竟选择哪一种概念比较好，大多数学者凭的是语用习惯，随兴所至。

我们面对着这样一个几成共识的现实：当前的传播学研究已经形成两大学派，一是经验学派（empirical school），另一个是批判学派（critical school）。所谓学派的区分，既不是各自划地为界、分据阵营，也不是分庭抗礼、水火不容，而是现实研究中历史形成的不同的价值取向。我们认为，就一个日渐独立的研究领域来说，称之为"学派"难免有点画地为牢，不利于学科的开放性拓展，更何况在传播学研究的实际当中并没有可

---

① ［美］马丁·杰伊：《法兰克福学派史》，单世联译，广东人民出版社1996年版，序言，第2页。

资系统分析的"批判学派"这样一个门户派别，也没有特别固定的群体出现。所以，传播学研究当中与其使用不确定的"批判学派"，还不如使用"传播批判理论"。"传播批判理论"是一个颇具诱惑力的名词，不仅因为它包含的理性色彩更浓，还因为在人们已经普遍臣服于大众传媒的今天，此种名词所激荡出的仍是人类生生不息的探索光芒，而且落脚于"理论"还可以增添传播学中批判研究的思辨色彩。

当然，这样的论述并非是绝对的取舍，拒"批判学派"于千里之外。批判学派是与经验学派相对而言的，在反对美国主流传播学微观与实证的缺陷方面，它出现在大量的文献当中。作为具有独立倾向的理论武器，无论是声势还是锐利程度，"批判学派"都有无法比拟的优势。因此，我们也将同时使用"批判学派"这一说法。

我们所使用的"传播批判理论"一语，取自台湾学者张锦华的《传播批判理论》一书。她认为，英文"critical communication theories"被译为"传播批判理论"，其理由有二：

> 一是批判理论（critical theories）在学术界已成为共同认知的理论体系，二是"传播"批判理论是指在传播领域中开展批判理论的观点，也是指对"传播"现象（包括现有的理论及研究）加以批判反省的研究。①

20 世纪 60 年代兴起的传播学批判学派，其研究所依据的理论内核主要是批判理论。我们以为，历史上的法兰克福学派无意于传播学的理论建树，因此传播批判理论不可能是法兰克福学派哲学社会理论的全部。我们承认法兰克福学派的批判理论对于传播批判理论研究的重要性，但是也不能说法兰克福学派的批判理论就是传播批判理论的全部。可以说，传播批判理论就是以批判为其理论价值取向、广纳百家的一种西方现代学术思潮。

---

① 张锦华：《传播批判理论》，黎明文化事业股份有限公司 1994 年版，序言，第 3 页。

二

黄旦等人在一篇综述性文章中认为，中国的传播学研究"一边是蜂拥而至把几小块东西来回翻炒，一边是大片土地无人问津或是浅尝辄止。传播学无新的突破，总让人有'似曾相识燕归来'之感"①，比较客观地指出了我国传播学研究重视美国经验学派，轻视欧洲批判学派的现状。截至目前，国内的传播批判理论研究仍未形成一定的规模，尚处于引介国外基本理论的初期水平，更遑论在理论建树方面有骄人的成绩。但是，一直以来也有部分学者倾心于传播批判理论的研究，并且有喜人的成果问世，值得我们认真考察，系统总结。②

依据社会环境的变化和具体的研究成果，我们认为，20 年来我国的传播批判理论研究大致可分为三个阶段。

（一）1989 年以前是传播批判理论研究的沉寂期

整个 20 世纪 80 年代，学者们都在进行关于传播学的一项基础工作：忙于引进美国的传播学，并且视域只局限在经验学派身上。可以说，1989 年以前，传播学批判学派尚未被大多数学者纳入视野，予以重视，有的只是个别的零星的传播学批判理论研究。

国内最早进行传播批判理论研究的是中国社会科学院新闻研究所的张黎和中国人民大学的王志兴。张黎先生在 20 世纪 80 年代初就对批判学派作过初步探讨，遗憾的是，由于资料搜集不全，我们无法回顾这一段历史。1986 年，在黄山召开的第二次全国传播学会议上，中国人民大学的硕士研究生王志兴宣读了题为《欧洲批判学派与美国传统学派的分歧》的论文（后刊于《新闻学刊》1986 年第 6 期），对批判学派作了较为系统的介绍。王志兴指出，之所以有欧洲批判学派异军突起，主要原因在于：

---

① 黄旦、韩国飚：《1981—1996：我国传播学研究的历史和现状》，《新闻大学》1997 年春季号。

② 20 年传播学研究中，传播批判理论的研究虽然没有像传统学派一样蔚然成风，但是学者们对批判学派的关注几乎和经验学派是同步的。囿于学识水平，我们考察总结的范围仅限于传播学领域内的学者所作的批判性研究以及他们对相关批判理论的引介，同时也包括其他领域学者对传播批判理论的论述，但主要是前者。

　　首先，它是传播学研究与欧洲历史文化传统相结合的产物。……
欧洲是西方文明的发祥地，……欧洲哲学思辨的传统和批判现实的传
统比较深厚。……其次，欧洲批判学派的传播研究是由欧洲传播的实
践所决定的。……欧洲的传播体制与美国不尽相同。……欧美相比，
美国较多地强调传播中的自由，除少数工具为官方直接掌握外，传播
工具都被私人控制，以盈利为目的，表现出很强的商业性。而西欧和
北欧国家则较多地强调传播中的社会责任，全国性电台和电视台一般
都作为公共事业，由国家或社会团体控制和资助。……这种传播工具
体制上的差异以及欧美传播实践在其他方面的不同，也必然影响到欧
洲传播学的研究。……第三，从学术研究的发展规律看，欧洲批判学
派的兴起也是顺理成章的。①

这篇文章首次向国内传播学界表明：传播学研究中还有一支不可忽视的与
美国传统学派相对立的力量——批判学派。王志兴的研究，引起了传播学
者们广泛的关注和兴趣。

　　稍后的 1987 年，中国人民大学的郭庆光先生发表了《大众传播学研
究的一支新军：欧洲批判学派评介》（载《新闻学论集》第 11 辑第 47—
64 页）一文，主要涉及"批判学派产生的社会及学界的历史根源"、"批
判学派与主流学派论战的焦点"、"批判学派的影响和传播学研究的未来
趋势"、"建立科学的唯物主义传播学之必要"等论题。郭庆光指出，批
判学派最初产生于 20 世纪 60 年代中期的英国。这一时期，远隔重洋的美
国主流传播学在研究课题和方法论方面所存在的严重缺陷和局限性、大众
传播媒介的高度集中和垄断以及资本主义社会各种矛盾的日益尖锐等因
素，共同导致英国学者开始进行传播批判理论的研究，这些学者主要关注
资本主义社会的意识形态和大众传播的关系、传播结构和大众传媒的控制
等问题，在研究方法上与经验学派大相径庭。郭庆光认为，批判学派的兴
起对主流传播学的影响是巨大的，是传播学研究领域的一个重大事件。我
国的新闻传播事业在所有制、传播制度和服务对象方面和西方发达国家之
间有着本质的区别，因此我国的传播学研究必须充分地了解两个学派的优

---

① 转引自李彬《略论批判学派的产生与发展》，《郑州大学学报》1994 年第 1 期。

劣长短，既开展活跃的学术交流，汲取其精华，又不能照抄照搬西方现有的模式，以免落入窠臼，我们要坚定不移地以马克思主义为指导，最终建立科学的唯物主义传播学。

　　郭庆光先生的上述观点一直是国内多家传播学教材讨论传统与批判两大学派时争相引用的权威说法。但正是这篇流传甚广的文章，却无意中道明了我国传播学研究早期在传播批判理论研究方面的沉寂局面，"一支新军"的惊讶称谓清晰地表明了我国传播学界在当时是以怎样狂喜的心情发现了"批判学派"这块新大陆。事实上，早在20世纪70年代，"批判学派"就已呈席卷之势，横扫欧洲大陆，直逼传统学派的宗主地位。遗憾的是，我们不但与世界学术潮流擦肩而过，而且又沉默了近乎无为的10年。庆幸的是，王志兴和郭庆光的捷足先登，迎来了90年代我国传播批判理论研究的新曙光。

（二）20世纪80年代末90年代初是传播批判理论研究的发展期

　　众所周知，1992年以后，中国的传播学研究进入了快车道，在热衷于讨论"传播学本土化"的话语背景下，与马克思主义有着千丝万缕的联系的传播学批判理论，自然也就是不可避免的话题之一了。因此，这一时期的传播批判理论研究，不论是"投入"，还是"产出"，都远胜于前一阶段。

　　中译本《权力的媒介》的出版，开了这一时期传播批判理论研究的先河。按理，1989年的7月份，自身难保的传播学领域不可能引进 J. 赫伯特·阿特休尔（J. H. Altschull）的名字。现在看来比较合理的解释只能是：《权力的媒介》根本就不是传播学著作，或者，翻译者没有把它作为传播学著作出版，显然，后者更实际一些。事实也正是如此，《权力的媒介》是以新闻学译著的身份问世的，而当时的中国，新闻学是新闻学，传播学是传播学，二者泾渭相对分明。但是，发生的事件永远是客观的，《权力的媒介》出版后，其意义不仅仅体现在新闻学方面，有人认为"这本书是近年来西方新闻传播学批判学派的一部较好的著作"[①]，它在传播学方面也同样具有重要意义，尤其对传播批判理论研究的价值更大。此书

---

　　① ［美］J. 赫伯特·阿特休尔：《权力的媒介》，黄煜等译，华夏出版社1989年版，序言，第1页。

的出版,使国内传播学界对传播批判理论有了更为全面的认识,批判学派不只局限于欧洲,不只是欧洲传播学研究的主流特征,同样,在经验学派盛行的美国,也有传播批判理论的研究,有大量坚持批判研究的传播学者存在。

　　这一阶段,现执教于清华大学新闻与传播学院的李彬先生对传播批判理论用功最勤,著述甚丰,几成体系,代表了迄今为止传播批判理论宏观研究方面的最高水平。1994—1995 年间,李彬关于传播批判理论研究的系列论文陆续完成,发表在国内比较权威的三种杂志上,其中有《略论批判学派的产生与发展》《从"西方的没落"到批判学派:兼论批判学派的思想渊源》《传统学派与批判学派的比较研究》和《政治、经济、文化:一种关于批判学派之理论探究的辨析》等。可以说,"这是一组比较系统评介和研究批判学派的文章"①,主要观点及内容如下图所示。

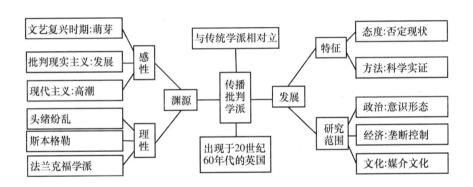

　　李彬的传播批判理论研究不但在内容上给后来的研究者确立了一种学术研究的基本框架,而且更重要的是他的研究具有普遍的方法论意义,比如《从"西方的没落"到批判学派:兼论批判学派的思想渊源》一文,以近现代西方传统文化的演变过程为背景,在发掘西方人文传统当中批判因子的同时,梳理传播学批判学派前世今生的渊源,其视野之开阔、论断之全面,令人难以望其项背。具体来说,如下面一段文字:

---

　　①　袁军、龙耘:《传播学在中国:传播学者访谈》,北京广播学院出版社 1999 年版,第 88 页。

极而言之，以法兰克福学派为代表的西方马克思主义从"左翼"为批判学派提供了肥沃的思想土壤，而以斯本格勒为代表的、上承德国浪漫派下续现代主义对资本主义文明形态疾首蹙额、悲观绝望的思潮则从"右翼"给批判学派以丰厚的精神养料。……大致说来，斯本格勒对批判学派的意义可从两方面看，一是他对西方（非地理或政治上的西方）的怀疑与批判，从内在气质上影响到批判学派看待传播现状的态度取向和价值评判；二是他对西方新闻事业以及与之相互关联的"民主"制度的剖析与贬责，又从学术观点上给批判学派以深刻的启迪。①

从"右翼"的角度给予批判，听起来像是笑谈，因为在我们的日常概念中，"批判的武器"也好，"武器的批判"也罢，批判终归是否定性的，甚至具有颠覆性，一直是所谓"左翼"的激进者的专利（如西方马克思主义）。但是，"右翼批判"的确不失为一个极好的用来思考问题的角度，假如我们承认其存在的合理性，那么陈力丹先生所言及的主要集中在美国的直接与经验主义传播学相对的批判学派②，应该就是它的后裔了。

此外，还应该提及美国学者 E. M. 罗杰斯（E. M. Rogers）的《传播学两大学派的对立与交融》一文。文章的目的在于："一是概述两个学派在传播研究上的重要思想分歧；二是提出某些途径，以便促使两个学派更好地相互借鉴。"③ 从"经验与批判的术语问题"入手，罗杰斯不但指出了传播学经验学派与批判学派之间的重大差异，而且对两大学派的地区分布也作了概要的介绍。他认为："在许多重要方面，用来进行传播研究的批判方法和经验方法都有必要彼此结合……每个学派都应更加尊重对方。"④ 罗杰斯是美国当代传播学经验学派的代表人物，他的经验的传播批判理论研究，展现的无疑是一种全新的视角，认真汲取之，我国的学者

---

① 李彬：《从西方的没落到批判学派：兼论批判学派的思想渊源》，《现代传播》1994 年第 1 期。

② 陈力丹：《谈谈传播学批判学派》，《新闻与传播研究》2000 年第 2 期。

③ ［美］E. M. 罗杰斯：《传播学两大学派的对立与交融》，王怡红译，《郑州大学学报》1994 年第 2 期。

④ 同上。

就能站在较高的起点上，多方位、多层次、多角度地审视传播批判理论这一特殊的学术思潮。

（三）20 世纪 90 年代末至今是传播批判理论研究的繁荣期

人文社会科学的其他领域，尤其是哲学、社会学、美学、文艺理论等学科对批判理论的研究为传播批判理论研究提供了极为丰富而深厚的学术土壤。以对法兰克福学派的研究为例，早在 20 世纪 80 年代初期，徐崇温、江天骥等学者就进行过比较深入的探讨。此后，各类研究持续不断。自 1989 年起，重庆出版社策划的"国外马克思主义和社会主义研究丛书"逐渐问世，法兰克福学派之批判理论的经典著作被翻译过来，大量发行，立即在国内掀起了研究法兰克福学派的小高潮。至 90 年代末，现代化反思与现代性思考之风盛行，又一批法兰克福学派代表人物的著作被当作"理论武器"加以印行，如商务印书馆的《法兰克福论著选辑》（1998）、哈贝马斯的《公共领域的结构转型》（1999）等，使法兰克福在中国一直热度不减。从某种意义上讲，我国的传播批判理论研究很少有原汁原味的东西，其研究大多数以国内其他领域学者的研究为理论平台，中介性因素的影响痕迹比较明显。

对传播批判理论的研究者来说，有些名字是不应该感到陌生的，如陶东风、单世联、周宪、曹卫东、赵斌、萧俊明、陆扬、徐贲、艾四林、杨小滨等，或许名单不够长，不够权威，排列也有问题，但我们的任务不是列出某方面学者的清单，目的不是去排定什么座次。这些学者各擅所长，大多数人虽然不是严格意义上的传播学者，但对传播学研究却有着共同的影响。他们当中不管是研究哈贝马斯的，还是研究布尔迪厄的，研究大众文化也好，媒介工业也罢，对传播批判理论研究都有极大的贡献。可以说，人文社科其他领域如火如荼的研究，构筑了夯实的学术视野平台，造就了这一时期传播批判理论研究的繁荣景观。

严格地说，传播批判理论研究所呈现的繁荣景象里头，并非没有传播学界的辛勤耕耘，只是贡献相对较小而已。与外界的喧嚣相比，传播学界的声音确实比较弱小，但是和前两个阶段比起来，则要热闹得多，有关传播批判理论研究的文献数量大为增加，质量也有了显著的提升。复旦大学新闻学院殷晓蓉博士的《战后美国传播学的理论发展》和杨击博士的《英国传播理论研究》是其中的佼佼者。两位博士的学位论文均以批判学派为重要出发点，精心构建理论框架，描述令人瞩目的理论派别的学术轨迹，是这一阶段传播批判理论微观研究方面的典范。"妖魔化"理论虽然具体针对的是西方强势媒体对发展中国家的歪曲报道，但它对商业主义和强权政治的鞭挞，显然已经契合了传播批判理论的某种要核，不失为一种实践层面上的批判研究。此外，还有张羽的文章《从"公共领域"到"交往理性"：法兰克福学派传播批判理论述评》（刊于《人文杂志》2001 年第 4 期）和何言宏的文章《批判的大众传播理论：法兰克福学派大众传播思想研究》（刊于《南京师大学报》1997 年第 1 期），都以法兰克福学派为立论对象，虽然行文稍显单薄，但不乏真知灼见，有启发之处。

在新旧世纪交替的年代，陈力丹和李彬分别撰写了文章《谈谈传播学批判学派》（刊于《新闻与传播研究》2000 年第 2 期）和《批判学派纵横谈》（刊于《国际新闻界》2001 年第 2 期），以概略的文字、清晰的笔触高屋建瓴，抛砖引玉，甘做人梯，实际上确定了新世纪我国传播批判理论研究总体的发展纲要。

经过粗略的回顾之后，后文我们将以法兰克福学派的批判理论为基点，以当代传播批判理论的重点研究为主要论域，对传播批判理论进行力所能及的整合研究。

三

传播研究中，"批判"的传统由来已久，可谓根深叶茂。其中最早与传播学传统学派发生矛盾冲突的流派是法兰克福学派，可以说，它是批判传播研究最近、最直接的理论源泉。欧美当代传播批判理论研究之所以大放异彩，或多或少都从它那儿汲取养分，或远或近都和它有点儿理论上的瓜葛。时至今日，法兰克福学派的成员如哈贝马斯等人，依然理性地对社会现实做着积极的思考，其思想和理论主张紧扣时代脉搏，与时俱进，范围之阔大、影响之深远，绝不逊于前辈。

有鉴于此，我们认为，要深入探讨传播批判理论，首先必须得从传播学的角度对法兰克福学派及其批判理论作一番详细的考察，以便彻底揭示法兰克福学派在传播批判理论研究过程中的地位、影响及其贡献。

（一）法兰克福学派之批判理论

一般认为，卢卡奇以降，西方马克思主义思潮中影响最为卓著的便是法兰克福学派。平心而论，法兰克福学派没有一以贯之的统一思想，研究所成员之间的思想认识也不尽一致，马尔库塞与霍克海默、阿多诺之间有严重的分歧，哈贝马斯更是与其前辈们有不同寻常的决裂。几十年的风雨如晦，法兰克福学派的成员们历经战争磨难，饱受迁徙之苦，形成所谓的"批判理论"，涉及领域众多，影响面极广。有人认为，要想真正地了解法兰克福学派的理论，"需要拥有法兰克福学派本身具备的一切知识"①，这是不可思议的事，加之学派著作大多使用德语写作，语言艰涩难懂，所以研究者们很难全面而精确地把握法兰克福学派的批判理论，对其做出优劣、得失方面的公允评判。但是，这并不妨碍法兰克福学派作为一个"松散的整体"进入后来者的研究视域，述及法兰克福学派的总体价值倾向，考察其理论渊源，还是有一个大致的脉络可循。

所谓"法兰克福学派"（Frankfurt School），是由"社会研究所"（The Insititut Für Sozialforschung）的一些成员组成的。如果需要开列一份名单的话，这些20世纪"左派知识分子进退两难的典型代表"② 先后主要有：霍克海默、阿多诺、马尔库塞、本雅明、波洛克、洛文塔尔、弗洛姆、基希海默、哈贝马斯等。社会研究所成立于1923年，形式上隶属于法兰克福大学，实际上是独立的。1923—1929年期间的研究所是一个"西方和东方的马克思主义思潮的联结点"③，所长由法律与政治学教授格吕堡（Carl Grünberg，1861—1940）担任，成员背景复杂，既有共产党员，也有社会民主党员，与当时的莫斯科马克思恩格斯研究院保持着密切的联系，经常影印马克思未出版的手稿抄本，主要侧重于对资产阶级的社会—经济结构进行分析。所长格吕堡虽然十分赞成通过跨学科的研究来彻底解剖资产阶级社会，但是他认为唯物主义分析方法只是简单的"卓越的归纳"而已，编辑出版的"格吕堡文库"主要以工人运动史为主，零星的有一些理论著作，因此这一时期并没有形成令人较为满意的批判传

---

① ［美］马丁·杰伊：《法兰克福学派史》，单世联译，广东人民出版社1996年版，第4页。

② 同上书，第3页。

③ 徐崇温：《法兰克福学派述评》，生活·读书·新知三联书店1980年版，第8页。

统。严格地说，我们现在指称的法兰克福学派，实际上与霍克海默关系甚大。1930 年 6 月，霍克海默任所长，社会研究所转向对文化等社会上层结构的分析，从此开始了理论研究的多产期，学术与社会意义上的法兰克福学派才算真正诞生了。我们发现，法兰克福学派的大多数成员具有犹太血统，1933 年德国纳粹上台，研究所面临生存的危机，不得不开始其流亡生涯，颠沛流离中，霍克海默等人终于在美国哥伦比亚大学找到了栖身之所（后来又迁至加利福尼亚大学），直至 1950 年。近 20 年的美国生活，恰好就是法兰克福学派的黄金时期，"国家不幸诗家幸"，流亡的理论家们因此获得了与发达工业文明亲密接触的良好机会，动荡的岁月中，他们怀着别样的心情，洞若观火，在对以美国为代表的工业文明进行深刻的理性批判的同时，建构了卓绝的社会批判理论。

确切地说，法兰克福学派之批判理论的出现，并非是横空出世，它与欧洲学术思想传统之间有着深切的渊源关系，学派的许多成员从中直接或间接地汲取了不少精神养分。在法兰克福学派的思想里，明显存在这些传统的痕迹，如马克思的"劳动异化"学说、康德的伦理道德思想、卢卡契的"物化"理论、青年黑格尔派的"批判的批判"、弗洛伊德的"精神分析"理论、尼采和叔本华的"生命哲学"，等等。

著名的科学哲学家库恩（Thomas Kuhn）在《科学革命的结构》一书中认为，每一个学术领域的研究者在进行学术研究时，都有其各自遵循的一整套基本理念和原则，研究过程中的选题决策、具体方法选用，甚至对数据合用性以及结果有效性的评判标准都会受到它们的影响，这些理念和原则就是"范式"（又译为典范）。范式的意义在于它不仅代表科学共同体成员所共有的信念、价值、技术等因素构成的整体，而且还涉及该整体中的一种元素，就是具体的问题解答，作为一种模型和范例，可以代替规则作为常规科学其他复杂问题的解答基础。[①] 基于上述意义的前者，我们认为，批判理论更像是人们考察社会与文化现状时所必需的一种研究范式（paradigm）。

法兰克福学派对思想与行动、理论与实践、科学与现实等矛盾和范畴之历史进程的关注早已有之，他们希望倡导一种不同于传统的新型的

---

① 参见金兼斌《传播研究典范及其对我国当前传播研究的启示》，《新闻与传播研究》1999 年第 2 期。

"否定性"理论——批判理论。阿多诺认为,之所以使用"批判理论"一词,"不是为了使唯物主义成为可以接受的,而是为了让人们在理论上意识到使之区别于唯物主义的是什么东西"①。霍克海默所主张的"批判理论"与马克思主义几乎是同一的,他认为传统理论是一种"科学知识",一种资产阶级意识形态,而批判理论则首先是一种政治实践,其次才是一种特定的理论。批判理论家的天职是他的思想所隶属的那个斗争,而不是同那个斗争分开的作为某种独立东西的思想,批判理论除了本来就对消灭社会不公正感兴趣以外,没有什么特别的要求。所以,批判理论是一种立场,同传统理论有着本质的区别,这种对立"更多的是产生于主体的不同,而不是产生于对象的差异。对于具有批判精神的人来说,由于事实产生于社会劳动,所以事实不像是学者或其他特殊职业者所认为的那样是外在的"②。法兰克福学派的批判理论著作中最具方法论意义的当属霍克海默的《传统理论和批判理论》和马尔库塞的《哲学和批判理论》两篇论文,二者构成了法兰克福学派之批判理论的基本纲领。尤其以前者更为重要,常被后人誉为"批判理论的宣言"。因此,对霍克海默的《传统理论和批判理论》一文进行元理论分析,其应有之义自不待言。

霍克海默于 1937 年发表长篇论文《传统理论和批判理论》,第一次使用"批判理论"这一概念来表述自己的哲学世界观,行文之中始终与"传统理论"(所指称的主要是近代哲学,尤其是近代哲学中具有实证主义倾向的那些哲学流派)进行比照、划清界限,非常清楚、全面、系统地界定了什么是批判理论,并在此基础上对批判理论的历史背景、目标、使命、方法、功能和特征等要素作了充分阐述。

理论的本质。传统的理论观念来源于劳动分工的特殊发展阶段中所进行的科学活动,实际上就是和其他社会活动同时发生但与之没有明显关联的学者们的活动,这种观念之下的理论没有弄清科学真正的社会功能,它不谈论在人类生活中意味着什么,而只谈论由于历史的原因它在其中产生的孤立领域里意味着什么。而事实上,社会生活是在各生产部门中所进行的所有工作的结果。社会关系的持续变化直接起因于经济的发展,并最直接地表现在统治阶级的构成中。这种变化不只影响了文化的某些领域,同

① 徐崇温:《法兰克福学派述评》,生活·读书·新知三联书店 1980 年版,第 21 页。
② 曹卫东:《霍克海默集》,上海远东出版社 1997 年版,第 184 页。

时也影响了文化依赖经济的方式，进而影响了整个思想中的主要观念。因此，批判理论认为，"理论是一个统一的整体，整体也只有在与当代状况相联系时才有恰当的意义，所以作为整体的理论也处于发展当中"①。

关于现实的认知。传统理论产生于现存社会制度之中，要被判断的对象世界在很大程度上是由一种活动创造出来的，而这种活动本身又是由那些帮助个体以概念的方式认识和把握那个世界的观念决定的。与此形成鲜明的对照，批判理论产生于现存社会制度之外，把现存社会制度理解为系统的过程，具有批判精神的人与社会的认同是充满矛盾的。霍克海默指出，批判理论家认为"现存的经济形式以及全部文化既是人类劳动的产物，又是人类能够在当代为自己提供的组织。他们认同这个社会总体并认为它就是意志和理性。这个总体是他们的世界。但同时他们也感受到这种情况：社会可与人自身之外的自然过程、与纯粹的物理机制相比拟，因为由战争和压迫所支持的文化形式并不是一个统一的、自觉的意志创造物。这个世界不是他们的世界，而是资本的世界。迄今为止的历史不可能得到真正的理解；只有其中的个体和特殊的群体是可以理解的，但也不是完全可以理解的，因为它们对非人的社会的天生依附表明，甚至是在有意识的活动中，这些个体和群体依旧在很大程度上只是些机械的功能"②。

目的。传统理论的主要目的是以纯粹智力劳动来维护现存制度的再生产过程。与之相反，批判理论的目的则是破坏一切既定的、事实性的东西，证实它们是不真实的，必须加以否定。霍克海默认为，批判活动以社会本身为其对象，其目的"不是简单地消除这种或那种弊端，因为它认为这类弊端与社会结构的组织方式有必然的联系。虽然这种活动本身源自社会结构，但是，不论是从其有意识的意图还是从其客观意义来说，它的目的都不是使这个结构的任何要素更好地起作用。相反，当那些更好的、有用的、恰当的、生产性的、有价值的范畴在现存秩序中得到发挥时，它却怀疑它们，拒绝承认它们，认为它们是些无用的非科学的前提"③。批判理论所追求的是一种社会的理性状态，但这一目标是由现实的苦难强加给它的。持批判态度的人根本不相信现存社会为其每一成员所提出的行为

---

① 曹卫东：《霍克海默集》，上海远东出版社 1997 年版，第 207 页。
② 同上书，第 182—183 页。
③ 同上书，第 182 页。

准则，或许由于个体和社会的分离，个体承认对他的行为的限制是自然的，但是在批判理论当中，个体和社会的分离则被相对化了，受个体活动的盲目的相互作用所限制的整个社会结构（即现存的劳动分工和阶级划分）是一种起源于人类活动的功能，它完全能够有计划地作出决定，并合理地确定目标。因此，提出解决苦难的某种方法的批判理论，显然"不会为既存现实服务，而只会揭露既存现实的秘密。不管在任何特定时代可能被揭示出来的荒谬和错误多么巨大，批判理论事业的总趋向都不接受所谓的健全的人类理智的裁决；即使它在允诺成功的时候，它也不习惯于支持后者"①。

思维主体。传统理论的思维主体是抽象的、孤立的，夸大了个体性的作用，个体认为自己就是世界的基础或无条件的世界，并且脱离任何事件。批判理论的思维主体则是确定的、具体的、处于一定关系中的个体。霍克海默在文中指出："批判思想既不是特殊个体的功能，也不是一般个体的功能。相反，批判思想的主体是一个确立的个体，他处在与其他个体和群体的真实关系之中，他与某一特定阶级发生冲突，并最终处于因而产生的与社会总体和与自然的关系网络之中。这个个体不同于资产阶级哲学的自我，他根本不是小数点；他的活动是社会现状的表现。此外，这个思想主体不是知识和对象达成和谐一致的场所，因而从中也得不到绝对知识。"②

认识方式。传统理论用研究自然科学的方法研究社会，把一切概念、范畴凝固化，忽略了变化和发展，其认识过程是一个纯粹的逻辑过程。批判理论却常常从作为人类活动目标的历史分析中，尤其是从那种将会合理地满足整个共同体的需要的社会之合理组织观念中推出某些观点，这些观点内在于人类劳动中但并未被个体或大众精神正确地把握，也就是说，批判理论是在主体—客体的总体化运动中研究社会，其自身的概念也在运动中得到改变，它的认识过程是一个具体的历史过程。批判理论一直强调，在对人的反思中，"主体和客体被分割了；它们的同一性存在于未来而非现在。带来这种同一的方法，用笛卡儿的语言来说，可以称之为解释，但在真正的批判思想里，解释不仅意味着一个逻辑过程，而且意味着一个具

---

① 曹卫东：《霍克海默集》，上海远东出版社1997年版，第190页。
② 同上书，第185页。

体的历史过程。在此过程中，总体的社会结构和理论家与社会之间的关系都改变了，也就是说，主体以及思想的作用都改变了"①。

理论逻辑结构。《传统理论和批判理论》一文在考察传统理论的各种功能和批判理论的各种功能的同时，揭示了它们之间在逻辑结构方面的差异。霍克海默指出："传统理论的主要命题规定了能够把握该领域内的一切事实的一般概念。……在这些主要的命题和事实之间存在着具有从属关系的属和种的等级系统。事实是类的个案、范例或者体现。在同一体系的单元之间并不存在时间上的差别。……在涉及个体的认识的时候，这类关系中就有可能存在这种或那种时间次序，但这绝不涉及对象。……如果新的类被加入到系统之中或在系统之中发生了其他的变化，这通常不被当作证明早先所作出的规定必定过于僵化因而必然变得不恰当的证据，因为与对象的关系甚或是对象本身都可以在不丧失其同一性的情况下发生变化。相反地，发生变化则表明我们先前的知识是有缺陷的，可以被视为对象的某些方面替代了另一些方面。"② 批判理论尽管也是从抽象的规定性开始的，尽管也必须运用很多基本原理，但是批判理论的每一个部分都以对现存秩序的批判为前提，都以沿着由理论本身所规定的路线来与现存秩序进行斗争为前提，因此为了从基本结构进入具体现实，即使在批判理论中，人们也必须引入更具体、更特殊的因素。霍克海默认为："与那种早就由于专门的用途而被简化了的理论不同的是，简单的推导并不能完成这种更加细小的因素的增加活动……相反，这种添加活动的每一步骤都取决于贮存在科学和历史经验中的关于人和自然的知识中。"③

时代价值取向。任何理论都不能跨越时代而孤立存在，理论作为知识分子的一种专利工具，其倾向应该是促进发展，引导社会走向公正。传统理论的知识分子标榜独立于所有的阶级之外，实际上是一种抽象的自我意识，从某种意义上说，这类知识分子是专门科学的具体化身，只是一个具有传教士功能的抽象的社会学概念而已。而批判理论既不像专制主义舆论那样"根深蒂固"，也不像自由知识分子那样"超然物外"，它对人类的心灵自由有着独特的理解，追求实现一个作为自由人共同体的未来社会，

① 曹卫东：《霍克海默集》，上海远东出版社1997年版，第185页。
② 同上书，第196页。
③ 同上书，第197页。

但是囿于残酷的现实和技术的非人性控制，批判理论的时代价值颇显得有些虚无缥缈，不落实处。霍克海默心情沉重但又满怀憧憬地指出："心灵是自由的，它不容许任何外来的强制，也不容许为了迎合这种或那种权力意志而修改自己的结论。但另一方面，它又没有与社会生活隔离开来；它并没有漂浮在社会生活之上。就心灵极力追求自律或试图让人像控制自然一样控制自己的生活而言，它能够把这种倾向认作历史力量。孤立地看，对这种倾向的确定似乎是中立的；但如同不先受到刺激和关注，心灵就不可能认识这种倾向一样，若不经过艰苦卓绝的斗争，心灵同样不可能使这种认识成为普遍公认的事实。就此而言，心灵又是不自由的。理智活动与某个特殊的实践活动并无有意识的联系，但无处不在，而且随着许诺成功的学术任务或其他任务的变化而变化，它们一会儿把这个领域、一会儿把那个领域当作其关注的对象，它们可能会有助于这种或那种历史趋向。但是，尽管它们具有形式上的正确性，它们依旧能阻碍心灵的发展并把这种发展引入歧途。"①

我们重点解读霍克海默的文章，把《传统理论和批判理论》一文的观点定义为整体研究批判理论的突破口，目的不仅在于揭示霍克海默此文的重大理论价值，而且更重要的在于通过这种方式的解读，试图确立"批判理论"作为某种研究范式的基本架构和基本功能。我们认为，作为"范式"的批判理论，对传播学研究的意义更明显一些。

(二) 批判理论与传播学

有传播学者从宏观角度对法兰克福学派之批判理论作过一番总结，认为作为法兰克福学派理论本质的批判理论，其主要内容是以"开放的辩证法"和"否定的辩证法"为基本方法，将社会生活的一切因素作为批判对象，这种社会总批判（从政治经济学批判到精神批判，从社会结构的批判到家庭生活的批判，从哲学的批判到对于自然科学技术的批判）最终可以归结为"文化批判"。并且在此基础上进一步指出，在大众传播研究领域，与经验学派迥然不同的批判学派将研究视线直接聚焦于作为资本主义企业的大众传媒在资本主义社会中的地位，分析、批判大众传播的社会、政治、经济背景，其最初的研究提出了一系列问题，诸如"谁控

---

① 曹卫东:《霍克海默集》，上海远东出版社 1997 年版，第 195 页。

制了大众传播"、"为什么"、"为了谁的利益",等等。①

　　众所周知,传播是人类生活中最普遍、最重要和最复杂的活动。尽管人们在很早的时候就已经开始研究传播,但是直到伴随着工业化、大企业和全球政治而来的传播学诞生之后,我们才逐步明白传播的深层意义,才意识到传播学所肩负着的沉重的历史使命。美国哲学家、教育家、社会批评家杜威(John Dewey)认为:"社会不仅是由于传递、传播而得以持续存在,而且还应该说是在传递、传播之中存在着。在公共(common)、社会(community)和传播(communication)这几个词之间不仅仅有字面上的联系。人们因共有的事物而生活于一个社会中,传播就是人们达到共同占有事物的手段。"② 传播学者斯蒂文·小约翰(S. W. Littlejohn)则认为,任何一种理论都要发挥四大作用——帮助我们认识世界、帮助我们探索世界、帮助我们展开批评和帮助我们的行动,传播学理论也不例外。③我们认为,传播学研究中两大学派的出现,大概都有以上共同的认识基点,所不同的正如两大学派互相攻讦的那样,批判学派的成员最不能容忍的是传统学派所采用的将文化现象转换成量性数据的非中介的方法,以及由传统学派的研究目的所导致的易于受人操纵的性质,而传统学派的成员在对批判学派表现出一种不屑一顾的同时,指责批判学派的研究严重缺乏逻辑程序。应该说明一点,批判学派在世界范围内的传播学研究中一直是以非主流的姿态出现的,这并不证明它不重要,相反,没有了批判学派的深刻论述,传播学研究耀眼的理论光芒将会黯然失色。但是,我们也不能想当然地认为批判学派的使命就是直接与传统学派针锋相对,就是掘其坟墓。批判学派之所以能够产生,欧洲源远流长的历史文化传统和欧洲不同于美洲的传播实践才是真正的诱因。

　　法兰克福学派的成员寓居美国期间,大多面临着同样的无奈选择,"来自外国的知识分子,如果他希望得到什么或被接受为高度信任的被雇

---

　　① 刘昶:《西方大众传播学:从经验学派到批判学派》,三联书店(香港)有限公司1990年版,第61—62页。

　　② 转引自〔美〕丹尼尔·杰·切特罗姆《传播媒介与美国人的思想》,黄静生等译,中国广播电视出版社1991年版,第117页。

　　③ 〔美〕斯蒂文·小约翰:《传播理论》,陈德民等译,中国社会科学出版社1999年版,第630页。

者,他就不得不消除自己的独立存在进入一个紧缩的人生"①,阿多诺如是说。面对不同的文化和地域环境,学派的理论研究主题必须转向,成员们批判的目光逐渐投向美国的大众传播领域,"在那里,他们对资本主义社会中作为压迫性结构的大众传播与媒体产生了极浓的兴趣"②,虽然法兰克福学派的成员们早先在欧洲、法兰克福就已经接触到由于现代传播媒介的兴起与普及所带来的文化方面的困惑和问题,但是在二战时期的美国,批判理论与传播学研究之间的"蜜月之旅"才算真正开始。

批判理论与传播学研究的第一次亲密接触始于 20 世纪 30 年代后期,当时法兰克福学派的重量级人物阿多诺在拉扎斯菲尔德(Paul F. Lazarsfeld)主持的广播研究项目任职。这次短暂的合作经历注定是不愉快的,阿多诺在深入洞察音乐、广播和社会的关系时发现,他的思想不能转变成可验证的假设,他不断地抵制将文化现象转变成定量的数据的压力。他的粗暴、傲慢、无礼、不容人的态度和拐弯抹角的写作风格,令洛克菲勒基金会的官员和广播业的企业主极为不满,虽然拉扎斯菲尔德全力保举,但是阿多诺最终还是离开了广播研究项目,尽管这一项目曾经给他提供了逃离纳粹德国的重要机会。稍后的 40 年代,法兰克福社会研究所的杂志《哲学和社会科学研究》(Studies in Philosophy and Social Science)与拉扎斯菲尔德的广播研究项目携手,共同出版了"大众传播"专号,霍克海默撰文概述了批判理论的一些原则,拉扎斯菲尔德则发表《管理的批判的传播研究》(Remarks on Administrative and Critical Communications Research)一文,强调了二者的共同特征。事实上,在此前后,法兰克福学派的批判理论研究一直在如火如荼地进行着,涉及传播尤其是大众传播领域方面的研究成果也为数不少,但是很少有人作过系统评介。

任何传播研究都具有由"媒介、文化和社会"所构成的特定的场域性,而且这一场域附带有极强的历史烙印。我们认为,要真正理解法兰克福学派的批判理论在传播学方面的贡献,媒介批判、文化批判以及社会批判是三条最佳的途径。

1. 法兰克福学派的媒介(主要是电影和广播)批判集中地表现在两

---

① 〔美〕马丁·杰伊:《法兰克福学派史》,单世联译,广东人民出版社 1996 年版,第 226 页。

② 〔美〕斯蒂文·小约翰:《传播理论》,陈德民等译,中国社会科学出版社 1999 年版,第 413 页。

个方面：一是对媒介资本化与商品化问题进行深刻分析；二是重点揭露大众媒介的意识形态本质。

首先，批判理论认为，资本主义社会的大众传播媒介，其完全资本化和商品化的倾向是显而易见的，正是借助资本的魔力，大众传播媒介成了资本主义的国家机器和利润之源。在《启蒙辩证法》一书中，阿多诺与霍克海默毫不留情地指出，"广播系统是一种私人的企业"①，"电影院是为极权的康采恩进行营业的，无线电广播中所宣传的商品，也都是为文化康采恩服务的文化用品"②。大众传播媒介与资本的这种并非"门当户对"的联姻，其结果是媒介往往处于为资本服务的境地，媒介的天然独立性很难得到保证。法兰克福学派的成员因此而满怀忧虑，"最重要的广播事业依赖于发电工业，或者电影事业依赖于银行，这都说明了这整个领域都是与经济紧紧联系在一起的，同时这整个领域中的各个部门，又是相互有联系的。一切部门都是紧密相连的，因此精神的集中可以消除各个公司和技术部门的分界线。文化工业的完全统一，会形成政治上内聚的统一性"③。

其次，批判理论对于大众传播媒介的意识形态本质的揭露，导源于法兰克福学派"科学技术即是意识形态"的著名论断。媒介具有意识形态本质是发达工业社会的一个重要特征。在法兰克福学派看来，大众传播媒介的意识形态本质一方面体现在它作为国家的"话筒"传达统治阶级的意志、对大众进行思想灌输，是意识形态的工具；另一方面还体现在大众传播媒介作为一种科学技术手段，其本身就是意识形态。具体来说，主要表现在两个方面：一方面是大众传播媒介意图操纵和控制大众的思想和生活。批判理论认为，资本主义国家的大众传播媒介具有非暴力的"霸权"性质。在阿多诺看来，"大众传播媒介是根据效果来考虑，并按照所预计的效果，以及决策者的意识形态目标来制作的"④，因此大众传播媒介实际上变成了把政治和经济统治延伸到文化领域的工具。从某种意义上讲，这一工具所代表的其实是整个国家的权力，它的任务是把权威声音植入人们的日常生活，"大众传播媒介的专家们传播着必要的价值标准，他们提

---

① ［德］马克斯·霍克海默等：《启蒙辩证法（哲学片断）》，洪佩郁等译，重庆出版社 1990 年版，第 147 页。

② 同上书，第 150 页。

③ 同上书，第 115 页。

④ 转引自潘知常、林玮《大众传媒与大众文化》，上海人民出版社 2002 年版，第 59 页。

供了效率、意志、人格、愿望和冒险等方面的完整的训练"①。大众原本还是有其思想的丰富性和人的多样性的，但经过传播媒介一番"润物细无声"的侵蚀之后，便也失去了往日自由思想的舞台，因为"每一个自发地收听公共广播节目的公众，都会受到麦克风，以及各式各样的电台设备中传播出来的有才干的人、竞赛者和选拔出来的专业人员的控制和受他们的影响"②。所以，法兰克福学派的批判是一针见血的，既然已经部分或彻底丧失了自由选择的空间以及自我决断的能力，已经脱却了作为人的主体性，大众就不再是具有批判思维和对抗行为的富于生命力的大众了，他们只能在不知不觉中按统治阶级的意愿来行动。另一方面是大众传播媒介的欺骗性。法兰克福学派认为，发达工业社会的大众传媒用尽美妙的词句去宣传虚假的东西，"整个大众传播过程具有一种催眠的特点，同时它被染上一层虚伪的亲近的色彩——这是不断重复的结果，是对传播过程的熟练地管理指导的结果。这种大众传播直接同接受者相联系——没有地位、教育和职务的距离，并在起居室、厨房和卧室不拘礼节的气氛中射中他或她"③。由于媒介的这种传播活动严重混淆了现实与艺术之间的距离，使得大众失去了最基本的价值判断标准，产生种种幻想，对现实的感知也变得越来越迟钝。大众痴迷于媒介的虚幻叙述，无法摆脱。"电影观众认为，电影就是外面大街上发生的情况的延续，因为电影本身应该严格地反映日常感觉的世界，这种旧的经验就是生产的准则。生产技术越是密切地和完整地重复经验的对象，人们今天就越是容易产生错觉，认为外面的世界是人们在电影中看到的情况的不断地延长。自从突然引进了有声电影以后，就出现了为这种行业服务的各式各样的机械。从倾向来看，生活与有声电影不再有什么区别。由于电影远远超过舞台，吸引住了观众的全部幻觉和思想；观众在看电影时，虽然对电影中表现出来的确切事实并未经过核实，就可能加以接受或否定，但是总离不开一条主要线索，那就是电影总是用它的内容教育观众，促使观众直接用它去衡量现实。……文化产品本身，其中最有代表性的有声电影，抑制观众的主观创造能力。……谁要

① 转引自潘知常、林玮《大众传媒与大众文化》，上海人民出版社 2002 年版，第 60 页。
② ［德］马克斯·霍克海默等：《启蒙辩证法（哲学片断）》，洪佩郁等译，重庆出版社 1990 年版，第 114 页。
③ 转引自邵培仁、李梁《媒介即意识形态：论法兰克福学派的媒介控制思想》，《浙江大学学报》（人文社会科学版）2001 年第 1 期。

是被电影的宇宙，被姿态、图像和语言深深地吸引住了，而再不需要通过别的什么途径去了解宇宙，那就说明机器的这些活动已经完全把他吸引住了。因此，他就会自动地注意观看所有有关的其他电影和其他文化作品。工业社会的力量对人们发生的影响，是一劳永逸的。……没有一个人能不看有声电影，没有一个人能不收听无线电广播，社会上所有的人都接受文化工业品的影响。文化工业的每一个运动，都不可避免地把人们再现为整个社会所需要塑造出来的那个样子。"①

2. 法兰克福学派的文化批判主要集中在对大众文化的批判上，重点是其"文化工业"理论。

按通行的说法，"文化工业"这一概念是由霍克海默和阿多诺在《启蒙辩证法》一书中首先使用的，基本含义是指战后资本主义使得娱乐和大众传媒变成了工业，在推销文化商品的同时操纵了大众的意识。严格来说，"文化工业"（culture industry）与"大众文化"（mass culture）并不是一回事。在谈及为什么用"文化工业"来取代"大众文化"时，阿多诺回忆道："在我们的设计草案里，我们谈到了'大众文化'。我们用'文化工业'取代这种表述，以便一开始就排除赞同其倡导者的下述解释的可能：这是一个类似于一种从大众本身，从流行艺术的当前形式自觉地产生出来的文化问题。文化工业必须与后者严加区分。……对于大众文化来说，问题在于它并不真是大众的，与其说它是由人民创造的，不如说它被用来欺骗人民，它服务于统治者的利益并潜在地服务于极权主义。"②显然，在阿多诺眼里，"大众文化"是一个很容易让人产生偏见的概念，他确信，"大众文化"是一种控制文化，绝不像其字面意思所显示的那样，是大众的，即从大众出发、为大众服务的文化。

批判理论认为："批评的任务并非去寻找承受文化现象的利益集团，而是去辨认总体的社会趋向，这一趋向乃是表现在这些现象中并通过它来实现自己的最大利益，文化批评应成为社会的观相术。"③所以，法兰克福学派的成员对"文化工业"理论的全面阐述，始终遵循着批判理论的

---

① ［德］马克斯·霍克海默等：《启蒙辩证法（哲学片断）》，洪佩郁等译，重庆出版社1990年版，第117页。

② 转引自潘知常、林玮《大众传媒与大众文化》，上海人民出版社2002年版，第64页。

③ ［美］马丁·杰伊：《法兰克福学派史》，单世联译，广东人民出版社1996年版，第205页。

辩证和否定原则，他们的笔下吟唱出的是悲天悯人的曲调，字里行间"无情地敌视"着大众文化。"文化工业在大众传媒和日益精巧的技术效应的协同下，大肆张扬戴有虚假光环的总体化整合观念，一方面极力掩盖严重物化的异化社会中主客体间的尖锐矛盾，一方面大批量生产千篇一律的文化产品，来将情感纳入统一的形式，纳入一种巧加包装的意识形态，最终是将个性无条件交出，淹没在平面化的生活方式、时尚化的消费行为以及肤浅化的审美情趣之中。由此可见，文化工业就是一场骗局，它的承诺是虚伪的，它提供的是可望而不可即的虚假的快乐，它是用虚假的快乐骗走了人们从事更有价值活动的潜能。"①

具体来说，法兰克福学派对大众文化的批判主要有以下几个方面：

首先是大众文化呈现商品化趋势，具有商品拜物教特性。批判理论认为，发达工业社会的大众文化并不是艺术品，从一开始它们就是作为在市场上销售的商品而被生产出来的，它们和商业紧密地结合在一起，文化产品的生产和接受为价值规律所统摄，被纳入到市场交换的轨道，具有共同的商品性质的特性。因此，法兰克福学派模仿马克思对商品拜物教的分析过程——从商品的消费追溯到商品的生产，并在对生产过程的分析中，发现商品拜物教的秘密——也从大众文化的消费上溯到大众文化的生产过程，从而也发现了大众文化的商品拜物教特性。商品拜物教被马克思用来意指商品从其人类起源中分离，成为神秘的、不透明的、异己的对象而不是社会关系的透明的具体化。也就是说，"文化工业"的制品是作为人的对立面而出现的，这些制品关心的不是艺术的审美价值和批判职能，其目的不是去满足主体的人的真正精神需要，它关心的是商业化运作成功与否，能否赚钱、能否叫座儿才关乎生存的根本。霍克海默和阿多诺认为，"文化工业只承认利益，它破坏了艺术作品的反叛性"②。作为可以自由交易的商品，大众文化彻底退化成了资本主义市场经济中一颗可以任意搬动的棋子，不再具有解放的力量。

其次是大众文化的标准化生产方式。在《文化工业再思考》一文中，阿多诺明确指出："'工业'这个词不要太注重字面的理解。它是指事物

---

① 陆扬、王毅：《大众文化与传媒》，上海三联书店 2000 年版，第 50 页。
② ［德］马克斯·霍克海默等：《启蒙辩证法（哲学片断）》，洪佩郁等译，重庆出版社1990 年版，第 117 页。

本身的标准化——例如西方的、电影院常客了如指掌的那些东西的标准化，是指扩散技术的理性化，而不是严格地指那种生产过程。"① 批判理论认为，大众文化是现代科学技术迅猛发展的产物，大众文化的唯一传播载体如报纸、杂志、书籍、广播、电影、电视、录音和录像等，无一不是人类科学技术进步的标志，尤其是在当代社会，微电子技术、卫星传播技术、光纤通信技术和光储存技术的出现，更加使得大众文化的推行依赖于"技术"的先行，可以说，没有现代科技手段，也就不可能大规模地复制、传播大众文化产品，也就不可能产生"文化工业"。从阿多诺对音乐的研究可以看出，正是"文化工业"所表现出的这种技术理性剥夺了艺术所应有的个性化因素。像生产工业产品的零件一样，大众文化也走向流水线的模式，大批量复制出的文化产品必然是标准化的。"文化工业的技术，只不过用于标准化和系列生产，而放弃了对作品的逻辑与社会体系的区别"②，所以作品（如音乐）的"流行"（popular）实际上是伪个性化的张扬，是作品的消费方式也变成标准化的结果。

　　最后是大众文化麻木心灵，强制推行资本主义秩序。批判理论的观点告诉我们，现代工业社会通过不计其数的大众文化机构及其整齐划一的产品，把一些过了时的、不符合真正需要的东西当作自然的、令人艳羡的东西强加给个人，在某种意义上，大众文化发挥的是意识形态的功能。阿多诺认为："文化工业的整体效果是一种反启蒙的效果，就像霍克海默和我注意到的那样，其间本应是进步的技术统治的启蒙，变成了一场大骗局，成为束缚意识的桎梏。它阻碍了自主的、独立的个性发展，这些个性本来是很明智地为自己作出判断和决断的。"③ 在这种"反启蒙"的意识桎梏面前，大众是无能为力的。因为文化工业一方面具有现代文化虚假解放的特性和反民主的性质，与独裁主义潜在地联系在一起；另一方面文化工业向大众提供的是一种"虚假的需求"，从表面上把大众款待得服服帖帖，个人被完全地欺骗了。马尔库塞指出，"虚假的需求"是指那些在个人的压抑中由特殊的社会利益强加给个人的需求，比如休闲、娱乐、消费，等

---

① ［德］阿多诺：《文化工业再思考》，载《文化研究》第 1 辑，天津社会科学院出版社 2000 年版，第 200 页。

② ［德］马克斯·霍克海默等：《启蒙辩证法（哲学片断）》，洪佩郁等译，重庆出版社 1990 年版，第 113 页。

③ 转引自陆扬、王毅《大众文化与传媒》，上海三联书店 2000 年版，第 50 页。

等。"虚假的需求"具有一定的社会内容和功能,是由个人控制不了的外部力量决定的,它的满足与否受外界支配。[①] 人是有"真实的需求"的,比如创造的需求、个人价值实现的需求、独立的需求、主宰自我命运的需求等,但在批判理论看来,"真实的需求"的表达,只能由个人在能自由作出回答时来完成。可惜的是,在现代工业社会,文化工业通过强烈刺激人们的物质欲望,俘获了大众的心灵和意识,"真实的需求"被"虚假的需求"无限度地遮掩。大众由于其主体地位失落,沦为文化工业的客体,成了"单向度的人",变得麻木、冷漠而驯服。附庸于资本与权力的大众文化趁机灌输资本主义的固有秩序,易如反掌。

3. 社会批判是批判理论发展的归宿,因此,也有人称法兰克福学派的理论为"社会批判理论"。法兰克福学派的社会批判缺乏历史的实践特性,诚如美国学者马丁·杰伊所言,"学术实际上是法兰克福学派这种类型的批判思维的最后逃亡地,实现其思想的机会则已经消失"[②],没有了强有力的实践支撑着的社会批判,一般意义上不会引起人们的充分重视。但是,哈贝马斯建立在系统的历史考察基础之上的"公共领域"概念,则另当别论。

"公共领域"(public sphere)是指市民可以自由表达及沟通意见,以形成民意和共识的社会生活领域,其要件是所有市民应有相等的表达机会,并且参与者是由一群私人身份的个人自主性的聚会所形成的公共团体,讨论的主题则以"批评"国家政府及其与公众利益有关的公共事务为主,因此纯粹私人事务或商业的个别集会则不算是"公共领域"[③]。哈贝马斯认为,资产阶级公共领域是一个具有划时代意义的范畴,不能把它和源自欧洲中世纪的"市民社会"的独特发展历史隔离开来,使之成为一种理想类型,随意应用到具有相似形态的历史语境当中。"市民社会"是在资本主义发展的萌芽期作为政府的对应物而出现的,"由于社会是作为国家的对立面而出现的,它一方面明确划定一片私人领域不受公共权力管辖,另一方面在生活过程中又跨越个人家庭的局限,关注公共事务,因此,那个永远受契约支配的领域将成为一个'批判'领域,这也就是说

---

① [美]马尔库塞:《单向度的人》,张峰等译,重庆出版社1988年版,第6页。

② [美]马丁·杰伊:《法兰克福学派史》,单世联译,广东人民出版社1996年版,第2版序,第14页。

③ 张锦华:《传播批判理论》,黎明文化事业股份有限公司1994年版,第203页。

它要求公众对它进行合理批判。……借助于新闻媒体，政府当局已经把社会变成一个严格意义上的公共事务"①。哈贝马斯指出，虽然早在古希腊时期就存在着一种公共领域，但在欧洲，"直到18世纪末，德国才形成'一个规模虽然偏小，但已经具有批判功能的公共领域'。一般的阅读公众主要由学者群以及城市居民和市民阶级构成，他们的阅读范围已超出了为数不多的经典著作，他们的阅读兴趣主要集中在当时的最新出版物上。随着这样一个阅读公众的产生，一个相对密切的公共交互网络从私人领域内部形成了"②。而在法国，直到大革命爆发后，原本以文学和艺术批评为特征的公共领域才渐趋政治化。

　　概括来说，哈贝马斯所建构的资产阶级公共领域，其核心目的是要建立一个独立于国家和市场之外的自由公共空间，让公众有能力在平等参与、自由讨论的基础上对公共领域本身和国家的各项实践活动进行批判性的思考。但是，"资产阶级公共领域模式的前提是：公共领域和私人领域的严格分离，其中，公共领域由汇聚成公众的私人所构成，他们将社会需求传达给国家，而本身就是私人领域的一部分。当公共领域和私人领域发生重叠时，资产阶级公共领域的模式就不再适用了"③。大约19世纪中叶，资产阶级公共领域的结构和功能就开始了彻底转变，原先促使资产阶级公共领域形成的各种社会力量，在长期磨合中，最终导致了资产阶级公共领域的衰落和灭亡。大众传媒就是其中重要的瓦解因素之一。

　　西方自由主义传统当中的大众传媒，是民主社会的重要组成部分。大众传媒一方面要保障公民的言论自由，另一方面还要行使对国家机器的批判和监督职能，因此必须做到独立、客观、公正，也就是说，大众传媒要在国家与公众之间扮演一种特殊的"公共权力"角色。正因为如此，哈贝马斯在《公共领域的结构转型》一书中，把大众传媒视为最理想的公共领域，介于国家机器和私人领域之间，充当中立的、不偏不倚的"信息代理人"。理想终归是理想。后来的事实证明，资产阶级民主政治下的大众传媒没能摆脱国家和市场的制约，随着国家和私人对传媒控制的加

---

　　① ［德］哈贝马斯：《公共领域的结构转型》，曹卫东等译，学林出版社1999年版，第23页。

　　② ［德］哈贝马斯：《公共领域的结构转型》，曹卫东等译，学林出版社1990年版，序言，第3页。

　　③ 同上书，第201页。

深，"大众传媒塑造出来的世界所具有的仅仅是公共领域的假象。即便是它对消费者所保障的完整的私人领域，也同样是幻象"①。哈贝马斯不得不承认，传媒的民主功能在不断下降，随着资本主义垄断的日益扩展，广告和公共关系逐渐"劫持"传媒，原本对等的话语天平开始严重倾斜，公共领域走向了"重新封建化"的不归之路。

值得注意的是，大众传媒影响了公共领域的结构，同时又统领了公共领域，为什么还要自己跟自己过不去，要瓦解公共领域呢？哈贝马斯的答案是这样的："按照自由资本主义公共领域模式，这种具有批判精神的公众机构应当掌握在私人手中，不受公共权力机关的干涉。但是，过去一百年来，由于商业化以及在经济、技术和组织上的一体化，它们变成了社会权力的综合体，因此恰恰由于它们保留在私人手中致使公共传媒的批判功能不断受到侵害。与自由主义时代的报刊相比，一方面，大众传媒的影响范围和力度达到了前所未有的程度——公共领域本身也相应地扩展了，另一方面，它们越来越远离这一领域，重新集中到过去的商品交换的私人领域。它们的传播效率越高，它们也越容易受某些个人或集体的利益的影响。"②

《公共领域的结构转型》一书是哈贝马斯迄今为止唯一的一部关于大众媒介的完整著作，借助于"公共领域"的历史内涵，哈贝马斯完成了他对发达的资本主义社会的"民主"现象的文化透视，为其"交往行为理论"的建构奠定了基础。书中对资产阶级公共领域兴衰历史的关注，实际上牵涉的是传媒与社会政治的关系问题。莫利（David Morley）认为："公共领域的体制，其核心是由被报纸及后来大众传媒放大的交流网组成的。这个网络使由艺术爱好者组成的公众得以参与文化的再生产，也使作为国家市民的观众得以参与由公共舆论为中介的社会整合。"③ 具体来讲，"公共领域"概念当中的大众传媒是用来引导公共舆论的，"艺术爱好者组成的公众"和"作为国家市民的观众"能否获得社会"参与"权以及"参与"的程度如何，似乎都取决于大众传媒的运作状态。所以，"谁在掌控媒体"、"该不该掌控媒体"等命题自然就成了"公共领域"内的日

---

① ［德］哈贝马斯:《公共领域的结构转型》，曹卫东等译，学林出版社1990年版，第196页。

② 同上书，第224页。

③ 转引自陆扬、王毅《大众文化与传媒》，上海三联书店2000年版，第94页。

常话题，由此延伸开来的媒介社会分析则更引人注目。

　　这里有必要指出的是，我们从媒介、文化和社会三个方面分别讨论法兰克福学派的批判理论中涉及传播现象的相关研究及其观点，只是为了行文方便。实际上，法兰克福学派对大众传播和大众文化的批判是紧密联系在一起的，可以认为是一个整体。总体来看，法兰克福学派以其发人深省的批判性文字提出了那些大家应该注意到并且需要进行批判性反思和批判性分析的发达工业社会中的问题，因为"只有当我们意识到我们的生活世界的问题和某个制度影响我们人生观的方式，我们才能从这个制度的缠绕中解放出来"①。应该说，法兰克福学派意欲拯救人对现实的绝望，但终归是无望的救赎，因为他们的批判限制在意识和精神领域，很难说具备了实践性。我们认为，无论是指责法兰克福学派精英主义气息浓厚，还是批评他们缺乏对现实层面的关照，抑或埋怨他们的文字佶屈聱牙，再或强力警告他们对资本主义制度的激烈反叛，都可以寻找到各自充足的合理证据，因为法兰克福学派在各个层面确实授人以口实，其批判理论也的确不是一整套精致的、完美的、无懈可击的理论。但是，如果历史地看待它，淬过火的法兰克福学派批判理论既不是知识精英对现代世界怀旧的、禁欲式的拒绝，也不是暴力革命和革命实践，而是一种基于人性潜能和人道理想的"现代性反抗"。实质上，法兰克福学派留给后人的是一支"社会清醒剂"，它冷峻而严肃的目光依然打量着这个充满制度的世界，注视着后人们的一举一动。假如把我们将要讨论的当代的传播批判理论看作法兰克福学派之余绪，在特定意义的范畴里，也是有道理的。

四

　　凭借20世纪30年代对大众传播和大众文化的跨学科批判分析，从某种意义来看，法兰克福学派开创了传播批判理论的研究，并且由此形成了以整合为特征的文化研究的早期模式。迄今为止，传播批判理论研究已是枝头硕果累累，一派丰收景象：法兰克福学派批判理论的血脉未断，仍有衣钵传人执着于积极的学术研究，而世界上其他地方文化背景不同、学术

---

　　①　［美］斯蒂文·小约翰：《传播理论》，陈德民等译，中国社会科学出版社1999年版，第419页。

传统各异的大批学者也正在从事着中心或边缘的、实践或理论的相关批判研究。可以大胆地说，当代的传播批判理论已是一门"世界级"的社会科学，成果不可谓不丰，影响不可谓不深。但是，能不能划定一个大致的范围，究竟是哪些人、哪些流派、哪些理论参与过或正在参与这项研究呢？让我们一起来关注一下这个特殊群体。

（一）关于传播批判理论研究范畴的几种说法

1. 香港中文大学的李少南教授认为，目前西方的传播学研究可划分为两大范式三大学派，如下图所示。

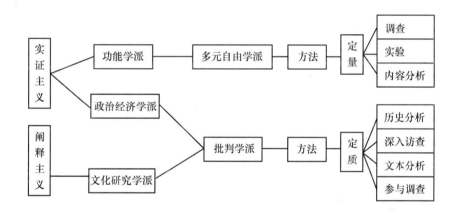

其中，政治经济学派以古典马克思主义为根，文化研究学派以新马克思主义为本，二者均属于批判学派，其理论对现存的资本主义社会作了深刻的反省及批判。①

2. 国内学者李彬认为，迄今为止，传播批判学派大致形成了三种研究路数：（1）政治经济学。以英国累斯特大学"大众传播研究中心"和"格拉斯哥大学媒介小组"为代表，主要人物有 G. 默多克、P. 戈尔丁等，从经典马克思主义的立场出发，旨在分析和揭示传媒的所有制结构及其与权势集团的利益关系。（2）文化研究。以英国伯明翰大学的"当代文化研究中心"（CCCS）为代表，主要人物有 R. 威廉斯、S. 霍尔等，他

---

① 李少南：《传播学在中国的一些观察》，载张国良《中国传播学：反思与前瞻》，复旦大学出版社 2002 年版，第 135 页。

们背后存有庞大的学术传承：卢卡奇的"物化"思想，法兰克福学派的批判理论，葛兰西的"文化霸权"，阿尔都塞的"意识形态"，结构主义的媒介符号分析等，都与之有着千丝万缕的联系。（3）媒介帝国主义。主要从国际传播与全球传播的角度探究西方（尤其是美国）传媒运作及其产品对世界格局和人类命运的影响，主要代表人物是 E. 卡茨、A. 马特拉、J. 汤林森和 H. I. 席勒。①

3. 国内学者陈力丹认为批判学派可分为美国批判学派与欧洲批判学派。美国批判学派先后有两批人物，由法兰克福学派流亡美国时培养和影响的一批学者二战后旋即显山露水，主要讨论大众传播的"内容"在社会文化意义上的"效果"以及对整个社会结构的影响，代表人物主要有 C. 米尔斯、B. 罗森伯格、D. 布尔斯廷等；70—80 年代崛起的学者从各个方面审视传播对象，主要代表人物是 J. 阿特休尔、H. 席勒、H. 甘斯、T. 吉特林、L. 格罗斯堡等。欧洲批判学派主要的理论研究视角有：（1）政治经济学。主要从经济基础来说明大众传播的性质，着重指出媒介工业如何受制于资本主义经济体制的各种权力，从媒介所有权、经济结构探讨各种媒介现象。（2）文化工业论和非真实意识论。主要认为以文化工业的形式出现的媒介具有意识形态性质，具有支配受众观念的作用。（3）主流意识形态分析。主要探讨大众传播如何以间接的、无意识的方式，透过传播结构、专业理念或例行业务，不断复制着主流意识，从而成为统治者统治的一个环节。（4）唯名论和多义性研究。主要是对反映意识形态的流通符号进行内在含义的分析，研究者认为，统治的权力结构不仅存在于政治经济和意识形态领域，也存在于日常流通的生活符号中，综合起来讲，比较引人注目的学者有葛兰西、阿尔都塞、霍尔、福柯和哈贝马斯等。此外，陈力丹先生还认为，D. 莫利、E. 卡茨、J. 菲斯克、B. 巴格迪坎、T. 吉特林、P. 戈尔丁等学者也是近年来批判学派的代表人物。②

4. 斯蒂文·小约翰在《传播理论》一书中主要介绍了三种批判研究的理论，分别是：（1）法兰克福学派。侧重于讨论哈贝马斯的交往行为理论和社会变革理论。（2）文化研究。主要讨论文化通过意识形态间的斗争产生的方式，讨论时涉及的人物有理查德·霍加特、R. 威廉斯、

① 李彬：《批判学派纵横谈》，《国际新闻界》2001 年第 2 期。
② 陈力丹：《谈谈传播学批判学派》，《新闻与传播研究》2000 年第 2 期。

S. 霍尔和 L. 格罗斯堡等。（3）女权主义研究。有关传播方面的女权主义理论有二：一是无声群体理论，专门研究社会中特定群体的经历（如男权社会中妇女声音的消失），揭示了导致压迫的潜在结构并提出了积极变革的方向，是传播批判理论研究的一个极好佐证，主要学者有人类学家 E. 阿登纳、S. 阿登纳和传播学家 C. 卡拉玛拉等；二是男权的全域，全域是一整套反映对现实的特定定义的语言规范，研究者通过探求语言成为男权和压迫妇女的方式，认为那些接受某个语言的人也就基本上接受了该语言关于真理的范畴，所以根植于男权的全域之中的定义、意义和解释宣扬了男性的利益而压制了女性的利益，大多数女性没有对她们的语言范畴发出疑问，因此她们已被同化入男性统治的系统内了。男性的全域这一理论的代表人物是声名远播的语言学家、女权主义传播学者朱莉娅·彭尼洛普。①

5. 香港学者肖小穗在《传媒批评：揭开公开中立的面纱》一书中着重介绍了 11 种有代表性的批评/分析理论，见下表②。

传媒是文本		传媒是机构	传媒是文化
形式主义分析	意识形态分析	机构批评	文化批评
1. 符号学分析 2. 叙事学分析 3. 后结构主义分析	1. 意识形态批评 2. 女性主义批评 3. 后殖民主义批评	1. 意识形态国家机器分析 2. 政治经济学分析 3. 公共领域分析	1. 文化工业分析 2. 流行文化分析

综上所述，以德国的哈贝马斯为代表的法兰克福学派依然大放异彩，其"交往行为理论"博大精深，对当代的社会学、哲学、传播学、文化研究等的发展有着深刻的影响。但是，就当代的传播批判理论来说，研究中心应该在英国、美国和法国。其中法国的阿尔都塞以正统的西方马克思主义者自居，致力于马克思主义的研究，他的"意识形态国家机器"理

---

① 　［美］斯蒂文·小约翰：《传播理论》，陈德民等译，中国社会科学出版社 1999 年版，第 407 页。

② 　肖小穗：《传媒批评：揭开公开中立的面纱》，黑龙江人民出版社 2002 年版，绪言，第 7 页。

论一方面摒弃了经济决定论，有"上层建筑决定论"之嫌；另一方面在理论的最终，他又更多地强调社会的经济结构层面所发挥的重要作用，忽视社会文化层面本质的自觉因素，前后充满着矛盾，因而他的批判性观点不被大多数传播研究者接纳。相对而言，英国和美国则由于各自特殊的历史，成了学者眼中的两座传播批判理论研究重镇。

（二）英国的传播批判理论

根植于经验主义的怀疑论的深厚思想传统并与之一脉相承，英国的传播理论研究一般不会首先去关心媒介如何能够维护一个社会，而是先去考察这个媒介运行其间的社会本身是否正当，因而它便先天地带有批判和质疑的特征，只不过与法兰克福学派的批判理论不同，前者是从传统、观察和经验出发的，更加注重的是实际权宜而非理论观念，后者则是从理念和理性出发的，更加富有思辨色彩和形而上学的魅力。这样的叙述，并不是意味着真有一套完整、现成的英国特色传播理论可供我们规范地讨论，但是自从 20 世纪 60 年代英国学术界有意识地介入大众传播领域的研究以来，他们所关注的问题、所采用的理论和方法确确实实对西方传播学界产生了强大的震撼，如果把这些有关的传播研究当作一个整体——英国传播理论——来关照，其实也未尝不可。

最新的研究表明，英国传播理论的发展有三条互相关联而又具有一定独立性的线索：一是源自于英国近代以来的文化—文明传统、以文化观念的嬗变为轨迹的传统的英国传播理论；二是根植于马克思主义（尤其是古典立场的）、与法兰克福学派有极大视域区分但又具有批判取向的英国传播理论；三是从批判精神的式微和阐释学的兴盛当中脱颖而出的以"接受研究"为主的英国传播理论。很显然，三条线索所勾勒的实际上是英国文化研究的历史脉络。所谓英国传播理论，其理论建构离不开英国的文化研究，正是文化研究使得英国传播理论得以成为一个所谓的替代性范式，与主流传播学研究范式（内容分析、受众和效果研究等）相区别、相抗衡，并最终反过来影响了整个传播理论架构。当然，文化研究本身是一种跨学科的学术实践，它的主要研究对象——大众文化——只能通过大众传播媒介而获得意义，所以传播研究自然也就成了文化研究的重中之重。我们从批判的特质出发，所言说的英国传播批判理论，事实上只是更加强调了英国传播理论对主流传播学的"颠覆和重构"功能而已，而它的"批判"的价值与范畴，仍存在于文化研究当中。

1. 早期英国文化研究对传播理论的贡献。

文化研究作为一个众说纷纭的话题，没有"绝对的开端"，大致出现于 20 世纪 50 年代中期。以霍加特的《文化的用途》（*Uses of Literacy*，1958）、威廉斯的《文化与社会》（*Culture and Society*，1958）和《漫长的革命》（*The Long Revolution*，1961）等著作的相继问世为重要标志，文化研究的早期的理论精华也就在这几本书当中。

霍加特以其工人阶级家庭出身的"优势地位"，试图救赎工人阶级文化，"《文化的用途》以强烈的'实践批评'精神，尝试去'阅读'工人阶级文化，以寻求显现在其模式和结构中的价值和意义：好像它们就是某种文本"①。在《文化的用途》一书的前一部分，霍加特展现了一种传统的城市工人阶级的"公共文化"，这种公共文化不但体现在酒吧间、工人俱乐部、报纸杂志和体育运动上，而且更加体现在一个个体所有的私人日常生活的结构当中。书的后一部分展现的则是 20 世纪 50 年代美国式的大众娱乐文化对前一部分工人阶级文化的冲击。霍加特认为，传统的工人阶级社区是一个有机社会，而传统的工人阶级文化是自然的、健康的、淳朴的。与对二战前英国的传统工人阶级文化大加褒扬不同，霍加特眼里的美国式大众文化则是彻底的堕落，他把二战后工人阶级的社区文化，如现代流行音乐、美国电视节目、通俗犯罪小说等统统看作是文化赝品，大肆挞伐，试看这段描述：

> 和我前面描述过的快餐店（café）一样，用假摩登的小玩意儿装饰的牛奶亭（milk－bar）那种低俗的耀眼的卖弄，马上就显示出审美趣味的完全垮掉。与这些牛奶亭相比，某些房舍简陋的顾客家中的客厅的布置看起来倒更具有十八世纪排屋的平衡和教化的传统……牛奶亭的"自动投币唱机"（nickelodeon）发出的刺耳的嘈杂声更像是给一个有一定规模的舞厅的而不是一条主要街道上的一个小商店所能承受的。一帮年轻人有的歪歪扭扭地耸着肩膀，有的绝望得像汉佛利·伯加特一样，目光茫然地穿过那张廉价的铁管椅子。

---

① ［英］斯图亚特·霍尔：《文化研究：两种范式》，孟登迎译，载罗钢、刘象愚《文化研究读本》，中国社会科学出版社 2000 年版，第 52 页。

> 即使与街角的酒吧相比，这也全然是一种无意义玩闹的单薄而苍
> 白的形式，一种弥漫在煮沸的牛奶味中的精神上的干腐气。①

字里行间透露出的蔑视几乎是与生俱来的。这恰好告诉我们：霍加特并没有同英国的文化—文明传统完全决裂，相反，他仍然沿用着英国精英文化所建立的价值尺度。

霍加特的不彻底性同他使用的方法有极大关联，他在使用利维斯方法的同时，也跌入了 F. R. 利维斯设置的理论陷阱。二战前 F. R. 利维斯，是英国剑桥大学英文系一个知识分子团体的骨干成员，在他看来，古往今来对"文化"的维护、批判和贡献只是少数人的事，鉴于大众文化产品的泛滥危及英国文化—文明传统所珍爱的思想和感觉方式，寻找或发展一种新的文学批评方法成了当务之急。由此，利维斯等人提出了"实践批评"（practical criticism）：细察文学文本，通过细节分析探寻文本的组织形式，目的是打通"少数文化"的经脉，挽救濒临灭亡的"有机社会"。"实践批评"让霍加特感觉到了传统工人阶级文化的风光无限，同时也使他沉湎其中，把传统的工人阶级文化当作不变的追求，理论的目光从此迟滞不前。

实际上，霍加特只完成了对工人阶级文化的确认工作，而对工人阶级文化的救赎工作则是由威廉斯完成的，英国文化研究对传播批判理论的早期贡献也由此而实现。

威廉斯敏锐地觉察到利维斯的"实践批评"方法带给文化研究的革命性帮助。通过对从伯克、科勒律治到阿诺德的英国文化—文明传统的解读，借助于对"文化"占主导地位的浪漫传统进行批判性的追根溯源，威廉斯试图表明：文化这一概念潜在性地保留着内在和批判的用途。为此，他构筑了自己的文化概念："文化具有两个方面：一是文化各成员接受训练以了解各种现成的意义和方向；二是可以获取并接受检验的各种新观察和新意义。我们就是以以下两种意思使用文化的：一是指整个生活方式——诸种普遍意义；二是指艺术和学习——发现事物和创造性活动的特殊过程。"② 威廉斯认为，应当从现实社会的共同经验中去寻找文化，文

---

① 转引自杨击《传播·文化·社会——英国大众传播理论透视》，复旦大学出版社2006年版，第40—41页。

② ［英］雷蒙·威廉斯：《文化是平常的》，转引自［英］尼克·史蒂文森《认识媒介文化》，王文斌译，商务印书馆2001年版，第24页。

学文化遗产和文化生产的诸种新形式应该向每一个人的批判实践开放，而不仅仅局限于少数几个享有特权的人。针对传统文化观念中存在的"精英意识"，他指出，无论是少数文化、高级文化还是大众文化、工人阶级的文化，都是创造文化共同体的来源，都应一视同仁，他认为：

> 群众往往是他者，我们不知道，也不可能知道的他者。然而，在我们这种社会中，我们一直都看到这些他者，看到无数形形色色的他者；我们的身体就站在他们的身边。他们就在这里，我们就和他们在一起。……对于他者来说，我们也是群众，群众就是他者。
>
> 实际上没有群众，有的只是把人看成群众的那种看法。①

在威廉斯这里，至少从主体性方面已经完全消除了高雅文化与大众文化之间的所谓区别。至此，威廉斯也就完成了对工人阶级文化的救赎。

威廉斯对传播本身的论述同样不可小觑。在1962年出版的《传播》一书中，他认为只有经过大众传播的技术和机构，文化革命的目标——文化共同体——才能实现。为了给言论的自由、开放和真实创造条件，他还提出要对社会的传播体制进行改革。他认为：

> 一个良好的社会有赖于事实和观点的自由畅通，也仰仗于对意识和想象力的发展——明确地表达人们的实际所见、所知和所感。任何对个人言论自由的限制，实际上就是对社会资源的限制。②

这里显现出的是一个理想型的传播自由模式。具体来说，有关这一理想模式的憧憬与构建就全部融入到威廉斯倾其一生的文化与传播研究当中。

首先，威廉斯对大众传播的分析是以利维斯的文学批评为知识背景的。与霍加特一样，威廉斯不但从利维斯那里领悟了把媒介文本必须放在社会的、历史的语境中去考察的原则，而且他还进一步认识到：必须不断地扩展文化概念的意义，直至让它与人们的日常生活成为同义。毫无疑

---

① ［英］雷蒙·威廉斯：《文化与社会》，吴松江等译，北京大学出版社1991年版，第378—379页。

② ［英］雷蒙·威廉斯：《传播》，转引自［英］尼克·史蒂文森《认识媒介文化》，王文斌译，商务印书馆2001年版，第26页。

问，这一点给威廉斯所追求的文化共同体提供了理论研究视角上的强大支持，使其从居高临下转到细节分析，从观念走向文本，从而顺利实现了传播自由的平民性转移。

其次，作为新左派运动的成员，威廉斯对自由问题的讨论必然会涉及经济基础和上层建筑的观念问题。在他的研究当中，强调了社会诸实践的物质性，而忽视了经济的决定性作用。在威廉斯看来，必须从历史角度对经济基础决定论追本溯源，他这样写道：

> 现实社会的决定论，是指在各种限制与压力之下，人们在社会的行事与作为受到了很大的掣肘，但又从来不至于全盘地被其控制。我们对于决定的认识，不应该将它视为是单一的力量在运作，也不应该视之为抽象的力量，而是应该把它看成是一个过程。在这么的一个过程，权力或资本的分配，社会力与体力上的继承，不同群体之规模与大小的关系，都是设下限制与施加压力的因素。但它们从来不能控制全局，也不能全部预测整个复杂活动的结局。限制之下，总有空间可以转换，压力之下，存有反抗余地。①

应该说，这样的论调是不正确的。但是，把决定的力量看作一个过程，各种决定性因素在系统的变化中互相掣肘，倒是有可能使得传播主体在"无法全面控制也无法全面预知"的局面里相对赢得"独立性"的权利。

最后，对霸权的讨论也将是关于自由不可避免的话题。威廉斯把霸权定义为一个连续的历史过程，这一过程在形成时永远处于不断的变化中，永无休止，也永无体系。尼克·史蒂文森援引威廉斯的分析后认为，"霸权是三种文化过程的结合体：各种传统、各种体制和各种形态"②。在现代社会，各种霸权大行其道，基本上仰仗于大众媒介的诸种体制。从这个意义出发，威廉斯所畅想的传播自由的目标——文化共同体的实现——便有了民族的、社会的普遍价值。

当然，威廉斯的自由话语也离不开现代社会的具体语境。在文化离散

---

① [英] 雷蒙·威廉斯：《电视：科技与文化形式》，冯建三译，远流出版事业股份有限公司1994年版，第162—163页。

② [英] 尼克·史蒂文森：《认识媒介文化》，王文斌译，商务印书馆2001年版，第33页。

和文化国际化的现代语境里,失去了道德标准的传播自由显然是不恰当的。威廉斯指出,现代社会有四种传播体制:专制式、家长式、商业式和民主式,大众传播媒介应该摆脱诸如资本和国家认可的并已取得民主化和非集中化的商业式和家长式体制的控制,只有在体制上从政府和市场中分离出来,在言论自由的社会语境下,大众传播媒介才会在文化方面有所作为。这种民主现实主义的观点,应该是威廉斯关于"传播自由"的理想型的实践设计,虽然回归到了某种精英的立场,但反倒具备了鼓舞人心的道德价值。

　　2. 从与法兰克福学派的分野看英国传播批判理论的价值取向。

　　从起源看,英国文化研究具有强烈的文化纯粹主义倾向,威廉斯把观念还原到经验之中,把文化看作一种整体的生活方式,使英国二战前和二战后的工人阶级文化获得了合法性。也就是说,救赎工人阶级文化是一条金蝉脱壳的锦囊妙计,正是借助救赎,威廉斯构筑了后来文化研究的理论基础,在这一过程中,工人阶级的文化(二战后我们可以称作大众文化)始终扮演着"批判工具"的角色。而在法兰克福学派的大众文化批判中,却把大众文化当作直接的批判对象。一直以来,法兰克福学派之所以遭到诟病,原因就在于此,它带有的浓烈的精英主义意识和化约论观点是文化研究所最痛恨的。

　　既然文化研究是在维护大众文化的合法性,那么"批判"的价值取向究竟何在呢?毋庸置疑,法兰克福学派对大众文化的批判是痛快淋漓的,试看:

　　　　大众运输和传播手段,住房、食物和衣物等商品,娱乐和信息工业不可抵抗的输出,都带有规定了的态度和习惯,都带有某些思想和情感的反应,这些反应或多或少愉快地把消费者同生产者,并通过生产者同整体结合起来。产品有灌输和操纵作用;它们助长了一种虚假意识,而这种虚假意识又回避自己的虚假性。随着这些有益的产品在更多的社会阶级中为更多的个人所使用,它们所具有的灌输作用就不再是宣传,而成了一种生活方式。它是一种好的生活方式——比以前的要好得多,而且作为一种好的生活方式,它阻碍着质变。因此,出现了一种单向度的思想和行为型式,在这种型式中,那些在内容上超出了既定言论和行动领域的观念、渴望和目标,或被排斥,或被归结为这一领域的几项内容。它们被既定体系及其量的扩张和合理性所重新定义。①

咄咄逼人的文字历数了文化工业使社会、人类向着单一维度发展的危险局面。法兰克福学派的批判当中充满着对被褫夺的精英文化的无限眷恋，大有用"应然"反对"实然"的意蕴，显然不是医治社会的实用良方。大众文化作为当代社会的主流文化，英国文化研究之所以接纳它，是要为"实然"争取"应然"的地位。但这并不意味着文化研究不带有批判的思维，最冷是温柔一刀，文化研究是从大众文化的各种亚文化入手搜集证据的。比如，威廉斯对电视进行细致入微的分析，通过探求决定电视发展的社会物质关系，最终认定私人资本的利益支配了传播技术的发展，并提出了忠告。事实上，威廉斯的这一研究已经触及大众文化批判的政治层面而且纯粹从物质性出发了，比起法兰克福学派更多地从审美的范畴所作出的批判来，不再是"有没有批判"的问题，而是有了明显的关于"批判"的价值转向。这一分野，在斯图亚特·霍尔成为英国文化研究的主干将之后，表现得尤为突出。

3. 斯图亚特·霍尔对传播批判理论的贡献。

斯图亚特·霍尔（Stuart Hall）1931 年出生于牙买加，是英国新左派运动的重要创始人，1964—1978 年间在英国伯明翰大学（University of Birminghan）当代文化研究中心（CCCS）供职，是英国文化研究学派最有影响力的人物之一。从传播学的角度看，"霍尔是从整个社会结构来关照媒介及其传播活动的，尤其是从文化意义的角度考察媒介在社会的结构化过程中所扮演的角色"②。

20 世纪 60 年代，随着美国文化的全球性扩张和侵袭，英国岛内越来越重视大众文化的生产和使用问题，刚刚跻身于大众文化研究行列的霍尔以年轻人特有的锐气坚定地喊出了自己的立场：必须对大众文化持有一种现实的态度，他的话是这样的：

　　旧时的文化已经逝去，因为产生它们的生活方式已经逝去。工作

---

① ［美］马尔库塞：《单向度的人》，张峰等译，重庆出版社 1988 年版，第 12 页。
② 杨击：《理解霍尔：从媒介功能和新闻真实性的角度看》，《现代传播》2001 年第 3 期。

的节奏已经永久性地改变，封闭的小范围的社区正在消失。抵制社区的不必要的扩张、重建地方独创性也许很重要。但是，假如我们想要重新创造一种真正的通俗文化的话，我们只能在现存的社会之内寻找生长点。①

正是这种对大众文化的非排斥态度，使得霍尔能够深入大众文化，洞悉大众文化的里里外外。在深入批判大众文化的同时，霍尔展现了别具一格的文化理论和社会理论，而他对传播批判理论的巨大贡献就蕴藏其中。

霍尔对主流传播学研究进行了严厉的批判。主流传播研究范式通常采取所谓"实证"的方法，自认为研究过程中存有着绝对的客观与中立。但是霍尔认为，研究方法是不可以独立于研究人员的既定假设之外的，研究者在发现问题、设计方法、提出假设时，早就预存了一整套有关社会、人类和知识的基本观念，他毫不客气地指出：

> 这种理论取向，虽然是以一副以经验为基础的科学面貌出现，实际上却植基于一组非常特定的政治与意识形态的前提。然而这些前提在这个理论中，却是毋庸检证，而直接充作理论的骨架与基础。它应该问的是"多元主义是否行得通"，但是他们只问"多元主义是如何地行得通"，接着精确地与经验性地来度量它运作的成效。明明就是预言与希望的混合物，用轻率的理论混合成冷酷顽固的行为主义，但长久以来，却把自己伪装成"纯粹科学"（pure science）。②

霍尔进一步指出，主流传播学之所以会有这种缺陷，其罪魁祸首正是主流传播学赖以产生和发展的自由主义多元论的社会观。多元论有一个基本的理论假设即社会共识——任何社会均有一套普及的社会规范或价值为大家所接受，而传播的功能之一便是反映这套社会共识，强化社会认同感。由此我们不难看出，"霍尔批判主流传播研究的主旨，并不在于其使用量化或实证的方法，而是针对隐藏在这套方法后面的对社会运作、个人行为的

---

① 转引自杨击《传播·文化·社会——英国大众传播理论透视》，复旦大学出版社2006年版，第45页。
② 同上书，第53页。

理论假设"①。这个隐藏在后面的东西，在霍尔看来，就是意识形态。

　　早在 1978 年的一次关于报刊与道德恐慌的经验性研究中，霍尔和他的同事们就惊讶地发现，报刊对暴力犯罪所构成的威胁作出了超乎寻常的反应，而且似乎在迎合盛行的控制文化。为此，霍尔等人提出了主要解释人（primary definers）和次要解释人（secondary definers）的概念并作了重要区分："主要解释人是在组织上占主导地位的集团，他们能够给媒介提供暗示，以便跟踪某一个特定的事件。媒介作为事件的次要解释人而行事，对从主要解释人那里接收到的信息进行筛选和阐释。"② 可以预知，这里提及的"在组织上占主导地位的集团"在实践中"操纵"了媒介，而媒介自然也就不是多元论者所标榜的"独立的阶层"了。

　　霍尔的批判的传播理论观就是在此基础上发展而来的。当然，其中最重要的当数他对媒介的意识形态分析。霍尔同时关注葛兰西和阿尔都塞，既利用葛兰西的"文化霸权"理论使文化在社会结构中获得了一定的自主性，也利用阿尔都塞的"意识形态国家机器论"澄清了大众传播"潜移默化"的建构功能。他认为："大众媒介是庞大的经济、技术体系，以产制'讯息'为目标。媒介的讯息主要是以语言符号及其意义所构成，因此，媒介所报道的事件，事实上并非事件本身，而是媒介者将一些语言符号'连结'在一起，以传递某种意义。"③ 值得注意的是，霍尔从媒介的角度总结了它所扮演的社会角色：建构社会知识，形成规范、反映价值，塑造共识与合法性。同时他也提醒人们，大众媒介的建构角色并非是绝对的。霍尔认为，媒介是表意的工具，媒介通过表意过程建构现实，给受众提供有关世界的图景。但是，建构现实所需的符号具有意义的多义性④，导致了所建构的现实不仅是媒介及其机构的杰作，而且也是受众从不同角度进行感知的产物。因此，霍尔也承认受众对媒介所传播的信息作出的各种抵抗性解读。他参照马克思主义政治经济学生产、流通、分配/消费、再生产的四环节结构，考察电视话语的传播全过程并划分为三个相

---

① 张锦华：《传播批判理论》，黎明文化事业股份有限公司 1994 年版，第 137 页。
② 转引自尼克·史蒂文森《认识媒介文化》，王文斌译，商务印书馆 2001 年版，第 61 页。
③ 张锦华：《传播批判理论》，黎明文化事业股份有限公司 1994 年版，第 145 页。
④ 罗兰·巴特指出，通过媒介传播的意义至少有两个层次：外延意义，即意义十分明确的层次；内涵意义，即有赖于某些文化联想的各种隐含和更为广泛的意义。霍尔基本上同意这一观点。

对独立的阶段，从而提出了"编码/解码"理论。他强调，对媒介文本而言，"一旦讯息以符号的形式被编码，它就向受众使用的各种阅读策略开放，受众的接受仰仗于他们的文化和政治倾向以及与更为广阔的权力体系的联系和对批量生产的技术（收音机、电视、录像机、激光唱片机等）的接触"①。相对于文本，编码者和解码者对其意义的解读有三种假设的立场：其一是主导—霸权的地位（dominant – hegemonic position），比如电视观众直接从电视新闻广播或者时事节目中获取内涵的意义，只在主导符码范围内进行操作，而主导符码则带有霸权性质；二是协调的符码（ne-gotiated code）或者地位，观众使自己的独特地位与对各种事件的主导界定相一致，同时保留权力以更加协调地使这种主导界定适合"局部条件"、适合自身团体的地位；三是对抗的符码（oppositional code），电视观众有可能完全理解话语赋予的字面和内涵意义的曲折变化，但以一种全然相反的方式去解码信息。②

可以看出，霍尔所阐释的核心意义在于：意义不是编码者"传递"的，而是解码者"生产"的。如此的传播模式看似简单，实质上，它给了美国经验学派的经典模式以致命一击，"传播不仅仅是一个从传播者到接受者的直线行为。信息的发出不能保证它的到达，在传播的过程中，从信息的原始创作即制码，到被解读和理解即解码，每一过程都有其自身的决定因素与存在条件。即是说，信息生产的权力关系与消费的权力关系并不完全吻合。传播周期亦为支配模式再生产周期"③。

（三）美国的传播批判理论

我们对英国传播批判理论的叙述，主要从英国文化研究当中去钩沉，或者说是为了合体的需要，把文化研究的局部当作了传播批判理论的整体。其间难免会出现一些生硬的搬弄，抑或因文害义。即使这样，也很难拿它与美国的主流传播学研究直接对垒，可以说，"直接与经验主义传播学相对的批判学派，主要集中在美国"④。

---

① 尼克·史蒂文森：《认识媒介文化》，王文斌译，商务印书馆2001年版，第70页。
② ［英］斯图亚特·霍尔：《编码，解码》，载罗钢、刘象愚《文化研究读本》，中国社会科学出版社2000年版，第356页。
③ 陆扬、王毅：《大众文化与传媒》，上海三联书店2000年版，第71页。
④ 陈力丹：《谈谈传播学批判学派》，《新闻与传播研究》2000年第2期。

如果说以效果研究与实证方法为特征的美国主流传播学在20世纪40年代初具规模的话，那么50年代的"模式研究"便是这种传播学研究的鼎盛时期。而"在60年代和70年代，传播研究及有关的模式建立的兴趣焦点，已从寻求对整个大众传播过程的一般理解逐渐转向研究这个过程的各个具体方面：长期的社会、文化和意识形态效果；媒介组织及其同社会和受众的关系；受众之选择和反应的社会基础和心理基础；特有的内容形式（尤其是新闻和'现实'信息）的构造；等等"①。1966年，德弗勒提出的"美国大众媒介体系模式"②（如下图所示）突出地显示了美国经验主义传播学研究视域的扩大与转变。这个把美国的媒介体系作为一个整体的模式，把大众传播置于其他机构（特别是政治和经济机构）的范围内，而这些机构直接形成传播者的讯息和公众之间的关系。

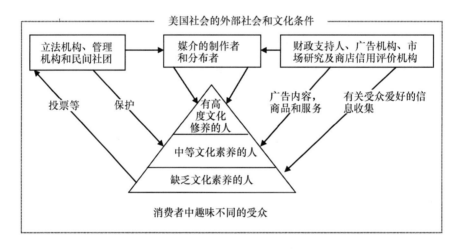

德弗勒的美国大众媒介体系模式

很明显，德弗勒的模式中突出了私人的商业部分和政治体系对媒介内容有极大的控制权，这种来自经验主义传播学内部的觉醒，恰好给传播学批判研究提供了"有用的起点"。

换句话说，二战后随着社会的发展，美国经验学派的种种矛盾与缺陷

---

① ［英］丹尼斯·麦奎尔等：《大众传播模式论》，祝建华等译，上海译文出版社1997年版，第11页。

② 同上书，第120页。

逐渐显现，学派内部开始有意无意地向其对立面让步、妥协甚至转变。"正是经验主义传播学的困惑和矛盾，它在克服这些矛盾时所有意无意地违背自己初衷的做法，为传播学研究的另一大学派——批判学派——的兴起，及其后来的蓬勃发展做了理论上的准备。"① 所谓的美国传播批判理论，也正是由此而来。应该指出的是，这样的称呼同样也是为了行文方便，并非确有"美国传播批判理论"这一整体。

在当今的美国传播学界，拥有好几家批判研究中心，几百名批判学者从事工作②，阵容强大，理论建树颇丰。限于篇幅，我们仅介绍其中的席勒和阿特休尔的观点。

1. 席勒及其传播批判理论。

在美国，传播学的批判研究始终处于比较边缘的境地，很长时间以来，相较于英国的传播与文化研究较多地涉足于对工人阶级文化之分析，以及受到其他学科社会历史批判研究话语的启发，美国的传播与媒体研究却一直沿袭着传统，似乎缺乏一种类似的反对性力量，尤其是马克思主义观点所提供的另类传播研究取向。美国学者赫伯特·I. 席勒（Herbert I. Schiller，1919—2000）便是打破这个偏颇现象的先驱当中最具代表性的一位，美国新闻记者大众传播教育协会（the Association for Education in Journalism and Mass Communication）赞誉他为"媒介的清醒的、政治的、社会的批评家"③。可以说，他是美国传播批判理论研究的重要代表人物。席勒著述甚丰，终生致力于界定美国大众传播媒介的种种政治经济特征，批判和揭露资本主义大众传播体系的本来面目，对世界范围内的传播批判研究影响广泛，其中主要的著作有：《大众传播与美国帝国》（*Mass communications and American Empire*，1969），《思想管理者》（*The Mind Managers*，1973），《传播与文化支配》（*Communications and Culture Domination*，1976），《谁知道呢：在财富 500 强时代的信息》（*Who Knows：Information in the Age of the Fortune* 500 ，1981），《信息和危机经济》（*Information and Crisis Economy*，1984），《文化有限公司：公司接管公共表述》（*Culture Inc：The Corporate Takeover of Public Expression*，1989），《信息不平

---

① 殷晓蓉：《战后美国传播学的理论发展》，复旦大学出版社 2000 年版，第 40 页。

② ［美］E. M. 罗杰斯：《传播学史》，殷晓蓉译，上海译文出版社 2002 年版，第 131 页。

③ 陈共德：《政治经济学的说服——美国传播学者赫伯特·I. 席勒的媒介批评观》，《新闻与传播研究》2000 年第 2 期。

等：日益加深的美国社会危机》（*Information Inequality：The Deepening So-cial Crisis in America*，1991），《生活在头号国家中：一个美利坚帝国批评者的反思》（*Living in the Number One Country：Reflections from a Critic of A-merican Empire*，2000）等。在这些著作中，席勒重点研究的是美国的传播制度和传播程序，他认为占优势的美国政治经济不但对内利用媒介来欺骗和安抚人民，而且还利用媒介实行对外的全球霸权。他的研究范围广泛，不但有对信息娱乐业的工业结构分析，而且还有对美国文化之所以能够全球扩张、不断膨胀的技术因素的分析。

具体来讲，席勒对美国新闻传播的批判研究是从以下几个方面展开的。

（1）意识形态追问：资本主义媒介神话批判。

英国学者约翰·汤林森（John Tomlison）认为，席勒的"立论强烈，确有法兰克福学派之'批判理论'的若干影迹"[①]。他吸收了阿多诺、洛文塔尔、马尔库塞等人关于意识形态虚假性的观点，即一切意识形态都是统治社会的权力机构为扩大自身的阶级利益而虚构出来的，是不真实的，创造性地对资本主义大众媒介的现实展开批判，并提出了有关媒介神话批判的五个方面的观点：个人主义与个人选择的神话，媒介中立的神话，人性不变的神话，无社会冲突的神话，媒介多元化的神话。席勒认为，这些所谓的神话，实际上是大众传播媒介被迫与现实的政治、经济权力机构合谋的结果，是用来掩盖权力机构对社会思想进行操纵、控制的真实面目的。他指出："现在，全国传播业庆典活动的交响曲，是由国家资本主义经济的代理人——白宫总统办公室、麦迪逊大街公共关系和广告公司办公室的居民演奏的。我们完全有理由相信，今后，媒介控制者甚至将对资讯管理采取更加严密的组织手段。在一个复杂的社会里，资讯流通乃是无与伦比的权力资源。幻想这种权力的控制会销声匿迹，则是不现实的。"[②]大众媒介在美国受到的是双重束缚，它不仅要听从大公司、大财团在经济上的摆布，同时还要接受来自政府的政治上的严格管理。在席勒看来，大众媒介因为经济和政治的双管齐下而失去了作为"第四种权力"的历史

---

① ［英］约翰·汤林森：《文化帝国主义》，冯建三译，上海人民出版社 1999 年版，第 75 页。

② 陈共德：《政治经济学的说服——美国传播学者赫伯特·I. 席勒的媒介批评观》，《新闻与传播研究》2000 年第 2 期。

特征，沦落为只是包括财富 500 强在内的跨国大公司用以出售其产品、服务、观点的工具和政府用以维护社会规范、社会制度、社会秩序以及搞全球霸权的工具。席勒指出："广告讯息充斥于任何一种媒介已是很明显的事实，它的目的就在于创造听众、读者与观众，而观众的忠诚已被定格为具有品牌的产品，他们对于社会实体的了解，经由这整个规模的商品满足而来。"① 实质上，大众媒介削弱了现代人的批判能力，从而维护了资本主义现实的合理性，变成了资本主义社会掩盖其残缺的帮凶。

(2) 工具性侵略:"文化帝国主义"理论。

占优势的媒介绝不会仅仅满足于在国内市场的垄断和成功，伴随着大公司的海外扩张，美国的大众传播媒介也要占领全球市场。最后的结果可想而知，世界上许多地方的消费品市场被美国产品日渐占领，各地的文化市场、思想市场也逐渐为美国文化和媒介所掠夺。席勒早就注意到了这一现象，他在《大众传播与美国帝国》一书里提出了"传播帝国主义"的概念。他指出，美国文化输出的特征，主要表现在以下几个方面：一是与文化输出有关的大众传播媒介，很多是受美国国防部和跨国公司控制的；二是美国提倡的信息自由流通主义实际上是美国意识形态君临他国的代名词，因为发展中国家大众传播事业不发达，没有什么信息可以流入美国；三是美国向发展中国家倾销电视节目，使一些国家的传统文化濒于灭亡。② 在《传播与文化支配》一书中席勒第一次使用"文化帝国主义"一词并进行了比较完整的讨论，他认为：

> （文化帝国主义是）许许多多过程的总合，经历了这个过程导致某个社会被卷进了现代世界体系之中；同时导致该社会的主要阶层被吸引了、被胁迫了、被强制了，而有时候是被贿赂了，因此，他们塑造出来的社会机构制度也就相应于甚至是加强了社会体系之中的位居核心位置而占据支配地位之国家的诸般价值观与结构。③

---

① ［英］约翰·汤林森：《文化帝国主义》，冯建三译，上海人民出版社 1999 年版，第 77 页。

② 陈共德：《政治经济学的说服——美国传播学者赫伯特·I. 席勒的媒介批评观》，《新闻与传播研究》2000 年第 2 期。

③ 转引自［英］约翰·汤林森《文化帝国主义》，冯建三译，上海人民出版社 1999 年版，第 198 页。

席勒认为，文化帝国主义是服务于资本主义体系的，所体现的是强势文化的国际霸权本质，也就是说，大众传播媒介在这一过程中只是被用来作为推动、保障及延伸现代世界资本主义体系的代理人，在某种意义上，只是进行"文化侵略"的一种工具而已。严格地说，席勒的"文化帝国主义"概念建构在西方马克思主义的政治经济学基础之上，专门用于探讨资本主义的文化面向，有一定的真理性。但是，正是由于席勒对"文化帝国主义"的经济和政治本质的过分强调，使得人们误以为文化帝国主义就是"资本主义之文化"的简单扩散，难免会遭到他人的攻击。

（3）别有用心：谨防"全球化"理论。

全球化理论的倡导者们认为，随着信息时代的来临，全球化将带来多元的全球文化，应该以全球化理论取代文化帝国主义。但是，席勒对新技术的发展所带来的令许多人欢欣鼓舞的"全球化"过程有着自己冷静的思考，他奉劝大家也要冷静。席勒认为，"全球化"表面上允许任何人都有参与的权利，如果不参与其中，则会落后或者失去一切。实际上，"全球化"只是跨国集团、跨国公司和霸权政府的宠儿，专为他们服务，只给他们带去更大利益。超级大国和大公司利用"全球化"向全世界的任何一部分推销它们的产品以及进行思想文化的渗透。新技术已为大公司所操纵，由新技术所推动的"全球化"异化成了经济巨头和信息超强者进行霸权活动的新式武器。弱小者无论是国家还是个人并不能从"全球化"过程中享受到多少好处，相反，"全球化"将会使强者更强、弱者更弱。

显然，席勒在对美国媒介进行政治经济批判时与唯物主义站在了一起，但是他绝不是马克思主义者，更不是一个共产主义者。美国媒介体制中确实存在着许多严重的毛病，远没有达到它所自我标榜的"独立性、客观性、中立性、知识性、平衡性和真实性"的水平；"按照公众利益来经营报纸"的梦想远没有实现；普利策寄予媒介的做"观察一切"、"审视不测风云"、"监督社会"的"瞭望者"的希望，也仅仅是纸上谈兵。席勒以政治经济分析法为武器批判了美国媒介的"缺陷"，剖析了美国媒介的"病情"，开阔了传播批判理论研究在当代美国的视域。但是，不管言辞多么激烈，席勒的大多数观点仍然囿于社会环境对观念的长期塑造，比如：他对资本主义意识形态的虚假性的揭示还不够彻底；他的文化帝国主义理论被许多学者指责为把文化与政治、经济完全混为一谈的简单的"支配论"产物；他的媒介神话批判更是由于静止地否定了资本主义大众传播的正面特性而备受批评；等等。

不管怎么评价，席勒丰富而犀利的思想还是影响了后来的不少美国传播学者，J. 赫伯特·阿特休尔（J. Herbert Altschull）就是其中的佼佼者。

2. 阿特休尔与《权力的媒介》。

J. 赫伯特·阿特休尔读中学时即步入新闻界，曾先后在报纸、通讯社、广播、电视和杂志多种媒介领域从事新闻工作，积累了丰富的实践经验。此后又在华盛顿州立大学深入研究政治学和历史学，获得硕士和博士学位，拥有极强的理论分析能力。然后在美国印第安纳大学新闻学院任教，毕其功于一役，于1984年出版了《权力的媒介》一书。据作者自己声称，这部书的写作计划断断续续持续了近30年之久。在书中阿特休尔对新闻媒介持根本的批判立场，但他最终的目的并不是谴责新闻事业或新闻机构本身，他只是着眼于新闻媒介和社会政治经济结构之间的关系，强调了大众传播媒介是统治阶级实行社会控制的手段，是用来维护现存制度的工具。在经过一段无奈的回忆后，阿特休尔在序言里这样写道：

> "新闻"的实质是相互冲突，一个记者极难用灰色的笔调写出报道，甚至指出"我们"与"他们"一致的地方以及相同的目标和价值观也难乎其难。认为新闻具有某种独立的特征或曰报道只反映事实本身的观点实属大错，正如同认为记者、编辑总能够超脱出来塑造他们自身的政治、经济、社会和文化制度的想法一样，也是不对的。因此，"我们"与"他们"的冲突犹如渗透在他们同胞中的情形那样，已被彻底地网罗到新闻记者的信仰体系中，成为他们意识形态的组成部分。①

很难相信，这一段肺腑之言竟然从美国学者的指尖流淌出来。批判的锋芒也许不甚锐利，但从实践的内在性对美国新闻界所作的指证，绝对原创，没有一丁点儿隔靴搔痒之感。

通览《权力的媒介》一书，阿特休尔的批判性观点主要有以下几个方面：

---

① ［美］J. 赫伯特·阿特休尔：《权力的媒介》，黄煜等译，华夏出版社1989年版，原著序，第3页。

（1）对新闻的"独立和自由"的批判。

美国的新闻传播事业一贯标榜的信条是独立和自由。就像杰弗逊总统说的那样，"民意是我们政府存在的基础，所以我们先于一切的目标就是要保持这一权利；若由我来决定我们是要一个没有报纸的政府，还是没有政府的报纸，我会毫不迟疑地宁愿选择后者"①。自从约翰·米尔顿的《论出版自由》发表以来，在"观点的自由市场"及"真理的自我修正"等自由原则的洗礼中，西方（尤其是美国）的大众传播媒介及其新闻工作者一直自诩"民主制度之所以繁荣兴旺，在某种程度上应归结于新闻媒介传播的信息"②，正是媒介所拥有的独立而自由的权利，使得它为人类和自由社会的幸福美满提供新闻的目标才得以完全实现。阿特休尔对这一切有着清醒的认识。人类社会需要新闻，新闻是人类的信息需要的产物，但是媒介从诞生那一天起，就从来没有以"公平"的面目出现过。"我们可以把早期欧洲和美洲殖民地印刷媒介的内容分为四类：宗教教义；商业事务；政治信念；大众教育。新闻媒介在这四种情况下，都是为完成某种特定目的而发挥一种工具的作用。"③ 商业报刊时期的办报人从来没有考虑过报纸要对社会有益，1836 年《先驱报》的老板班内特针对读者来信中抗议布兰德斯医生刊登的一则包治百病的药物的质量时回答说："请给我们比布兰德斯医生送来更多的广告——付给我们更高的价钱——我们就会断绝布兰德斯医生的活路——至少将削掉他广告的篇幅。生意就是生意——钱就是钱……我们决不会让傻瓜来妨碍我们的生意。"④而在此前不久，也是这个班内特，第一个宣称"客观性"是他的办报目标，他告诉读者："我们将竭力提供所有与公众有关以及内容适宜的事实，摒弃冗长啰唆和添油加醋的东西。"⑤ 阿特休尔认为，诱惑编辑和出版人的不仅有商业利益，同时还有政治势力，在新闻发展史上，新闻媒介被用于政治的手法五花八门、形形色色，政府不仅可以进行直接性的引诱——财政资助，而且可以动用神圣的法律武器进行制裁。这一切，汇聚

---

① ［美］J. 赫伯特·阿特休尔：《权力的媒介》，黄煜等译，华夏出版社 1989 年版，第 32 页。

② 同上书，第 20 页。

③ 同上书，第 11 页。

④ 同上书，第 71 页。

⑤ 同上书，第 61 页。

在一起，就是自由资本主义社会的新闻管理，"新闻管理指的是这样一种做法，即突出地使用一些欺骗性手段，设法使所刊登的东西成为新闻管理者想要登的东西。……新闻管理就是社会控制的一种形式。无论总统、广告商、报业竞争倡导者或任何其他人，只要他企求操纵新闻就必然要设法在印刷文字中塑造有利于他的显示图像。……总之，新闻管理者都企图操纵新闻媒介使之为其目的服务"①。

（2）对新闻"客观性"的批判。

新闻的客观性法则一直被西方传媒界奉为圭臬。许多人认为客观性是新闻发展的武器，并且出于不同的目的对其作了相应的解释。有人认为客观性可以被一分为二，即客观性与客观化。客观性是静态的，是指依据事物的是非曲直如实报道现实；客观化是动态的，是指依据人为的意识形态宣传来对现实进行虚构。有人认为客观性是一个相对的概念，绝对的客观性不可能达到，只会引起永无休止、徒劳无益的争吵与辩论，因此客观性并不意味着指望要达到它，而是对现实反映的一个过程、一种态度、一套思维方法。也有人认为客观性是公正理智，避免事前判断和错觉幻想，锲而不舍地追求真实与证实，也就是说，客观性与科学相关，是探求科学"真理"所必不可少的一种态度和要件。阿特休尔在作了上述的梳理之后，转而进入了批判性的论域。他认为，"客观性法则在资本主义世界中为维护其社会制度，为防止背离其意识形态的正统观念增添了力量"②。在实践当中，客观性法则实质上是一种伪法则。它"绝不是科学的东西，而是视偏见为神圣，捍卫这个制度，反对社会的突变。只要'对立双方'表明互不争强，那么，现状社会一如既往得到保障。根据客观性法则，异议允许存在，甚至受到鼓励。然而，异议的范围是有限的，抗衡正统观念不能逾越一个范围，即统治阶层所规定的范围"③。显然，客观性的法则是建立在政治利益基础之上的，遵循客观不能戳穿统治的底牌。而且，客观性法则一开始就和经济利益有瓜葛，新闻界对客观性的推崇完全出于经济上的需要，比如美联社和合众社以及路透社为招揽订户而激烈竞争，客观性是最佳的竞争手段，因为"实行客观性法则有利可图，政治上的中

① ［美］J.赫伯特·阿特休尔：《权力的媒介》，黄煜等译，华夏出版社1989年版，第80页。
② 同上书，第150页。
③ 同上书，第153页。

立就是商业上的盈利"①。事实上，客观性法则本身就是社会控制的一种途径，它既可用来伸张正义，也可用来产生邪恶，在这两种情形下，新闻界尊为法则的客观性都被任意地挥舞着，没有独立性可言。

（3）对"社会责任理论"的批判。

第二次世界大战以后，随着人类生活中新闻重要性的增强，部分大众传媒所提供的服务却显得逐步脱离社会实际需要，更有甚者不时地从事一些备受社会谴责的勾当。鉴于新闻事业面临的严峻局面，时任美国芝加哥大学校长的罗伯特·哈钦斯在《时代》杂志老板亨利·鲁斯的财政支持下筹建了一个委员会，专门调查研究新闻传播的现实状况，于1947年形成了名为《一个自由而负责的报刊》的最终报告。报告严正指出，如果媒介继续为所欲为，必定会引起来自政府和其他领域的约束和控制，所以"新闻界应当承担更大的责任，而见闻广博的公众应当采取更多的行动，监督新闻传播的责任性"②。报告不仅把"社会责任"这一术语写进了美国的新闻媒介领域，而且此后还一直主宰着有关新闻理论与新闻道德讨论的话语权。几年后，彼得森（T. Peterson）与施拉姆等人合著《报刊的四种理论》（1956）并承担其中"报刊的社会责任论"一章的主要撰写任务，对"社会责任理论"作了权威性的阐述和发挥。在和报刊的自由主义理论进行充分比较的同时，彼得森等人明确了社会责任理论的内核：社会责任理论基于积极的自由，即"有做……的自由"，自由要讲求实效；社会责任理论主张政府不能只允许自由，它还必须积极地促进自由（包括保护自由），但不应采取过激手段；社会责任理论认为言论自由是以良心的义务为基础的，任何人只要有意见，不但有权利说出来，而且在道义上也有义务说出来，一个人的言论自由权利必须与别人的个人权利以及主要的社会利益相平衡，等等。社会责任理论出现以后，随即受到了来自激进派和保守派两个阵营的攻击。威廉斯认为，新闻媒介只要在商业体系中运行，就不可能做到对社会负责，在商业体系中，最终赚钱的欲望还是会胜过发表公正而有益于社会的消息的念头。只有变更大众媒介的机构、铲除私人所有权、废除私人财产，才能保证新闻媒介负有真正的责任感，因

---

① ［美］J. 赫伯特·阿特休尔：《权力的媒介》，黄煜等译，华夏出版社1989年版，第153页。

② 同上书，第208页。

为没有自由的新闻媒介就不能担负责任，而为私人牟利所创办的新闻媒介恰好无自由可言。约翰·梅里尔认为，自由比责任更重要，任何强使新闻媒介"负责"或"可信"的做法都是对自由的否定，所以社会责任理论必然会导致政府控制，必须根据环境道德需要为其树立起伦理支柱。阿特休尔从社会责任理论的理论根据和重要价值等问题出发，认为密尔的道德功利主义和卢梭的关于"总意志"是最高美德的思想，奠定了现代社会责任论的哲学基础，进而对社会责任论进行了深入细致的分析批判。阿特休尔认为，"社会责任"这一术语在语义上的不确定性导致了语用环境的尴尬局面，人们对本身含糊不清、语焉不详的"社会责任"一词甚至可以做任意的曲解。"我们在论述社会责任这个术语时所碰到的困境与我们论述自由这一术语时相差不多。因为没有一种统一的方法可以给这两者下定义。这完全需要依据我们自己的伦理体系和价值观念进行理解。"① 这意味着在阿特休尔眼里"社会责任"没有科学的界限、没有赖以实施的理论前提。阿特休尔还认为，社会责任只是一种理想化了的模式，在资本主义制度下不可能真正实现，在当今世界，传播媒介与政治、经济权力之间彼此需要，其相互利用、相互渗透的程度可谓根深蒂固，"没有哪个当局会让新闻媒介承担任何一种社会责任，他所需要的是一种符合特定社会秩序概念的社会责任"②。既然传播媒介不可能成为一支真正独立的社会力量，那它作为媒介的规定性就不是出于自觉的独立之需要，而是为着维护一种虚伪的正义或者虚伪的道德。这样的媒介也不会很好地提供"非营利性公众服务"，在某种意义上，"媒介就是经济，任何迷恋于抽象智力训练的人，一旦脱离新闻媒介的美国经济体制冥思苦想，那将是一道难以解答的智力题"③。

　　总体来看，阿特休尔是一位具有世界性眼光的学者，所持的批判立场比较公允。他把全球新闻传播体制分为三种模式：市场经济模式、马克思主义模式和进步中世界模式，认为《报刊的四种理论》对"苏联模式"基本上是一种简单化的感性评价，有失公正。他相信，我们的观念是我们感觉的复制，我们关于新闻传播的观念与原则都来源于我们的见闻与经

---

① 〔美〕J. 赫伯特·阿特休尔：《权力的媒介》，黄煜等译，华夏出版社1989年版，第343页。

② 同上书，第233页。

③ 同上书，第144页。

验，因此，"历史的记载必然要溶入时代谬误的阐释"①，从而瓦解了以美国人的思想为中心理念而构建的世界新闻体系。但是，阿特休尔在揭露新闻传播的"工具"性质的同时，也陷入了无休无止的循环争论，他知其然而不知其所以然，并没有认清资本主义新闻媒介的一切特性和资本主义制度本身是互为表里的，所以他的批判，说到底是小骂大帮忙，和社会责任理论一样，只能在一定程度上缓和媒介所面临的窘境，不能从根本上消除新闻传播媒介与政府、经济以及公众之间的固有矛盾。

五

行文至此，我们可以大致勾勒出一幅传播批判理论研究的"谱系图"。

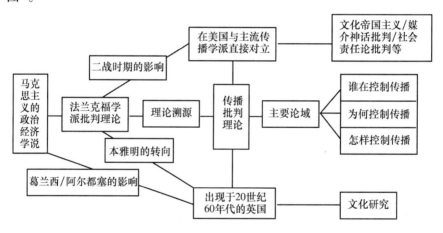

从上图中可以看出，传播批判理论的研究有一条相对独立的发展线索，就"理论溯源"与"主要论域"而言，它和主流的经验传播学研究之间存在着本质的区别。这种区别既表现在传播批判理论所一贯遵循的"马克思主义政治经济学"方面，同时也表现在传播批判理论独特的研究视角上，相比之下，它重点研究的是传播的更广泛的社会结构，更关心谁控制大众传播体制的问题，更多地从宏观层面来设问并构建其理论。

---

① ［美］J. 赫伯特·阿特休尔：《权力的媒介》，黄煜等译，华夏出版社 1989 年版，第 3 页。

传播学发展的风风雨雨中，数传播批判理论的经历最为坎坷，因为它所招致的来自各方面的反对意见甚至攻击性言论最多。杰伊·布鲁姆勒（Jay Blumler）教授总结了针对批判理论的主要看法。

> 首先，即使是媒体机构也应变得更加平等，而批判的方法却对在这方面如何去做没有提供足够的指导，"批判理论迄今为止所阐述的观念仍然缺少道德与政治诊断的现实主义的明确性，也就是当它被拿出来进行运用时，却不能有助于传播机构实现人类作为一个积极的、有选择能力的和有目的的主体的远景"。其次，这一理论运动有一个"有违初衷的乌托邦主义倾向"，换句话讲，这些理论贬低了需要民主的政治生活的现实意义，而且它们忽略了民主要发挥作用，就必须要有媒体这样一个事实。事实上，马克思主义的方法从本质上讲是反民主的，"批判理论倾向于忽然关上而不是努力打开可能提高新闻工作对民主的贡献之门"。最后，行政研究人员谴责马克思主义对行为和社会研究的反感，马克思主义的主张受到怀疑是因为它们没有得到传统的研究人员认为是那种可信的数据的支持。①

很明显，这些批评带有强烈的经验主义倾向，重在维护资本主义的现行统治制度，并未击中传播批判理论的要害。事实上，传播批判理论的所有缺陷，与批判理论的倡导者们所处的社会环境密切相关，脱离了对具体历史的有效分析，一切对传播批判理论的指责都将是无效的。

我们认为，传播批判理论以其睿智的哲学思辨，在传播学史上有着极其重要的价值和地位。罗森格伦认为，"马克思主义及其近代的批判学派的理论团体可被看作是经验学者的思想和概念的一个来源"②，当今传播批判理论的研究为主流的传播学研究提供了可资参照的许多问题，比如：

> 以传播效果研究为主的研究人员不应忽视生产与传递讯息的传播体制的性质。谁拥有和控制这个体制以及这个体制运作的目的都是研

---

① ［美］斯蒂文·小约翰：《传播理论》，陈德民等译，中国社会科学出版社1999年版，第437—438页。

② ［美］E. M. 罗杰斯：《传播学史》，殷晓蓉译，上海译文出版社2002年版，第132页。

究传播相关因素的重要组成部分，而且直接有助于效果调查。

经验学者在研究传播过程时不应忽视道德因素，即使他们不能用他们经常采用的方法来研究这些道德因素。

传播研究应该在更广泛的领域内进行，既要认识到应该超越国家媒介体制的文化束缚，加强研究具有全球意义的问题；也要像法兰克福学派诞生以来，批判学派已经认识到的，了解人类传播正是为了认识社会。

加强对有关政策的研究，美国批判学派的席勒指出，"总的来看，美国的传播研究是空想式的。研究者们意欲研究的领域并非是重要的领域，而重要的领域又被他们所忽视"[①]。

而且，这些问题也正是近年来主流传播学研究亟待突破的。这表明传播学研究的两大学派有了交融的趋势。我们期待着传播批判理论与传播经验研究之间尽快地融合起来，那时的传播学将会大放异彩。

我国正处于新的社会转型时期。随着社会主义市场经济体制的进一步完善，信息传播体制的结构性调整明显加速，传播学遇到了前所未有的发展契机。如果我们遵循"为我所用"的原则，有意识地引进一些传播批判理论认识问题的视角、方法以及观点，并以此对我国传播实践中出现的诸多不良现象及时地作出分析判断，提出相应的对策或建议，不仅对我国的大众传媒广为有益，对我国传播学自身的发展来说，也是一大福音。

为此，我们针对国内目前的研究状况，提出一些在传播批判理论研究方面需要给予重视或及时解决的问题。一方面抛砖引玉，希望传播批判理论的研究如火如荼；另一方面聊以自慰，也充作结尾。

（一）对传播批判理论研究的重要性认识不足

我国从事传播学研究的学者大多脱胎于新闻学，传统新闻学使用的是"重术不重论"的非规范化研究范式，研究中只强调经验的总结，往往欠缺缜密的理性思考，更没有科学的量化分析。而现代主流传播学使用的是实证的、量化的研究范式，强调使用内容分析、实地调查、控制实验等方

---

① ［美］E. M. 罗杰斯：《传播学两大学派的对立与交融》，王怡红译，《郑州大学学报》1994 年第 2 期。

法，常常以科学的理性包裹着自己。可以理解，国内极度缺乏精确的经验
主义研究传统的现实，是美国主流传播学能够在我国迅速走红的主要原
因。① 但是，传播学引进的过程中我们却忽略了一点：传播学是一门全面
的系统科学，既要微观地分析传播过程诸要素如何发挥作用、影响效果，
解决"怎样传播"和"传播多少"的问题，也要宏观地考虑媒介的性质、
本质，解决"谁在控制"、"为何控制"的问题。从某种意义上说，传播
学批判学派的出现，恰好弥补了主流传播学研究的不足，二者共同构成了
完整的传播学研究。在学术的良性发展中，二者缺一不可。更何况，在我
国社会主义市场经济建设中，难免走一些发达工业化国家已经走过的路，
借鉴传播批判理论的许多观点，未雨绸缪，将会有莫大的现实意义。

（二）　对传播批判理论的学术研究缺乏连续性

我们认为，20 年来国内的传播批判理论研究，不仅数量上远远不及
传统的主流传播研究，而且在学术研究的连续性方面也存在不少问题。
首先是学术梯队不健全，传播学本身属于年轻学科，老一辈的学者们基
本没有涉及这一领域，中青年学者又是各自为政，没有形成合力，可以
说，迄今为止国内传播学界有明确分工的传播批判理论研究无论在高校
还是其他研究机构，都比较欠缺。其次是缺乏系统的理论研究成果，仅
有的一些成果比较零散，之间没有互补性。出现这种局面的原因，一是
研究者对传播批判理论本身缺乏应有的兴趣；二是传播批判理论自身界
定不清，研究对象的不确定性导致了理论探讨的"失语"现象，研究的
动力严重不足。

（三）　国外的权威性著作几乎未被译介，最新动向乏善可陈

传播学是典型的舶来品，学科建设的最终目标是与国外保持同步发展
甚至赶超国外，实现国际传播学舞台上中国学人的"话语权"。这不仅需
要"知己"，而且还要"知彼"，知己知彼，方能立于不败之地。传播批
判理论的研究自然也在其中。20 年来，传播学界内外的学者们陆续翻译
出版了一大批经验的主流传播学的著作，传播批判理论方面的仅有《权
力的媒介》等少数几种著作，其他几乎成了被遗忘的角落，鲜为人知。

---

① 陈力丹：《谈谈传播学批判学派》，《新闻与传播研究》2000 年第 2 期。

至于国外传播批判理论研究的最新动向和最新成果，更加鲜有人问津，乏善可陈。

（四）部分理论探讨尚未完全展开

在某种意义上，国内传播批判理论的研究还是一块处女地，有许多方面仅仅只是排开了阵势，还没有来得及进行思想交锋。主要有：（1）对批判理论思想渊源的探究不是三言两语、一两篇文章就能解决问题的，批判理论根植于博大精深的欧洲思想传统，传播学界对于"批判"传统的细致梳理，应该是传播批判理论研究的重要课题之一。（2）对批判学派代表人物的著作研读不够深入，尤其是法兰克福学派的一些经典著作，传播学研究人员很少去直接参阅。从传播学角度解读原典、给予阐释的研究性成果比较少。（3）对当代传播批判理论缺乏整合式的研究。（4）由于批判方法的多重属性，目前的传播批判理论研究尚未形成统一范式。我们不赞成固定的模式化的批判研究，但是这并不妨碍相对于传统学派而言的批判学派追求其自身的合法性成熟。

（五）传播批判理论研究的实践领域有待拓展

尽管有学者主张传播批判理论的"研究中要防止把批判学派的东西直接搬来，简单地分析现在市场经济条件下中国的传播现象……如果给予强烈的否定，就有可能扼杀了媒介未来的市场化发展"[1]，但是，我们认为传播批判理论所批判的对象中似乎并不包括市场经济本身，主要批判的是现代化进程中的异化和庸俗现象，所以在实践层面上进行合乎时宜的批判，反而有利于中国传媒市场化的良性运作。近年来兴起的媒介批评研究在这方面已经做了有益的尝试，积累了相当丰富的第一手资料。随着传播批判理论研究的进一步深入，批判视野中的实践问题将会日益突出，需要我们及时地研究解决。当然，在批判现实的时候，我们要把握好批判的"度"，以正确的舆论引导人民，开创具有中国特色传播批判理论研究的新局面。

---

[1]　陈力丹：《关于传播学研究的一些想法》，载张国良等《中国传播学：反思与前瞻》，复旦大学出版社2002年版，第41页。

第 3 辑

《读者》的想象

——媒介文化研究语境中的《读者》杂志透视

《读者》①的画卷，是在改革开放大背景下展开的。30 多年来，以"打造中国人的心灵读本"为己任的《读者》，屡遭波折，连闯风潮，停过刊，更过名，却始终像蜜蜂一样辛勤耕耘，一路坚持到今天，月发行量逾千万，名满天下，被誉为中国期刊第一品牌。《读者》缔造了中国期刊的西部传奇，也因此成为各方关注的焦点。

一　弥漫的传播：媒介化社会与日常生活审美化

从某种意义上讲，正是《读者》办刊实践与当代中国社会转型之间的契合，造就了今天《读者》的辉煌和荣耀。因此，所有对《读者》的解读，都必须从把握时代的脉搏开始。

（一）媒介化社会

媒介文化研究认为，与工业资本主义的发展和现代民族国家的兴起有着极大关联的大众传播媒介，是构成现代社会生态环境的一个基本要素，不仅为人们提供信息资源、舆论资源和娱乐资源，还提供并以此建构几乎所有的常识，更像一双巨大而无形的手，控制着人们的精神和物质双重意义上的日常生活。

所谓媒介化社会（mediated society），就是由大众传媒在真实世界之外营造出的一个虚拟的、无限扩张的媒介世界。对于生活在媒介化社会中

---

① 《读者》杂志创刊时名为《读者文摘》，因为与美国 *Reader's Digest*（中文名亦为《读者文摘》）发生商标权纠纷，于 1993 年 7 月改为现名。

的人来说，不仅对于世界的想象主要由媒介来构建，其思维方式、个体意识也打上了媒介化的烙印。①

"媒介化社会"理论最基本的观点来自于李普曼（Walter Lippmann），他认为人们大脑中世界的图像只是对拟态环境的反映，而媒介则是这个拟态环境的制造者。更激进一些的观点则来自于法国哲学家鲍德里亚（Jean Baudrillard），他认为大众传播媒介推波助澜，加速了从现代生产领域向后现代拟像（simulacra）社会的堕落，人们不再依赖于真实的人际传播，而是被媒介主宰，媒介信息构成了我们所相信的所谓真实体验。

（二）日常生活审美化

权威的企鹅版《社会学辞典》（*The Penguin Dictionary of Sociology*）从两个层面定义日常生活审美化（the aestheticization of everyday life）：一是艺术家们摆弄日常生活的物品，并把它们变成艺术对象；二是人们也在将他们自己的日常生活转变为某种审美规划，旨在从他们的服饰、外观、家居物品中营造出某种一致的风格。日常生活审美化也许达到了这样一种程度，亦即人们把他们自己以及他们周遭环境看作是艺术的对象。②在此基础上，英国社会学家迈克·费瑟斯通（Mike Featherstone）进一步指出，日常生活审美化还与当代的视觉解放相关联，"充斥于当代日常生活之经纬的迅捷的符号与影像之流"③。

严格来讲，"媒介化社会"和"日常生活审美化"理论均发轫于发达的工业化国家，以电子传播媒介的广泛普及为现实基础，与发达国家的政治、经济、文化发展息息相关，是一种典型的消费主义意识形态。它们的使用，离不开"后现代主义"这一特定的语境。需要指出的是，我们使用这些理论，不是基于现代性的彻底实现，而是基于我国媒介文化发展的现实情况。

因此，我们引入上述两种理论，旨在提供一种宏观的视野，搭建一个话语平台，并非一定要用它们来解释当代中国的具体现象。毫无疑问，《读者》杂志处于一个全球化的时代，一方面"今天的审美活动已经超出

---

① 孟建：《媒介融合：粘聚并造就新型的媒介化社会》，《国际新闻界》2006 年第 7 期。

② 参见周宪《"后革命时代"的日常生活审美化》，《北京大学学报》2007 年第 4 期。

③ ［英］迈克·费瑟斯通：《消费文化与后现代主义》，刘精明译，译林出版社 2000 年版，第 98 页。

所谓纯艺术/文学的范围、渗透到大众的日常生活中，艺术活动的场所也已经远远逸出与大众的日常生活严重隔离的高雅艺术场馆，深入到大众的日常生活空间……艺术与商业、艺术与经济、审美和产业、精神和物质等之间的界限正在缩小乃至消失"①；另一方面"传媒的演变已经降低了人们在体验他人和事件中身体在场的重要性……人在哪里，已经跟一个人所知道的和所体验的越来越没有什么关系了，电子传媒已经改变了时间和空间社会的相互影响的意义"②。这就是我们在想象《读者》的时候要特别注意把握的时代脉搏，《读者》杂志的编辑发行就在其中，《读者》品牌的树立扩张也在其列。

二　《读者》定位：精英立场打造大众文化期刊

《读者》杂志一开始就确定了"博采中外、荟萃精华③、启迪思想、开阔眼界"的办刊宗旨，首任主编胡亚权先生对此做过精彩的阐述：

> "博采中外"就是说我们刊物的选材，古今中外都要有，范围要大；第二个层次是"荟萃精英"，就是我们选的是最好的东西；第三个层次是我们的目标："启迪思想，开阔眼界。"当时提倡"打开一个窗户"，在那时我们首先就是想要使读者开阔眼界，然后才能启迪思想。④

风口浪尖，勇立潮头，字里行间明显地站在精英主义一边，意欲拯救懵懂无知的大众。其实大众在哪里，大众喜欢什么，当时谁都不太清楚。刚刚从禁锢中解脱出来，大家只是觉得，刊物是传播知识的高地，办刊的人总比读刊的人要高出一筹，因此许多复刊或新创的杂志不约而同地提出了类似的概念，只不过《读者》更加完善一些、贯彻得更为持久一些。即使到20世纪90年代，在消费文化异军突起、精英文化几乎丧失主流地位的

---

① 陶东风：《日常生活的审美化与文艺学的学科反思》，《现代传播》2005年第1期。
② ［英］约翰·汤林森：《全球化与文化》，郭英剑译，南京大学出版社2002年版，第226页。
③ "荟萃精华"原为"荟萃精英"。
④ 张大伟：《〈读者〉办刊宗旨、方针与历程》，《国际新闻界》2007年第4期。

时候，《读者》依然"宣扬儒雅性，宣扬一种向上、向善和向美的力量，使大众不再仅仅追求金钱和利益，不再仅仅满足柴米油盐酱醋茶，还追求高雅的娱乐和高质的消费，追求人性化的思想和生活方式，从而提高阅读品位和生活质量"①，苦苦地坚守着精英的立场，甚至有保守主义的嫌疑。

然而，"向上、向善、向美"的旗帜，毕竟要在芸芸众生的呐喊助威声中，方能猎猎作响。"打造中国人的心灵读本"这一理想化的追求，在渴望塑造美好"心灵"之外，还应该有更重要的一层含义，那就是期望得到众多"中国人"的青睐。也就是说，《读者》必须用上等的米熬出一锅大家都喜欢喝的粥来，精英的思想，只能用大众的方式来表达，以适应日常生活审美化这一当代文化接受变迁。

1995 年，《读者》的平均月发行量达到了一个高峰，突破了 400 万册，但是从 1995 年至 1999 年，发行量却出现了下滑趋势，1999 年更是降到了 329 万册的低点，其中有一个原因值得重视，广大读者感觉杂志的一些内容过于艰涩、不够大众化。看来，要赢得众多国人的青睐，大众文化期刊是《读者》杂志的必由之路。有研究者指出，大众文化期刊是大众文化的载体和传媒，其范围大致包括文化生活类期刊、青年和妇女类期刊（少数专门从事理论研究的除外）、文摘类期刊以及通俗文学类期刊等面向一般读者的综合性文化刊物。② 这一定义把大众文化期刊分解为"大众文化"和"期刊"两个关键词进行阐释，富有时代特色，对我们解读《读者》有莫大帮助。但是，我们更愿意把大众文化期刊分为"大众"和"文化期刊"两个关键词，把它理解成大众的文化期刊。《读者》虽然是文摘类的刊物，内容涉及政治、经济、文学、艺术、历史、科技、卫生、教育等多个领域，但却有着一以贯之的精神主线，是个不折不扣的文化期刊，"大众文化"一语很难涵括它的全部。所以，"大众"才是我们要关注的重点。

无独有偶，胡亚权最初的搭档、曾任《读者》副主编的郑元绪先生写过这样一段话：

---

① 彭长城：《用人文关怀打造国人的心灵读本》，《中国新闻出版报》2004 年 11 月 16 日第 4 版。

② 高江波、武明乾：《大众文化期刊的兴起、发展与提高》，《中国出版》1995 年第 9 期。

　　《读者》杂志是一份大众杂志。所谓大众，就是老少妇孺，就是黎民百姓。这是我们的基本读者。我们的杂志就是为他们办的。所以《读者》杂志就不把目光过多地投射到明星、大腕及各类名人身上，而是更加关注周围的芸芸众生，关注普通人的生活和命运，捕捉和宣扬凡人们闪现出的非凡的光彩和人性之美。①

需要指出的是，这段话出现在1994年第1期《读者》的"卷首语"中，既是十几年来办刊经验的体会和总结，也是对未来十几年办刊模式的规划和展望，现在回过头来看，其清晰地表达了《读者》的"大众"观。从实践出发，我们至少可以从三个方面来理解它：所谓大众，首先是被《读者》瞄准的受众，"老少妇孺"和"黎民百姓"是"我们的基本读者"；其次是被《读者》选择的表现对象，《读者》办刊，"更加关注周围的芸芸众生，关注普通人的生活和命运"；最后是被《读者》圈定的教育对象，《读者》"捕捉和宣扬凡人们闪现出的非凡的光彩和人性之美"，力图影响人、教化人。

　　翻开《读者》杂志，有大小栏目三四十个，但是栏目设置丝毫没有杂乱之感，不仅紧紧围绕期刊的功能和定位进行，而且还根据市场变化和受众需求不断进行调整，在努力克服和减少编辑人员的主观随意性的过程中，逐渐形成了一些核心栏目②，集中体现了《读者》的"大众"观。"文苑"经常刊载一些描摹真善美的文章；"人物"一直以来虽然浓墨重彩描述着名人显贵的逸闻趣事，但大多却以平民的视角和心态来品评精英名士，用历史过滤了身份；"社会之窗"则通过撷取日常生活中的一些琐屑事件，固化读者对人世间真、善、美的憧憬；另外还有更多的栏目，开启了五彩斑斓的睿智之窗，关注国内外动态，把中华民族同世界连在

---

　　①　郑元绪：《新年之初话〈读者〉》，《读者》1994年第1期。
　　②　梅红：《〈读者〉杂志的栏目变迁及启示》，《当代文坛》2006年第1期。根据梅红的研究标准，迄今为止，《读者》共形成了25个核心栏目，其中"文苑"、"人物"、"生活之友"、"在海外"、"青年一代"、"点滴"、"书摘"、"社会之窗"、"风情录"9个栏目创于1981年；"知识窗"、"人世间"、"趣闻轶事"3个栏目创于1982年；"卷首语"、"编读往来"两个栏目创于1983年；"心理人生"、"历史一页"、"漫画与幽默"3个栏目创于1984年；"两代之间"、"经营之道"两个栏目创于1985年；"人生之旅"、"婚姻家庭"两个栏目创于1986年；"杂谈随感"创于1991年；"言论"、"今日话题"创于1999年；"补白"创于2000年。

一起。

由此看来，《读者》是一份站在精英立场上的大众的文化期刊，做大众的良师益友，略显中性，更为庄重一些。有论者指出，《读者》"深深植根于中华民族宗教断层和分化的土壤之中，充当了一般人心目中潜藏的宗教偶像替代品的角色"①，可谓一语中的，揭示了《读者》在大众心目中的道德楷模身份。

三　《读者》主体：传播者与受传者共谋

有位名叫墨水河的网友在其题为《读者为敌》的帖子里，写过一番话：

> 在《读者》的眼里，读者是传播学意义上近乎于完全被动的受众，是"靶子"，是"皮下注射"的对象，他们对杂志的影响力是很小的。不把读者当"上帝"，而是视为"敌人"，俘虏他们，培养他们的阅读习惯，让他们跟着杂志走，这便是《读者》最大的"秘密"，是它的精髓所在。而当一本杂志通过此种策略拥有了一大批读者，占领了市场，进而形成垄断态势，一切便都顺理成章了。②

感觉性的文字确实不值得细究，也暂且不论帖子里的观点是否正确，我们倒是可以从这段文字里看到传播学的身影。《读者》现象实际上是一个非常复杂的社会传播过程，《读者》的成功涉及许多因素，单一的解释不解决任何问题。这些因素中，除了传播者对目标受众要有一个清晰的形象和定义外，比较重要的还有受传者和传播者在对方心目中的形象，尤其是受传者心目中的媒体形象对其选择与体验更加具有决定性的影响。由此引申出三个连环问题，对《读者》而言：传播者怎样组织受传者？受传者如何影响传播者？传播者和受传者，谁是《读者》的传播主体？

有很多期刊单纯地追求发行量带来的经济效益，努力地迎合读者口

---

① 李安定：《〈读者〉宗教性特质十年透析》，《河北农业大学学报》2005年第4期。

② http://bbs.mediachina.net/index_bbs_show.php?s_id=21224&page=1，2008年10月12日。

味，刊物的版式设计、栏目设置、文章内容均以读者的喜好为前提，结果是期刊的变化总落后于读者的变化，最终被读者抛弃。实际上，每一期的杂志本身不仅仅是传播者和受传者之间的联结纽带，它同时也是传播者和受传者围绕着杂志的生产与消费过程而展开的一系列博弈的结果。《读者》杂志是一份文摘类的大众文化期刊，按理说迁就读者口味的条件比较便利，选择一些读者喜欢的文章编排印发就是了，但是《读者》没有这样去做。相反地，《读者》却30多年一贯地坚持下来，基本上是一种汤料，读者不但没有抛弃它，反而更加爱它。是不是真如上文帖子里讲的，《读者》的读者是近乎完全被动的受众呢？网文也许能够代表一部分人的意见，《读者》在30多年里仅仅是调制了一锅含有罂粟一般让读者上瘾的"心灵鸡汤"，读者对杂志的影响力极小，顺应和适应，是读者面对《读者》的唯一选择。但是，《读者》的辉煌，远非"俘虏"受众就能够完满解释，令人信服。问题的真正答案，只能从《读者》的办刊实践中去找。

海德格尔认为："常人怎样享乐，我们就怎样享乐；常人对文学艺术怎样判断，我们就怎样阅读怎样判断；竟至常人怎样从'大众'中抽象，我们就怎样抽象；常人对什么东西愤怒，我们就对什么东西'愤怒'。这个常人不是任何确定的人，而一切人（却不总是作为总和）都是这个常人，就是这个常人指定着日常生活的存在方式。"① 一方面，《读者》现象就是一种"日常生活的存在方式"；另一方面，数以千万计的《读者》的读者正是海德格尔所讲的"常人"。如此一来，"俘虏"的说法站不住脚了，《读者》的广大读者就有被"解放"的可能，至少在某种意义上可以"指定"《读者》。

传播者深谙其中的道理！《读者》杂志巧妙地套用经典，办刊伊始就确立了"从读者中来，到读者中去"的编辑方针，并且随着刊物的不断发展，针对国内外读者环境的变化采取了一系列的措施和手段，注重与读者的互动。首先是从创刊坚持至今的读者荐稿制度，不仅机智地解决了在西北偏远地区办刊所面临的稿源稀缺问题，而且通过此种手段可以及时地了解读者大众的口味和兴趣。即使信息化程度高企的现在，《读者》杂志

---

① ［德］海德格尔：《存在与时间》，陈嘉映等译，生活·读书·新知三联书店1997年版，第156页。

的每期内容中，仍然有约 40% 来自于读者荐稿。其次是悉心联络读者、搭建沟通平台，《读者》杂志除了特别重视各地读者来信，开设"心声"、"编读往来"等传统栏目外，也利用现代网络打造"短信平台"，最大限度地吸纳读者反馈意见和建议。最后是对读者进行专业化的调查和研究，《读者》杂志有专门人员了解各地区的经济发展程度，统计各个地区的人员流动和构成情况，同时每两年还要购买一次专业媒介调查公司提供的翔实的调查报告，可以说对读者的人口学构成、阅读习惯和行为特征等方面了如指掌，能够根据统计数据和分析报告及时调整办刊思路和行销策略。实际上，这也是作为文摘类刊物的《读者》向受众做出的某种形式的妥协和让步。读者大众积极主动地参与到《读者》的编辑活动中，既增强了读者、作者和编者之间的交流和联系，也为杂志编辑掌握读者的反馈意见提供了方便，使刊物能够更好地体现读者的意志。

当电视和网络等电子传媒越来越深入到当代中国人的精神世界和物质世界的时候，"所有大众传媒的资讯和交流都消除了意义，从而使听众和观众处于一种平面化的、单向度的经验之中，被动地接收形象或拒斥意义，而不是主动地参与到意义的流程和生产过程之中"[1]，个人生产的信息被庞大的电子传媒巨流裹挟，大众处于"命定"的位置，彻底扁平化了。《读者》恰好充分地发挥了传统纸媒的优点，扮演平民牧师的角色，允许读者主动地"忏悔"，把匍匐在地的迷途者搀扶起来，变为具有一定反思特征的受众，受众的主体性就这样一点点地从迷失到重现。读者在消费的同时，也影响了刊物的生产。《读者》杂志则乘机把电子时代里的劣势转化为优势。

可以说，《读者》现象是传播者与受传者在特定形式上共谋上演的一幕传奇。

四　《读者》风格：保守的消费主义意识形态

有论者在谈及《读者》的风格时，颇为感慨地说："风格就是印象。不同在于，风格存在于对象自身，印象则存在于主体；印象多是一次性

---

[1]　季桂保：《让·鲍德里亚的大众传媒理论述评》，《学术月刊》1999 年第 6 期。

的，风格则较为稳定。一份杂志的风格就是它给读者的稳定印象。"① 诚哉斯言！《读者》的风格就是每一期杂志所承载并流淌出来的一种特殊气质——"给读者的稳定印象"。一方面，这种"稳定印象"出自编者，需要编辑们数十年一贯的浸润和打磨；另一方面，这种"稳定印象"又归于读者，需要大众年复一年日复一日地浸淫其中，感同身受。

在这个变动不居的时代里，许多报纸和杂志都用大量篇幅介绍生活潮流和娱乐资讯，鼓吹消费和合理享乐，以满足日渐走向富裕的普通大众的虚荣心和窥视欲。②《读者》杂志却恪守自己的传统，营造着一种略显另类的风格。这种另类，就在于它和充斥着猎奇、香艳、隐私、血腥、煽情等娱乐元素的文字分道扬镳，和直抒胸臆、深度报道、视觉冲击、连续追踪、深文曲笔等表达方式毫不相干。

2007 年《读者》杂志"文苑"栏目的首篇文章共 24 篇，据粗略分析，呈现出以下特征：一是文字优美，叙述温婉，"情"字贯穿每篇文章始终，其中涉及亲情主题的 10 篇，涉及爱情主题的 5 篇，涉及其他如乡情、友情的 9 篇，描摹的是一幅幅荡气回肠的人间真情画卷。二是海外题材居多，有 18 篇文章出自海外作者之手，讲述异域风情，定格普通人生，展示无国界的人间真爱。三是稿源集中于最新出版的纸媒，尤以期刊来源为主，其中摘自期刊 10 篇，摘自书籍 7 篇，摘自报纸 6 篇，译者自荐 1 篇。四是每篇文章均配有精美插图，署名李晓林者配图 19 篇，李晨的配图 4 篇，高兴奇的配图 1 篇，几乎是出自同一人之手的插图，与内容高度协调，达到了理解与风格的一致。五是同一作者（或译者）的文章被多次刊发，其中胡蝶编译的文章有 4 篇，梁晓声的文章有两篇，而且故事题材和写作风格类似。

作为一份以"刊摘"为主的期刊③，《读者》能够脱颖而出，起决定性作用的风格肯定就蕴藏在它所选择的每篇文章里面。那么，这种风格是什么呢？有论者恰如其分地概括为八个字：平民、温情、优雅、稳健，并且不无忧虑地指出，"在如今的情况下，对《读者》的风格做任何一点改

---

① 邵宁宁：《〈读者〉的风格》，《读者》2007 年第 22 期。

② 孙旭培：《当代中国新闻改革》，人民出版社 2004 年版，第 66 页。

③ 据统计，2007 年《读者》1—6 期共刊载各类文章 297 篇，其中摘自期刊 168 篇、摘自报纸 79 篇、摘自书籍 39 篇、摘自网络 4 篇、作者自荐 4 篇、其他 3 篇。

变都必须承担风险"①。可以说，这是一种以牺牲多样性为代价的单一风
格，几十年来，《读者》对这种风格的坚持简直有点偏执，几乎没有考虑
过读者的变化。然而就是凭借这种风格，《读者》创造了一个又一个奇
迹。《读者》编辑部曾对读者群做过调查，发现 10 年以上的老读者占到
了总数的 1/3 以上。② 传播学理论特别强调媒介与受众之间的关系，受众
随时随地会发生变化，通过其选择性，决定媒介的生死存亡，所以媒介不
仅要培养受众，而且更重要的是要满足受众的不同需求。根据这样的看
法，《读者》风格的不变，又怎能在变幻的时代里博得变化的读者之青睐
呢？答案在于读者和《读者》的双向"同构"：一方面，每个人都渴望被
感动，保留内心深处的温情。因为即使面对物欲横流、尔虞我诈，人的内
心也还是有所敬畏、有所皈依的，而《读者》里面那些看起来平凡而保
守的东西，就会在不经意间荡涤灵魂，平衡甚或拯救人心。另一方面，
《读者》创办的初衷，是给高中以上文化程度的人提供精神食粮，对社会
焦点问题的讨论不在其中。按照皮埃尔·布尔迪厄（Pierre Bourdieu）的
看法，"任何一个新闻机构甚或一种表达方式，越是希望触及广大的公
众，就越要磨去棱角，摒弃一切具有分化力、排斥性的内容，也要更加注
意像人们所说的那样'不刺激任何人'，除了某些无关痛痒的话题，永远
不去触及敏感的问题"③。当然，读者杂志社也采取了多元经营的方略，
创办其他的刊物如青春时尚的《读者·原创版》、质朴自然的《读者·乡
土人文版》和精美雅致的《读者欣赏》来适应社会变化，适应不同受众
的要求，也算是风格之外的一种弥合吧。

　　《读者》对自己风格的坚守，换来的往往是对读者大众的一次次直抵
灵魂深处的震撼。在一篇题为《我的心，被温柔弄醒了》的博文中，有
网友写道：

　　　　有一天，也是去图书馆准备埋头查阅，路上等车，忽然看见路边
　　报亭摆着《读者》，很久没看了，觉得看看吧就买了一本。开头的一
　　篇叫做《为我唱首歌吧》，是写一群英国孩子住院的故事。……我为

　　① 邵宁宁：《〈读者〉的风格》，《读者》2007 年第 22 期。
　　② 师永刚：《〈读者〉传奇》，中国社会科学出版社 2004 年版，第 189 页。
　　③ ［法］皮埃尔·布尔迪厄：《关于电视》，许钧译，辽宁教育出版社 2000 年版，第 51 页。

那歌声感动得落泪，心想那 7 个孩子一定是上帝派来的天使，他们在生命的最后时光里，用歌声留下最美好的祝愿和记忆，让所有知道这件事的人们，都被他们的歌声震撼，并深深地思索，我们已经有做帮助别人的事了？更不要说感动别人、留下永久的纪念？我们能不能不再计较生活的磨砺，而注意看看身边的美好并且力行呢？

低头一直向前走，假如真是向前而不顾，慢慢地心就硬了，接着就窄了。自己心里横生出许多的刺来，这疼是自找的。我想需要常常停驻行走，找寻丢掉的宽厚和仁爱，让心温柔，让生命温暖，让凡人也如天使般美丽起来。①

斯图亚特·霍尔（Stuart Hall）是媒介文化研究的领军人物，他的"编码/解码"理论认为电视观众对于电视文本的解读有三种情形：主导—霸权（dominant－hegemonic）模式、协商（negotiated）模式和对抗（oppositional）模式。② 电视观众可以洗耳恭听，按照媒介文本的原初意义去理解信息；也可以将信将疑，对媒介文本中的主导性符码表示赞同，但同时保留根据实际情形进行具体调整的权利；还可以背道而驰，站在编码者的对立面。后来，这一理论被普遍用于分析媒介文本和受众之间的意义生产。很显然，网友被《读者》刊登的文章感动，是上述第一种情形的具体表现，主导性符码在日常生活中的胜利，恰好就是《读者》风格广受青睐的典型注脚。

这里需要强调一下，《读者》在几十年办刊中形成的"平民、温情、优雅、稳健"之风格，并不具有普适性。如果说《读者》的发行量越来越大是日常生活审美化过程的真实再现的话，那么日常生活审美化中的意识形态陷阱恰好也是《读者》无法规避的软肋。2001 年的调查显示，在《读者》的读者群中，15—34 岁的年轻人占总数的 60%；中、高学历者占总数的 87%；收入较高、有一定社会声望的职业读者占总数的 85%。2005 年的调查与 2001 年的趋于一致。也就是说，试图成为每一位中国人的"心灵读本"的《读者》，竟然有意无意地成了少数人的代表。因为在

---

① http：//fange1954. blog. hexun. com/15183445＿ d. html，2007 年 11 月 30 日。
② ［英］斯图亚特·霍尔：《编码，解码》，王广州译，载罗钢、刘象愚《文化研究读本》，中国社会科学出版社 2000 年版，第 345—358 页。

当代中国的传媒情境下，日常生活审美化"显然从中产阶级的消费取向和生活方式，悄悄地转化为人所共有的生活样板及其观念。当不同的社会阶层都追求这样的审美化时，他们以为是在塑造自己的生活方式和风格，但却是照单全收了中产阶级的消费主义及其品味。我们也许可以说，当代中国的日常生活审美化已经实现了某种暗中的转换"①，这里的"中产阶级"不同于西方发达国家的中产阶级，指的是"拥有较高的收入、较好的教育、较多的文化资本，因此也就形成了对日常生活'体验'和'品味'的更高要求"② 的那一部分人。换句话讲，人人叫好的《读者》只是少数人的最爱，而这种"最爱"在大多数的文字表述中却演变为一种普遍的消费方式，甚至还有进一步被放大的可能。

五　《读者》品牌：媒介文化产业发展的荆棘之路

《读者》杂志的管理层早就意识到"只有上升为品牌的期刊，才能充分实现自己的文化力量和经济力量，才能依靠品牌效应的发挥，不断开发产业价值链，真正实现社会效益和经济效益的双丰收"③，而且有着非常清晰的产业发展思路，即"以高品位高质量赢得读者——以积极创新的营销手段开拓市场——以市场份额的量级优势降低成本获得效益——在此基础上强化品牌，使品牌不断增值——发挥品牌优势可持续发展"④。从近几年的发展态势来看，《读者》也正是严格按照这种模式做的，至于其成功与否，目前尚不能妄下结论，实践是检验真理的唯一标准。

暂且撇开有关的争论，先把广大读者捧在手里的《读者》还原为一种媒介文化产品，从而把与《读者》相关的大部分活动视为媒介文化产业。我们马上就会听到质疑的声音：《读者》在国内期刊发行领域稳坐头把交椅，但是它在国内媒介文化产业领域处于怎样的位置呢？这样的问题，触及的正好是《读者》近年来的痛处，坊间测算，2004 年《故事会》的利润占了上海文艺出版社的 70%，《上海服饰》的利润占了上海科技出版社的 56%，《幽默大师》的利润超过了浙江人民美术出版社的利润

---

① 周宪：《文化表征与文化研究》，北京大学出版社 2007 年版，第 291 页。
② 同上书，第 290 页。
③ 富康年：《品牌与利润：〈读者〉更需要什么》，《编辑之友》2006 年第 5 期。
④ 同上。

总额①，而《读者》的利润只占甘肃人民出版社的 31.9%，相对而言，并没有发挥出应有的盈利水平。回过头来再看《读者》管理层所谓的"真正实现社会效益和经济效益的双丰收"这一说法，其中自励的成分可能远大于实际的目标取向。

没有人会接受这样的观点：目前的《读者》只是一份期刊而已，并不是一个品牌。实际上，《读者》早就是著名品牌了，有人这样赞美它：

> 把《读者》看成一位中国公民，我们就不敢低估这位公民对国人的影响。他不仅仅用温情滋润你的小心灵，让你的心灵保持和谐，他还给你传输了一种精神，一种理念，一种气质。这种尊重个人自由，尊重正义公正的精神理念，像温和的中药，能缓慢地发效，让我们去凶邪之气，去暴戾之气，去专横之气，它是建设公民社会的基础土壤。②

《读者》的知名度和美誉度，从中可见一斑。《读者》所欠缺的，是怎样把品牌变成真金白银，这一点并不容易做到。媒介文化产业的发展，远比一本杂志的成功要复杂得多，从这个意义上讲，《读者》管理层提出的产业发展思路仍然停留在原来做大做强一本杂志的层次上，并未提升到媒介文化产业的层面。

也有人把《读者》名与利不符的原因归咎于体制问题："社办期刊"困局。2006 年 1 月，有关部门同意读者出版集团有限公司挂牌运行，作为对社办期刊发展模式的一次新探索，读者出版集团是以品牌组建的全国第一家出版集团，集团的核心子公司读者文化传媒有限公司具体负责《读者》杂志及其子刊的出版经营和相关产业经营。体制瓶颈似乎也不存在了。

我们认为，《读者》品牌价值的实现，当下最迫切的是从怎样办期刊转变为怎样发展媒介文化产业。对《读者》来说，媒介文化产业并非一个全新的场域，但肯定是它第二轮创业、接受新挑战的起点。一方面，走向媒介文化产业是大势所趋，经济全球化和技术进步为文化产业注入了其

---

① 李频：《中国期刊产业发展报告》，社会科学文献出版社 2005 年版，第 271 页。
② 潘采夫：《保守的魅力》，《南方都市报》2008 年 5 月 25 日第 25 版。

他产业无法比拟的强大动力，使之在国民经济中所占的比重越来越大，也使得我们必须重新审视包括大众传媒在内的文化单元在社会生活中所扮演的角色；另一方面，走向媒介文化产业也是现实发展的迫切需求，据统计，2006年中国期刊的总印数为28.5亿册，《读者》杂志的印数就占到总量的1/27多，但是《读者》的利润在2006年只有6000万元左右（其中广告收入占杂志年利润的2/3），《故事会》的月发行量只有《读者》的3/5稍强，可是利润与《读者》不相上下。所以说，作为一本杂志，《读者》的发行量从3万份到突破1000万份，用了25年时间，那就是巨大的成功，并且由此树立了著名品牌。但是从此以后，作为品牌的《读者》，其成功的衡量标准就不仅仅是发行量、影响力了，而在于杂志身在其中的媒介文化产业的整体发展水平。

换句话讲，有了读者出版集团这样的平台，有了读者文化传媒有限公司这样的独立运行机构，走媒介文化产业的发展道路，就成了《读者》杂志的必然选择。在媒介文化产业日益全球化、集中化、多样化和逐步解除管制①的今天，《读者》面临的竞争更激烈、风险更大、机遇更多，怎样披荆斩棘，实现品牌可持续发展，所有关注《读者》的人都将拭目以待。

六　结语

许多研究者惊讶于《读者》的出生地，竟然是在遥远的中国西部，一座偏僻的内陆城市。进而把杂志的辉煌与土地的贫瘠扭结在一起，越讨论越复杂，好像是一大重要命题，几乎成了破解《读者》奥妙的命门所在。其实，地域的差异抑或经济的发达与否只是影响《读者》杂志兴衰成败的外部要素而已。也有人曾经动议读者杂志社搬迁至北京或上海等大都市，在政治的腹地、经济的重镇振臂一呼，文化资源和各路资本就会纷至沓来，或许《读者》的发展会更加美好。可是《读者》依然稳健，杂志的中枢始终坚守在兰州，一如流淌在它身边的那条黄河，任凭浪花逐飞鸟，我自向东锁尘烟。

对于《读者》的想象，如果离开了媒介文化的谱系，就将很难获得

---

① ［英］约翰·B.汤普森：《意识形态与现代文化》，高铦等译，译林出版社2005年版，第213页。

清晰的表征，从这个意义上讲，我们更应该关注因《读者》而生的广泛群体，在媒介文化研究的语境中，探究这些群体怎样解决以下问题：

当媒介化社会来临时，媒介自身会遭遇哪些问题，怎么面对？

当每个人在每时每刻都以自己的标准定义最美时，文化怎样打动人心？

所以，当最新一期《读者》摆在面前时，您满意吗？

主体意识与消费倾向:我国新闻娱乐化现象之反思

一 何谓新闻娱乐化

概括地讲,新闻的娱乐化主要指新闻报道当中犯罪新闻、名人的风流轶事、两性纠葛等内容逐步增多并日渐流行。① 具体而言,对新闻娱乐化则可从两个方面加以解析:

> 一是在内容上偏向软新闻(西方媒介称之为"大众新闻")或尽力使硬性新闻软化。其表征是减少严肃新闻的比例,将名人趣事、日常事件及带煽情性、刺激性的犯罪新闻、暴力事件、灾害事件、体育新闻、花边新闻等软性内容作为新闻的重点;竭力从严肃的政治、经济变动中挖掘其娱乐价值。
>
> 二是在表现形式上,强调故事性、情节性,从最初强调硬新闻写作中适度加入人情味因素,加强贴近性,衍变为一味片面追求趣味性和吸引力,强化事件的戏剧悬念或煽情、刺激的方面,走新闻故事化、新闻文学化道路。②

这段文字在内容上强调新闻的"软"度,在形式上强调新闻的"炫"度,被中国大陆的新闻传播学界广泛征引,影响很大。顺着这样的解释,我们就可以在西方新闻传播理论中找到与新闻娱乐化(或者是娱乐化新闻)

---

① 李良荣:《娱乐化 本土化——美国新闻传媒的两大潮流》,《新闻记者》2003 年第 6 期。

② 林晖:《市场经济与新闻娱乐化》,《新闻与传播研究》2001 年第 3 期;吴飞、沈荟:《现代传媒、后现代生活与新闻娱乐化》,《浙江大学学报》2002 年第 5 期。

相似的概念:新式新闻（the New News）。"新式新闻"的概念出现于20世纪90年代的美国，"是一个速配的混合物，它部分是好莱坞电影和电视电影，部分是流行音乐和流行艺术，它将流行文化和名人杂志混合起来，使小报式的电视节目、有线电视和家庭录像互相结合"①。与之相对应的"旧式新闻"，则被认为是"乏味的，令人困惑并低劣的，每次尼尔森调查、每个发行报告、每个季节的财务报告书都表明，文化进化论正在破坏新闻业"②。旧式新闻在报道的时效性和生动性等方面远远落后于新式新闻，美国学者卡茨（Jon Katz）据此得出结论:新式新闻最终会取代旧式新闻。③ 此种看法合理与否，这里暂且不论。

如果仅仅关注新闻报道理念和新闻报道手法的变化，我们不难看出，新闻娱乐化的本质就是信息和娱乐相结合。正如英语里的一个新词 info-tainment，由 information 和 entertainment 两个词合并而来，表达的就是当代西方世界新闻信息与娱乐元素充分融合的一种趋向。

二　如何理解当前中国的新闻娱乐化现象

新闻娱乐化是传媒娱乐化的重要组成部分，自20世纪90年代以来席卷我国的报纸、广播、电视等大众传媒。尤其是互联网兴盛以后，新闻娱乐化更是风靡，几乎被视为我国新闻改革的风向标，其蔓延的广度和深度颇受各界人士的关注。

看法一:新闻娱乐化是市场经济的必然产物。近年来随着传媒改革的深入，传媒产业化和传媒市场化的步伐逐步加快，有许多人认为:市场化＝大众化＝通俗化＝娱乐化，因而强调娱乐化是当今中国传媒的必由之路，是市场经济条件下的当然选择，不仅通俗媒介的新闻产品应当娱乐化，就是严肃的主流媒介的新闻信息产品也应该如此，向娱乐化靠拢。但是也有学者认为:"新闻娱乐化是市场经济条件下必然产生的现象和必经的发展阶段，但它不可能长久地成为市场经济条件下的媒介主流。"④

① ［美］沃纳·赛佛林等:《传播理论:起源、方法与应用》，郭镇之等译，华夏出版社2000年版，第9页。
② 同上书，第10页。
③ 同上。
④ 林晖:《市场经济与新闻娱乐化》，《新闻与传播研究》2001年第3期。

看法二：新闻娱乐化是一种大众文化现象。大众文化是当代西方社会的一种主要文化形态，是西方工业化、城市化、市场化发展的结果，是一种商业化、娱乐化、消费化的文化形态。大众文化以满足大众的娱乐、消遣、休闲需求为指归，其最典型的特征就是对感性欲望的诉求与张扬。由于大众文化与媒介文化之间有着密不可分的关联，传媒娱乐化现象则成了大众文化的主要表现形式，而新闻娱乐化也在其中。但是，大众文化现象本身处于热议阶段，有人叫好，有人唏嘘，所以作为此一解释的新闻娱乐化也就没有了固定的好坏标准。

看法三：新闻娱乐化是一种现代性意识的张扬。在传媒已经成为现代社会的中心环节的今天，娱乐化确实是个复杂的问题，如果从现代性发展的维度去看，我国的新闻娱乐化现象就是当前中国现代性的一种展开：新闻娱乐化现象里含有民主启蒙的因素，新闻娱乐化过程中蕴含着文化建构的职责，而且新闻娱乐化现象预启了一扇多元文化生产和多元价值重现的大门。①

看法四：媒体娱乐化是一种新的剥削和控制形式。资本家在过去是通过有规则、赤裸裸的方式剥削人们的。而今天，媒体的娱乐化成了另一种剥削和控制形式，人们变得非常主动和快乐地让媒体从他们的口袋里掏钱，这是现代社会一个新的经济掠夺方式。②

看法五：新闻娱乐化是消费主义价值观的直接体现。按照法国社会学家鲍德里亚的观点，当今社会性质发生结构性变化的标志，是物质生产型社会向消费型社会的转移。断言中国已经全面进入消费社会尚为时过早，然而由消费社会的来临所带来的消费主义价值观的漫漶，却是一个不争的事实。新闻娱乐化不是个别的孤立的文化现象，在娱乐化的背后是新闻报道关切点的转移，也是媒体从建立以来所秉持的公正原则的旁落，娱乐占据压倒新闻事实的地位实际也意味着新闻本性的变异。那种掺杂着低俗欲望的快乐和搞笑，实际是媒介人低俗欲望的表达，和媒介对受众低俗欲求的俯就。③

由于对新闻娱乐化现象的看法不一，我国新闻传播界对于新闻娱乐化

---

①　乐晓磊：《中国媒体娱乐化趋势冷观热议》，《新闻记者》2007 年第 4 期。

②　同上。

③　朱忠旗：《新闻娱乐化：消费主义与文化生态》，《河北广播电视大学学报》2008 年第 3 期。

现象的评价也不尽相同。概而观之，新闻传播实务界赞成者居多，认为新闻娱乐化就是贴近实际、贴近群众、贴近生活，因此电视台竞相比乐，报纸纷纷争软，各种媒介埋头搞娱乐化新闻报道不亦乐乎。与之相反，学术理论界则对新闻娱乐化现象痛心疾首，认为在新闻娱乐化的背后，是新闻的真实、客观、公正、全面等要素的彻底丧失，娱乐元素可以进入新闻，但不能使新闻娱乐化。

我们无意于评判上述各家论述的是非曲直，他们基于相同的情形，从不同的角度出发，得出各不相同的结论，都有其合理性。我们认为，理解当前中国的新闻娱乐化现象，关键在于如何把握"娱乐"这一概念。

有人认为，娱乐无非是一些消磨时间的事情和活动，其本性都是稍纵即逝的。著名的《钱伯斯辞典》（*Chambers Dictionary*）里面讲，娱乐是那些能够使人对其惬意地保持注意力的东西，而并非是大众媒介的产物和结果。法兰克福学派的代表人物霍克海默和阿多诺则认为："晚期资本主义的娱乐是劳动的延伸。人们追求它是为了从机械劳动中解脱出来，养精蓄锐以便再次投入劳动。"[①] 戈雷和戈里本（Gray & Greben）进一步强调娱乐与人类自我发展的关系，认为"娱乐是一种个体的情感状态，在这种状态下，人们洋溢着良好的自我感觉，并感到自我满足。它以一系列情感为表征，其中包括主体感、成就感，以及愉悦、认同、成功、自负和轻松自在的感觉。它使个体巩固了其良好的自我形象。娱乐是对于审美体验的一种回应，是一种个体目标的达成，是从他人那里得到的肯定。它不依赖于具体的活动、闲暇和个人的认可而独立存在"[②]。由此可以看出，娱乐是现代人的一种生活方式，现代人类生活离不开娱乐，娱乐现象充斥着人们的日常生活。所以说，通常人们接触传媒或使用传媒，娱乐也是其主要的目的。正是从这个意义上，赖特在拉斯韦尔的基础上，把娱乐也看作传播的重要功能之一。传播学的集大成者施拉姆曾借用弗洛伊德的"快乐原则—现实原则"解释个体为什么将大众媒体用于娱乐，而不是新闻。他认为，通常情况下，人们总是希望以最小的努力获得最大的收益，会选择收视费力最小、满足程度最高的节目，而娱乐化的新闻最大限度地减少

---

① ［德］马克斯·霍克海默等:《启蒙辩证法：哲学断片》，渠敬东等译，上海人民出版社2003年版，第153页。

② 转引自宋妍《十年媒介娱乐文化对受众主体性的培育》，《新闻大学》2008年第3期。

了接收过程中的障碍，人们很轻易地就能从中获得感性愉悦。据此，施拉姆提出"报偿的保证÷费力的程度＝选择的或然率"公式，间接印证了新闻娱乐化现象之所以流行的切实原因：信息与娱乐的博弈。[①]

约翰·费斯克（John Fiske）等人在《关键概念：传播与文化研究辞典》一书中对"娱乐"作了详细的描述，他们认为：

> 娱乐是一个具有意识形态性的概念，属于 20 世纪比较成功的修辞化策略之一。它似乎将普遍接受的、源于印刷报刊与生动的电子媒介（包括视觉、听觉、叙事、表演等类型的主流产品）轻而易举地归结为一种饮食起居制度（regime）。然而，它不过是个人满足、文本形态与工业组织的一种复杂的聚合过程。
>
> 作为一个概念，娱乐是意识形态化的，因为，它被用来证明这样一种话语实践的合法性与正当性，这种话语实践在追求观众数量的最大化与降低单位成本的同时，把自己作为中性的或非政治的、貌似合理（合法）的东西予以呈现，其间不提娱乐行业的商业规则，而只提虚构的受众或公众的假定需求。娱乐的观念被炫耀地拿来证明若据其他理由则会因种族主义、性别主义、都市主义以及其他主义而受到批判的表述是正当的。简言之，勿被诸如某些讨厌的东西"不过是娱乐而已"的说法所蒙骗。[②]

很明显，通过这一定义，费斯克等人强调的是娱乐现象或娱乐工业背后所隐藏的意识形态渗透或控制，修辞化策略也好，观念的聚合也罢，无非是让我们警惕"不过是娱乐而已"的说法背后时刻存在着的那种主宰性力量。

由此看来，中国当前的新闻娱乐化现象，是社会转型和经济转轨时期的一种特殊表征，既包含了群众性狂欢的要素，也包含着民主价值诉求的成分。在充分享用新闻娱乐化带来的信息面包的同时，我们不仅要关注娱乐化潮流中新闻核心理念的缺失问题，而且要更加关注各种利益集团在娱

---

① ［美］威尔伯·施拉姆等：《传播学概论》，陈亮等译，新华出版社 1984 年版，第 114 页；参见王彦《新闻娱乐化的源与流》，《浙江大学学报》2006 年第 3 期。

② ［美］约翰·费斯克等：《关键概念：传播与文化研究辞典》，李彬译，新华出版社 2004 年版，第 96 页。

乐化过程中的言行举止。当被新闻娱乐化裹挟其中的每一个人都有了这样的品格，无论是以创造财富、就业、投资等经济形式来衡量，还是以其对我们日常生活、身份认同以及社交形式等人类学的重要性来衡量，新闻娱乐化作为一种社会文化力量的重要性都凸显出来了。

三　谁是新闻娱乐化的受益者

从新闻媒介发展的长远历史来看，新闻娱乐化在西方早在大众化报刊产生之时就已经出现并达到相当的程度，在我国则可追溯至晚清民国时期京沪两地的流行小报。从传播效果和波及范围来看，新闻娱乐化在西方的真正高潮发轫于20世纪80年代以来的传媒市场化，以美国媒体狂炒辛普森杀妻审讯案、英国王妃戴安娜之死以及美国总统克林顿绯闻案为三大标志性之作①，在我国则始于20世纪90年代初的市场经济转轨时期。实际上，自1978年改革开放以来，我国大众传播媒介在市场化的道路上越走越顺畅，新闻传媒的产业性质越来越突出，同时在传媒娱乐化的大潮中，新闻娱乐化的现象也越来越复杂。以报纸为例，20世纪90年代初周末报纸盛行，之后一两年晚报兴起，"彩版热"、"扩版热"相继搅动全国媒介市场，20世纪90年代中期至今，都市报以其亲民化姿态彻底击碎了报刊的严肃面孔。《华西都市报》的成功发行和《羊城晚报》"娱乐新闻版"是其中的典型代表。随着娱乐化的扩张，不仅娱乐新闻大行其道，其他新闻品种如体育新闻、社会新闻、经济新闻、法制新闻等，也逐渐被娱乐化。②

就我国而言，近十几年来新闻娱乐化之所以能够蔓延开来，并形成炽烈之势，究其原因，主要是中国社会进入急剧的转型期，在社会变革大潮中，传媒体制发生了一定的变化，媒体从过去单一的"事业性质"转变为"事业性质、企业化管理"，逐步走向市场。一方面，和西方新闻娱乐化现象的成因一样，大众媒介极力追逐经济利益，"在新的历史语境下，

---

① 李良荣：《娱乐化　本土化——美国新闻传媒的两大潮流》，《新闻记者》2003年第6期。

② 蔡骐、蔡雯：《娱乐化浪潮中的媒介文化——文化研究与传播政治经济学的解读》，《湖南大众传媒职业技术学院学报》2007年第1期；蔡尚伟：《影视传播与大众文化》，四川大学出版社2005年版，第119页。

新闻制作与选择的新闻理念渐被市场理念所取代"①，这是新闻娱乐化发展的内因。另一方面，我国新闻娱乐化现象愈演愈烈的背后，也存在着一些其他的重要因素，比如新闻产品消费者的需求产生巨大变化，包括政府在内的社会体系的普遍认可，裹挟一切的大众文化的流行等，这些现实的条件是新闻娱乐化发展的外因。

　　遵循这样的路径走下去，我国的新闻娱乐化将与西方国家的新闻娱乐化没有什么两样，但是我国传媒由于所有制形式的不同，在运营模式、理念和操作方法上都明显区别于西方纯商业性的媒介，不可能走上彻底市场化的道路，而只是适度市场取向的改革。我国的媒介始终坚持上层建筑和信息产业的双重属性的认定，坚持社会效益和经济效益双轮并进，并始终强调媒介应坚持社会主义方向，为人民服务，把社会效益放在首位，坚持正确的舆论导向。这在很大程度上保证了严肃和高质量的媒介产品始终占领着我国媒介产品的主阵地（包括新闻报道）。② 因此，我们的着力点不仅在于强调新闻娱乐化现象里面中与西的区别，而且在于新闻娱乐化发展过程中社会效益和经济效益的博弈过程，尤其是后者，更是牵涉到受众（新闻产品消费者）、媒介（新闻产品生产者）和政府（社会意识形态体系）三者之间究竟谁是受益者的问题。

　　有研究者利用传播学的观点对新闻娱乐化进行了一番考察，认为从内容到形式，从理念到表现手法，本应距离娱乐最远的新闻，与娱乐的界限却越来越模糊。作为媒体适应市场的一种运作方式，新闻娱乐化有利有弊，至少它充分考虑了受众的心理需求，是时下以受众为中心的传播机制的产物。③ 我们认为，如果把"受众"这一名词当作我国新闻娱乐化进程中所涉及的媒介信息接收者的代名词，可能会使从接收者这一维度对新闻娱乐化现象所能进行的基本考察有所遮蔽，因为在我国，与新闻娱乐化现象相对应的新闻接收者的内部也在发生着巨大的变化，与此相适应，每一时期或每一发展阶段的每一个体所得到的和所实现的也并不一样。在长时期的专政（包括"对需要的专政"）中，媒介信息接收者一贯被称作"读者、听众和观众"，对信息发布没有支配权，没有传播主体地位，甚至连

　　① 马锋、路宪民:《西方新闻娱乐化现象成因浅论》,《新闻大学》2003 年夏季号。
　　② 林晖:《市场经济与新闻娱乐化》,《新闻与传播研究》2001 年第 3 期。
　　③ 关德洪:《新闻娱乐化之我见》,《陕西广播电视大学学报》2006 年第 3 期。

"读者需要"这样的字眼也经常被禁止使用。进入 20 世纪 80 年代以后，随着"信息"概念的引入，"受众"的概念逐渐被接受并广泛使用，新闻信息发布中公众话语逐渐得到应有的重视。自 20 世纪 90 年代以来，市场经济逐步取代计划经济体制，"消费"成为一个无处不在的现实，受众也摇身一变，成为传媒产品的"消费者"，"消费者主权"让公众第一次体验到自己做主的尊严，"我"逐渐取代了"我们"，个体意识日渐强烈。与此同时，大众传媒有意无意地摆脱了意识形态的主导作用，越来越多地以第三方的态度，对各类社会事件加以客观、公正和即时的报道。新闻注重微观性，在尊重公众话语自由度的前提下，向通俗化、娱乐化和生活化等软性方向发展。可以这样讲，在我国，新闻娱乐化的发展进程，和受众主体地位的提升几乎是同步的，我们在新闻娱乐化现象中确确实实看到了受众主体性的成长历程。不过，我们并不能因此就可以说新闻娱乐化满足受众、彻底解放了受众。有研究表明，人们之所以消费新闻，主要基于两个原因：一是知识上的，或曰认知上的，即为了引导自身适应环境；二是感情上的，即以一种娱乐的、找乐子的或者超然于社会之外的态度来看待新闻。① 从这个意义上讲，我国的新闻娱乐化仅仅是帮助人们找回了过去未曾拥有过的东西，或者说只起到了填补的作用。

　　长期以来，西方的媒介理论有"国家"与"教堂"之说，即传媒组织内部的经营权与编辑权问题，国家是世俗的、金钱的，教堂是崇高的、精神的。我们分析西方新闻娱乐化现象的成因时，往往认为"国家"吞没了"教堂"，传媒因此沦落为单纯的烤面包机，但是"教堂"的理性声音仍然时不时地发挥其警示作用。其实，追究到最后，不管孰是孰非，谁赢谁输，其中的受益者总是传媒组织自身，因为媒体内部的"国家"与"教堂"之争与现实社会中作为政府的国家之间没有丝毫关联。前文已经论及，我国的大众传播媒介与西方有所不同，属于全民所有，坚持为社会主义服务，为人民服务。复旦大学李良荣教授将其形象地概括为"一种形态、双重属性、三重身份"，即所有媒体都在中国共产党的领导之下，拥有意识形态属性和信息产业属性，兼具行政机关、事业单位和经营企业三种身份。如果套用"国家与教堂"之说，我国传媒运行也照样存在的

---

① ［美］约翰·H. 麦克马那斯：《市场新闻业：公民自行小心?》，张磊译，新华出版社 2004 年版，第 170 页。

经营权与编辑权之争，就不再仅仅是传媒组织自身的问题，而是一个传媒与政府之间的博弈过程。有研究指出："娱乐化策略是媒介主管在回避政治风险的前提下进行的制度创新。另一方面，也是政府机构迫于经济压力和维护政权合法性的需要，在强化政治控制的同时，以最大限度的宽容为媒介的创新提供空间的结果。在这层意义上，中国传媒娱乐化是政府权力与市场权力协商与协作的产物。"① 新闻娱乐化现象自然也不例外，就是这一博弈过程中传媒和政府双方合谋的产物。以电视为例，收视率的每一个百分点都代表着成千上万的广告收益，因此收视率的竞争是相当激烈的。为了吸引观众，那些曾经被奉为圭臬的新闻理念被抛入市场的熔炉，重铸出来的是经过传媒组织精心策划的、有可能畅销的新闻商品。能够取悦观众的新闻娱乐化大行其道，各类传媒组织也因此收获了实实在在的真金白银。政府部门出于种种利益的考虑，也默许甚至乐于看到新闻娱乐化现象。一来我国政府显然不可能给越来越多的传媒组织以财政支持，传媒靠娱乐化自己养活自己，可以减轻政府的经济压力；二来可以借此占据信息传播的有限通道，缓解民众的政治热情，消弭民众对政策的不满情绪。②

所以，就我国的新闻娱乐化而言，一定要说谁是其中的受益者的话，我们认为就是政府和媒介的双赢，受众并非是其中的受益者，只是双方博弈过程中任意使用的筹码。

四　新闻娱乐化，路在何方

在著名新闻节目主持人丹·拉瑟看来，新闻和文娱节目之间的界限之所以消失，是因为：

> 我们已经变成好莱坞了，我们已经屈从于新闻的好莱坞化了——因为我们担心不是这样。我们化重要为琐碎。我们通过 Cuisinart（一种厨房机械品牌）放录像带，以赶上高速的音乐电视式的交叉剪接。

① 蔡骐、蔡雯：《娱乐化浪潮中的媒介文化——文化研究与传播政治经济学的解读》，《湖南大众传媒职业技术学院学报》2007 年第 1 期。
② 吴飞、沈荟：《现代传媒、后现代生活与新闻娱乐化》，《浙江大学学报》2002 年第 5 期。

而仅仅为了掩饰我们的愚行，我们将最好的时段给了闲言碎语和奇闻。①

丹·拉瑟埋怨他的同行们失去了勇气，那种英雄的爱德华·R. 默罗曾表现出的那种勇敢无畏。好莱坞是虚幻的代名词，新闻是真实的代名词，缺乏表达真实的勇气，娱乐制造便乘虚而入。

娱乐一旦渗透进来，"化"为新闻的精髓，酿成新闻娱乐化风潮，局面就有些失控了。许多人像尼尔·波兹曼所焦虑的那样，认为"一切公众话语都日渐以娱乐的方式出现，并成为一种文化精神。从政治、宗教、新闻、体育到商业都在成为娱乐的附庸，其结果使我们成了一个娱乐至死的物种"②，进而把新闻娱乐化视为洪水猛兽，坚决主张干净彻底地消灭之。

当然，也有笔下留情的学者，委婉地指出：一方面，新闻娱乐化可以吸引深受长期的"假大空泛"式的说教报道之影响的广大人民群众，提高发行量和收视率；另一方面，过度的新闻娱乐化也会降低传媒的公信力，给党和国家带来不利的影响。因此，"新闻传媒的娱乐化应该肯定，而'泛娱乐化'则应当否定"③。

我们认为，和人们选择新闻的目的一样，新闻本身也应该呈现出与之相同的两个维度：引导和娱乐。在当今社会，二者之间任何的偏废都是不足取的。当人们询问严肃的新闻报道为何被消费者不断冷落、越来越少的时候，我们或许已经意识到了缺少娱乐化的乏味；当人们询问新闻娱乐化是否是消费主义时代传媒发展的唯一取向的时候，我们或许已经意识到了娱乐化泛滥的恶果。

---

① [美] 迈克尔·埃默里等：《美国新闻史》，展江等译，新华出版社 2001 年版，第 568 页。

② [美] 尼尔·波兹曼：《娱乐至死》，章艳等译，广西师范大学出版社 2005 年版，第 4 页。

③ 乐晓磊：《中国媒体娱乐化趋势冷观热议》，《新闻记者》2007 年第 4 期。

西部电视剧创作的资源问题

电视剧创作首先是艺术创作，是以镜头语言为主要表现手段，通过人物动作、声音等元素来叙述特定的故事情节，表达相关主题，并使用电视技术制作、包装并播放的综合艺术创作过程，同时广义的电视剧创作也是一项系统工程，包括选题、立项、拍摄、制作、播放等多个环节。从电视剧创作的技术层面来看，经济全球化、技术标准化的影响力非常强大，不同国家、不同地区、不同民族之间没有太大的差异；但是从电视剧创作的艺术层面来看，不同国家、不同地区、不同民族之间却呈现出完全不一样的审美品质。究其原因，电视剧创作中的资源问题值得重视并加以探究，尤其对于西部电视剧创作而言，各种资源的充分挖掘和各类资源的合理配置直接关系到其前途命运。

一　电视剧创作与西部文化艺术资源

近年来，我国电视剧创作发展迅速。据统计，2011 年全国生产完成并获得发行许可证的电视剧共计 469 部 14942 集，连续 4 年稳居世界第一；而同一年全国影视公司向国家广电总局申请立项备案公示但最终未获得发行许可的也有 1040 部 33877 集。① 我们知道，这么多的电视剧集，它们在价值选择、题材选用、风格表现、艺术旨趣等方面的表现自然各有千秋、各擅胜场。就笔者目力所及，有的电视剧述说革命故事，建构主流价值；有的电视剧穿越历史，戏说帝王将相；有的电视剧紧扣社会现实，演绎百态人生；有的电视剧情节激烈，人物险象环生；有的电视剧节奏舒缓，风景旖旎动人。中国的电视荧屏因此显得多姿多彩，富有生气，广大

---

① 徐健：《电视剧创作缺地气、正气、勇气》，《工人日报》2012 年 9 月 17 日第 5 版。

老百姓的日常生活也因此增添了不少亮色。当然，这么多的电视剧集，互相比较起来，也是有高下之分的，且不说题材的盲目跟风，情节的抄袭雷同，单是看看最近尖锐的影视批评，就难免让人唏嘘。有人毫不客气地指出，"当下的中国影视剧创作在整体的风貌上呈现出意识形态颓靡混乱的状态"①，有人则用"历史剧缺乏正气，年代剧缺乏神气，现当代剧缺乏地气，创新缺乏勇气，创作者缺乏志气"②来描述当前我国电视剧创作的"三俗"趋势。我们认为，这些批评针对当前中国电视剧创作的真实现状，可谓一语中的，有一定的道理，但是需要郑重地指出一点，近年来的西部电视剧创作却逆流而上，其超凡的表现令人交口称赞，如果使用"颓靡混乱"、"三俗"等修辞话语来批评西部电视剧创作的繁荣状况，则不太准确。

（一）西部电视剧创作的繁荣

进入 21 世纪以来，西部电视剧创作得到了较大的发展，取得了令人瞩目的成就。一方面，西部电视剧创作的大力发展得益于西部电影在理论与实践上的逐步成熟。从 20 世纪 80 年代开始，以第五代导演为主体的西部电影创作呈现出以历史文化精神为底色的绚烂，《黄土地》《猎场札记》《一个和八个》《人生》《野山》《黑炮事件》《孩子王》《老井》《红高粱》《黄河谣》《双旗镇刀客》《秋菊打官司》《背靠背，脸对脸》《东归英雄传》《黄河绝恋》《红河谷》《美丽的大脚》等一批"西部片"的出现，"从不同角度、不同程度地体现出远古、近代、现代和当代西部人的生存状态和精神境界，展现出中国电影创作与生产的勃勃生机与无穷的创造力"③。而新生代电影导演的崛起及其《月蚀》《惊蛰》《任逍遥》《巫山云雨》《哭泣的女人》等作品，将目光转移到现实的西部，以批判现实主义的艺术敏感，捕捉社会问题，关注当下西部社会芸芸众生的生存现状，如《铁路沿线》《小武》《盲井》；同时，新生代导演着眼于现代城市文化生活，表达着"城市不是快乐和幸福的天堂，而是他们梦断魂碎之所"的人生感慨。《巫山云雨》《哭泣的女人》《月蚀》《站台》等片中

---

①　倪学礼、李杰：《驱逐灰暗　点亮生活》，《现代传播》2011 年第 7 期。
②　徐健：《电视剧创作缺地气、正气、勇气》，《工人日报》2012 年 9 月 17 日第 5 版。
③　张阿利：《中国西部电影二十年》，《电影艺术》2004 年第 2 期。

描写的"西部城镇的灰暗、阴冷、凋敝",成为"人物迷茫、郁闷、精神空虚的外化"。新生代导演对现代城市文化的批判,其实质是对当代工业文明和商业文化的疑虑,由此,"审美现代性"成为新生代电影中一种极为迫切的现实命题。西部电视剧正是在西部电影的这种反思中获得较快发展的。[①]

另一方面,西部电视剧创作的繁荣也得益于西部大开发政策的实施。实施西部大开发战略,加快我国中西部地区的发展,整体推进社会主义现代化建设,是中共中央提出的推动生产力发展的重大战略决策,不仅是一项长期艰巨的历史任务,也是一项规模宏大的系统工程。西部大开发以来所实施的一系列政策举措,促进了西部地区经济水平的不断提高,使西部经济、社会、人文各方面发生了巨大变化。西部地区因此成为被关注的焦点,被人们誉为投资热土、旅游胜地、文化宝库、艺术殿堂。众多的电视剧制作机构和大批才华横溢的电视艺术家因此将目光转向西部,他们中有的自东中部来,有的从西部走出又回到西部,有的在西部土生土长,以强烈的艺术激情体认、审视、观照西部社会的历史文化和现实生活,创作出了大量特色鲜明、脍炙人口的西部电视剧作品。比如,既有大气磅礴的《长征》《延安颂》《茶马古道》《戈壁母亲》《雪域天路》等一批历史巨制,也有意蕴绵长的《大敦煌》《老柿子树》《激情燃烧的岁月》《无怨无悔》等区域佳片,还有风情浓郁的《尘埃落定》《东归英雄传》《嘎达梅林》等民族力作。我们认为,这些西部电视剧之所以能赢得受众的青睐,很重要的一点就是用电视视听手段开发、挖掘西部文化艺术资源和当代社会变革中的精神内涵,艺术地展示西部民族风貌及地域风情,在审美层面力求进行深刻的艺术提炼,为西部人提供了形式独特、品位高尚的精神食粮。

(二) 发掘西部文化艺术资源是西部电视剧创作的内在需求

电视剧和其他艺术形式一样,在发挥娱乐、认知、审美和教化等传播功能的过程中,带有与生俱来的意识形态属性。一方面,特定的社会思潮、信仰形态和矛盾冲突会不断地投射到电视剧创作当中,成为电视剧艺术着力表现的对象;另一方面,电视剧也会以影像的方式对我们正在经历

---

① 黄怀璞、宗红梅:《西部题材电视剧创作问题思考》,《中国电视》2007 年第 8 期。

的现实生活或者是过往的历史时代进行具有意识形态性质的主动叙事，以期影响人们的价值观选择。20 世纪 80 年代风靡中国的日本电视连续剧《阿信》，塑造的是一位历经艰辛终获幸福的日本女性，她几乎经历过人间所有的苦难：超负荷劳动、爸爸毒打、婆婆虐待、孩子流产、丈夫自杀、儿子战死、企业破产……却始终以纯真和善良、勇敢和顽强、勤奋和坚韧的品格面对人生。该剧被翻译成 20 多种语言，在 60 多个国家和地区再三播放，几乎成了外界了解二战前后日本社会经济发展的标准教科书。韩国电视连续剧《大长今》，以朝鲜民族历史中的宫廷斗争为主线，在许多亚洲国家热播，对宣扬朝鲜民族文化、带动韩国旅游产业起了极大的作用。

　　毫无疑问，日本和韩国的电视剧创作在极力发掘各自国家的文化资源，渗透着各自民族的传统价值观念。放眼全球，包括美国、英国、法国、印度等电视剧创作大国在内，无一不是这样，都把电视剧作为全球化竞争、跨文化交流中的重要筹码。费孝通先生认为："我们中国的文化如何同西方的文化接轨……民族之间最容易接触和交流的就是艺术，因为在这一方面我们可以不靠逻辑、不靠理性思想，而是靠感触，靠感情交流，这是每一个民族都有的、共同的东西。"[①] 作为艺术交流的主要方式，我国的电视剧创作既要以积极的姿态制作优秀的作品参与这场竞争，借以传播中华民族的优秀文化，让世界更加了解中国，以便占有更多的市场份额，又要在跨国文化交流中抵制外国电视剧作品中的"霸权"因素，防止文化帝国主义、文化殖民主义的发生。平心而论，我国的电视剧创作一直将传统文化纳入视野，对传统文化资源进行了很好的开掘和运用，并取得了突出的成就，每年都有一大批内涵丰富、形式新颖的电视剧作呈现在观众面前。但是，同我们拥有的文化资源相比，电视剧创作在质量上和数量上都还有提升的空间，尤其对于西部电视剧创作来讲，"我们对西部的人文资源和文化艺术注意得还不够。西安也好，敦煌也好，引起了外国人的注意，那是因为它代表了中国文化呀！我们中国人自己却往往忽视了西北的文化，在历史上看不起西部的观念比较深，现在我们要把这个观念纠

---

　　① 费孝通：《关于西部的人文资源的保护开发和利用的思考》，《西北民族研究》2000 年第 2 期。

正过来"①，只有认清西部文化艺术资源的丰厚价值，并寻求从文化艺术资源到电视剧作品的多重创作路径，才能在激烈的文化博弈和市场竞争中占有一席之地。

（三）西部独特的文化艺术资源是西部电视剧创作取之不尽、用之不竭的富矿

我国的西部地区不仅有富饶的自然资源，而且有多样的文化资源。从宏观的角度来分，主要有新疆伊斯兰文化、青藏藏传佛教文化、陕甘儒道释文化、蒙宁蒙古西夏文化、巴蜀儒道释文化、滇黔桂多神崇拜文化六大文化圈层和秦陇文化、宁夏文化、内蒙文化、西域文化、雪域文化、巴蜀文化、滇黔桂文化七大文化板块。从微观的角度来分，在六大圈层与七大板块中又包含着不同的文化类型和文化模式，主要有农耕文化、游牧文化、狩猎文化、山地文化、走廊文化、盆地文化等不同的样态。② 毫不夸张地说，这些都是西部电视剧创作取之不尽、用之不竭的富矿。

开发西部文化艺术资源，是指充满现代政治意向、现代经济意识、现代社会观点、现代文化素养、现代价值取向的开发主体，对文化艺术资源这一特殊客体进行解剖、分析、吸收、点染和创造性的重新建构，其实质是文化的科学延续、发展、创新、升华和再造。③ 在开发西部文化艺术资源、进行西部电视剧创作的过程中，需要注意以下几点。

要站在媒介生态学角度审视西部文化，使西部电视剧在传扬人与自然、人与社会、电视媒介之间协调平衡的关系方面发挥重要作用，以强化普通大众的生态意识；要以敏锐的艺术眼光、大胆的艺术想象、宽广的艺术视野进行审美创造，力求使西部独特的文化资源转化为更加优质的视像性艺术精品；要营造良好的艺术创作氛围，通过市场化、产业化运作大力吸纳和集聚人才、资本、技术要素，将西部文化资源加工、改造为更精良、更优秀的电视剧艺术品；要在深入反思西部历史、直面西部现实的基础上，通过电视剧艺术着力塑造一批拼搏奋斗、顽强创业、勤勉自励、不畏艰辛、积极向上而又有丰富人性、人情的艺术形象，尤其要着力塑造一

---

① 费孝通：《关于西部的人文资源的保护开发和利用的思考》，《西北民族研究》2000 年第2 期。

② 彭岚嘉：《中国西部文化的世界意义》，《西北师大学报》2004 年第 5 期。

③ 向志学、向东：《谈谈资源和历史文化资源》，《武汉大学学报》2006 年第 3 期。

批富有亲和力、具有高尚人格魅力的农民群像，为农民的现实劳作营造一种艺术的理想情境，使他们能在现实的人生搏击中获得更好的精神满足；要以自觉的艺术意识、文化意识，通过电视剧艺术的审美创造，努力提升西部文化形象，并使其成为全球化时代提升国家软实力、塑造国家形象的重要力量。①

二　丰富的电视剧内容资源

我国的电视剧创作在本质上就是讲述一个引人入胜的故事，把要表达的东西植入所要讲的故事里面，以此达到预期的传播效果。一方面，传统中国的历史、文学和艺术充满了"讲故事"这一元素，二十四史以简洁的叙事见长，古典四大名著以丰富的人物取胜，民间文学用"古今"演绎世间百态，戏曲艺术用"唱、念、做、打"刻画悲伤风流，都以故事结构全篇。"花开两朵，各表一枝"式的叙事模式历久弥新，"欲知后事如何，且听下回分解"式的情节设置代代相承，形成了人们欣赏故事的传统审美习惯。另一方面，创作一部电视剧，只有通过讲故事，在跌宕起伏的情节长廊中充分塑造人物性格、展现人物命运遭际，才能真正体现电视剧艺术的力量，让观众觉得满足，获得收视愉悦。也就是说，电视剧创作是在一个庞大的时空架构中去写人叙事，在广阔的社会生活场景中传达丰富的思想内涵。因此，作为一个或多个故事的主要成分，主题和题材的选择，是电视剧创作的关键所在。

从讲故事的角度进行电视剧创作，应当选取那些适合电视剧艺术特点的生活材料。但这并不意味着只有那些大事件、大人物、大时代现象才能成为电视剧创作的素材，我们认为，只要有复杂的矛盾冲突，有生动的人物形象，不管是个人的成长过程、社会的复杂情状，还是历史事件，都可以成为电视剧创作的素材。从近年来电视剧创作的实际状况来看，与我国中东部地区的电视剧创作相比，西部电视剧创作中获得好评的，恰巧就是那些以西部精神为主题、以西部文化艺术资源为题材的电视剧。

---

① 黄怀璞、王清：《西部电视剧的文化资源开发》，《甘肃日报》2010年6月22日第7版。

（一）作为主题的精神价值资源

有研究表明，作为中国文化重要组成部分的西部文化，对当今中国和世界起着越来越重要的影响。从理性的层面来看，西部精神的价值向度有二：一是天人和合的文化精神。由于自然环境差异性的缘故，中国西部文化产生于"靠天吃饭"的生产状况之中，所以西部文化更多地追求与自然的和谐相处。无论是冰天雪地的雪域高原，还是荒凉死寂的戈壁沙漠，无论是绿草如茵的内陆草原，还是山高坡陡的西南山地，生息于此的人类都尽可能地谋求与自然环境相协调的发展。藏族生活在空气稀薄的世界第三极，红河哈尼族创造了独特的梯田文化，还有西部少数民族文化中的宗教信仰，大多有万物有灵、自然崇拜的倾向，诸如神山信仰、树木信仰、水神信仰等，对森林、水资源都起到了很好的保护作用。在全球自然环境日益恶化的现实中，西部这种与自然和谐相处的文化精神对世界文化有着不可低估的引导性意义。二是兼收并蓄的文化气度。横穿中国西部地区的四条国际交流线路，即丝绸之路、麝香之路、博南古道、草原之路，从中国腹地出发，向正西、西南、南、北辐射，不仅承载着亚欧物质交流的重任，而且也是亚欧文化交流的孔道。再加上西部地区历史上形成的多个民族走廊，如河西走廊、藏彝走廊、唐蕃古道、茶马古道等，使生息于各区域的民族文化发生着频繁的碰撞和交流。四通八达的地域性通道，是中国古代西部地区经济文化交流的标志，它为东西部交流和外交往来提供了一条主要通道，成为联结中原和西域、汉民族和西部少数民族、东方与西方的纽带，是西部地区对内外开放的象征。在你来我往的贸易中体现的是合作与交流，更体现的是海纳百川、有容乃大的开放性的文化气度。西部文化所独具的这种文化气质，具有国际性特点，无疑是人类和平共处、融通交流的一种最佳状态。文化在融合中消弭冲突，文化也在交流中建立新的共存模式。历史上东西方文化交流形成的文化过渡和融汇地带，对全人类的文化发展而言，具有不可替代的独特价值。① 从感性的层面来看，与美国的西部精神相比较而言，"中国的西部精神，是一种既有豪迈、冒险、开拓，但更多的是隐忍、苦干、坚持的精神，它是一种更多地向内用力的

---

① 彭岚嘉：《中国西部文化的世界意义》，《西北师大学报》2004 年第 5 期。

精神，也是一种不事张扬却延续了千年的精神"①。西部电视剧作为传播西部文化的重要通道和平台，开掘和运用西部精神中的核心价值是它的分内之事，"以西部文化为底蕴，以人性关怀为着眼点，以西部各民族在理想追求中产生的矛盾冲突、心灵纠结、喜乐苦悲为契机，饱含深情地关注人生的命运际遇，从而启发人们对更美好的生存状态的执着向往，使其在更高层次上成为人类共有的精神文化财富"②，换言之，传播和弘扬西部精神是西部电视剧创作的重大历史使命。

　　电视连续剧《老柿子树》对黄河文化精神成功的挖掘与表现就是一个典型案例。斥资1300多万元拍摄的《老柿子树》由话剧改编而来，被誉为"第一部全面展现黄河风貌、全方位透视黄河与西部风俗原生态的电视剧"③。全剧基于对黄河的敬畏与赞美之情，以抗日战争和解放战争为背景，以甘肃陇南山区一户李姓人家的家庭变迁为主线，讲述的是一个有关亲情和故土的故事，描绘了一幅世世代代生活在黄河上游岸边的老百姓生活画卷。从某种意义上来讲，《老柿子树》中着力表现的黄河文化精神是甘肃文化的一大剪影，更是中国西部传统文化的精髓所在。主人公"娘"由实力派演员斯琴高娃扮演，是人格化了的黄河，容纳百川却又泥沙俱下。她是"黄河母亲"④的化身，性格耿直，脾气倔强，既是西部传统文化的守护者，又是西部传统文化的受害者。在电视剧中，"娘"的四个儿子分别以金、木、水、火取名，也具有各自不同的象征意义。大儿子金德有点智障，"傻气"的淳朴中透露出执着与顽固，是古老黄河封闭落后的象征。二儿子木德和三儿子水德最终走上革命道路，兄弟携手为国家赴汤蹈火，是时代洪流的写照。四儿子火德（火娃）具有反传统的行为，但最终还是被局限在传统思想中，走向灭亡，是无法突破的传统旧俗和黑白不分的旧时代人物的宿命。"善匪"的名号本身就很矛盾，体现了西部黄河文化精神中传统与现代的扭曲。片尾曲《傻黄河》中唱道："傻傻的

---

　　① 何怀宏：《用中国的西部精神创造财富》，http：//www. zcom. com/article/1932/，2012年5月20日。

　　② 黄怀璞、彭岚嘉：《西部电视剧艺术的文化使命》，《甘肃日报》2012年4月18日第12版。

　　③ 黄怀璞、张威威：《析论西部题材电视剧的审美价值》，《中国电视》2011年第8期。

　　④ 这里主要指的是位于中国西部甘肃省兰州市黄河南岸的"黄河母亲"石雕。雕塑整体造型是一位神态娴雅的母亲侧卧在黄河岸边，看护着怀抱中游泳的幼儿的情景，分别象征了哺育中华民族生生不息、不屈不挠的黄河母亲和快乐幸福、茁壮成长的华夏子孙。

黄河呦，你从哪里来，泥泥的黄河呦，你到哪里去，你傻乎乎地来，你傻乎乎地去……"追问着人生的终极，追问着自身的抉择。古老的黄河时而清澈时而浑浊，它的清澈犹如人的聪慧，它的浑浊又如同人的固执。"娘"通达中糊涂，火娃仗义而愚孝，张金贵弃恶从善，金娃虽傻犹明，剧中每一个角色的多面性格演绎无不追随着"傻黄河"的词句，需细细品味。

（二）作为题材的故事情节资源

如果说主题是电视剧创作的灵魂的话，那么题材就是电视剧创作的血肉。没有好的题材，血肉不丰满，就无法"编造"出精彩的故事，荧屏随之变得苍白。著名编剧高满堂就不无忧虑地指出："同质化的创作倾向引发了编剧们的集体焦虑，但是这个问题的解决最终还要靠编剧个人的创造，不能将自身创作资源的枯竭推到外在环境中去。天地很宽，题材很广，创作者理应大有作为。时下，受大环境，尤其是市场的影响，整个创作队伍非常浮躁，注重娱乐享受、感官刺激，这给我们的创作带来很大挑战：一方面，要写生活中的现象、矛盾，但另一方面，艺术本身是真善美的，电视剧创作也要展现真善美，不能肤浅地为了制造矛盾而编造故事，违背艺术创造的规律。"① 可以看出，即便是编剧的个人创造，也需要脚踏实地，广泛涉猎各种题材，才能解决"自身创作资源的枯竭"问题，进而创作出优秀的电视剧作品来。

那么，对西部电视剧创作而言，"天地很宽，题材很广"，究竟哪些西部人文资源蕴含着"真善美"的元素，经过艺术加工以后，能够成为脍炙人口的电视剧呢？随着西部大开发的推进，人们对西部地区文化艺术资源的研究和认识也更加深入。大家普遍认为，西部地区在历史文化资源、民族文化资源、红色文化资源和现代文化资源四个方面具有开发和利用价值。

1. 历史文化资源

所谓历史文化资源，是显示人类从幼稚到成熟、从蒙昧到文明、从自然人进入到全面发展的人的时代的重要标志，尤其是指人类历史文化遗存诸多实体中具有独特功能、现代资财价值、能够科学合理开发利用，甚至

---

① 徐健：《电视剧创作缺地气、正气、勇气》，《工人日报》2012 年 9 月 17 日第 5 版。

进行扬弃升华的部分。这一界定主要包括四层含义：（1）首先强调实体，必须是现存实物、原始记述、口授真传、艺术样式或规范的习俗、技能等。（2）其次强调独特的不以人们主观意念为转移的客观功能。比如，孙子兵法有军事理论功能，蚕丝是纺织绸缎的优质原料，这都是铁定的客观存在；它能保证认定的客观公正性和功效性。（3）至于现代价值显然主观评价成分较多，因此必须坚持客观的从众、从重、从细、从严的原则。强调资财价值，显然与当代市场经济和人类社会整体发展水平有关。认定为历史文化资源，必须具有当代较重大的物质财富或精神财富价值。（4）能够科学合理地开发利用或扬弃升华，这一标准非常重要。比如，某些国家级的孤本的珍本的文物，尽管功能很强，价值很高，却不能随意开发利用。①

按照上述说法，西部地区的甘肃、陕西和四川等省份具有丰富的历史文化资源，可以开发利用，作为电视剧创作的故事素材和题材。四川是巴蜀文化永恒的故乡，以古蜀文明为代表的历史文化伴水而生，以江源文明为主线，以岷江、金沙江、沱江、涪江、嘉陵江等水系为文化走廊，形成扇形辐射状文化通道，遍布浪漫主义气息，被誉为"仙源故乡"，才子佳人辈出，人称"文宗自古出巴蜀"，具有无限的神秘性，令人向往。② 陕西渭河流域由于其良好的地理环境条件，从而成为中华文明的发祥地。历史上曾有周、秦、汉、唐等13个朝代在此建都。帝王将相的集中活动，使得陕西历史文化资源可分为周、秦、汉、唐四大体系。③ 甘肃的历史文化资源不仅十分丰富，其历史遗存、出土文物之多在全国名列前茅，而且其谱系也相对完整，包括从距今七八千年前的新石器时代原始氏族文化，历经周、秦、汉、唐、宋、元、明、清，直到近代各个历史时期的文化，构成了一部脉络清晰、相对系统的中国历史发展、演变的浓缩本。④

具体来说，敦煌莫高窟是闻名于世的文化宝库，以洞窟塑像、壁画等

① 向志学、向东：《谈谈资源和历史文化资源》，《武汉大学学报》（人文科学版）2006年第3期。

② 谭继和：《加快文化资源整合，做强做大文化产业集团》，《西华大学学报》2007年第6期。

③ 赵金瑞等：《基于历史发生学解读下的陕西历史文化资源创新开发研究》，《人文地理》2009年第3期。

④ 张克非：《论甘肃历史文化资源的四大特点及不可替代性》，《科学·经济·社会》2006年第1期。

为灵感和题材来源，从 1917 年梅兰芳改编演出的京剧《天女散花》迄今，涌现出了大量的艺术精品，主要的有舞剧《丝路花雨》和《大梦敦煌》、舞蹈《千手观音》、乐舞《敦煌古乐》和《敦煌韵》、动画片《九色鹿》和《夹子救鹿》、电影《敦煌》和《敦煌夜谭》、电视剧《张大千敦煌传奇》和《大敦煌》、纪录片《敦煌》和《新丝绸之路》、小说《敦煌之恋》、散文《道士塔》和《莫高窟》等，在国内外都产生过巨大的影响。毫无疑问，敦煌文化也是西部电视剧创作的一座资源宝库，"壁画中的各类故事不仅会为动画片创作提供素材，还能触动影视剧创作的灵感，通过全面调动影视丰富多样的艺术手段，在原画所提供的故事框架、意蕴内涵的基础上经过艺术的审美想象、提炼、加工、虚拟，结合当代人审美意识、审美观念的变化生产制作电影故事片以及不同形式的电视剧作品（电视连续剧、系列剧、儿童剧等），从而为不同年龄层次的受众提供丰富多样、直观形象、动态变化的敦煌审美景观。同时，还应该注意到，在敦煌艺术文化的保护、开掘、研究中，一代又一代中华儿女为之付出了巨大的努力和牺牲，如于右任、张大千、常书鸿等，他们或为保护敦煌文化竭尽心力，或以壁画临摹使精湛的民族艺术得以普及和传播，或为守护敦煌奉献了全部青春，或为敦煌文化研究呕心沥血，或为敦煌舞姿在舞台上的复现殚精竭虑，或为敦煌古乐的破译贡献了毕生精力。可以说，他们与敦煌艺术一起构成了敦煌文化的灿烂篇章。运用影视艺术手段深入探求他们的内心深处，展示他们的情感世界、精神风貌，就能向世人更好地昭示中华文化千百年来传承延续的刚毅顽强的强大生命活力"[1]。2006 年 11 月在央视综合频道黄金时段播出的电视连续剧《大敦煌》，以一部金字大藏经的命运贯穿始终，讲述了一个神秘凄婉的传奇故事，谱写了一部跨越千年的敦煌沧桑史。全剧由上、中、下三部分故事内容组成：一是宋代，公元 1034 年，大量经卷藏于藏经洞；二是清末，公元 1899 年，发现藏经洞，经卷宝物被盗；三是民国时期，许多仁人志士舍生取义，前赴后继保护敦煌文物。尽管播出之后有这样或那样质疑的声音，但是我们认为，这部电视连续剧贵在艺术创新，其成功之处在于：力求通过对敦煌历史文化资源和意蕴的深刻挖掘，把历史与人物、文化与艺术、文化与市场结合起来，试图完成静态文化资源向动态艺术创造的转变，折射出了电视剧创作

---

① 黄怀璞：《敦煌艺术影视传播之可行途径论略》，《西北师大学报》2009 年第 1 期。

者鲜明的历史文化意识与现代意识的融合。同时，也向世人传递出这样的信息：我们有能力对自己最富特色的文化资源从艺术审美的角度进行深度创造和传扬。

2. 民族文化资源

历史上，中国西部地区曾经出现过一系列邦国性质的地方政权或酋长性质的土司政权，它们在创造自己历史的同时，经过成百上千年不断地迁徙、分化、融合、发展，形成了众多的民族。我国55个少数民族中，有将近50个世代居住在今天的西部地区，创造并传承着各自不同的文化。可以说，西部民族文化是一座异彩纷呈的文化资源宝库，它所包含的内容极其丰富，表现形式多种多样。从故事资源开发的角度看，以宗教文化资源为代表，主要有历史传奇、山川神话、民间传说、爱情故事、动植物灵异等，比如，历史类的《格萨尔王》（藏族）、《江格尔》（蒙古族）、《勒戞撑天》（布依族），山川类的《洪水滔天的传说》（苗族）、《火焰山的传说》（维吾尔族），民间类的《阿凡提的故事》（维吾尔族）、《嘎达梅林》（蒙古族），爱情类的《刘三姐》（壮族）、《阿诗玛》（彝族）、《米拉尕黑与海迪娅》（东乡族），动植物类的《九色鹿》（藏族）、《老虎和青蛙》（布依族）。这些故事资源"将现实主义与浪漫主义紧密地结合在一起，在故事结构、形象创造、语言表达等方面均有自己的特点，表现了不同民族的不同风格，也反映了各民族在不同方面的社会生活内涵，具有强烈的人文审美价值"①，是西部电视剧创作的重要题材。

近年来，挖掘民族文化资源，结合时代要求，西部民族题材的电视剧创作取得了一定的成绩，在央视黄金时段播出，收视率高，影响力大，比较有代表性的如《茶马古道》（2004）、《康定情歌》（2004）、《尘埃落定》（2006）、《东归英雄传》（2008）、《金凤花开》（2009）、《嘎达梅林》（2011）、《奢香夫人》（2011）、《木府风云》（2012）等。《茶马古道》的故事发生在抗战后期，民族危难之际，大敌当前时刻，生死与共的藏族、汉族、纳西族、白族、普米族、回族、彝族等民族的马帮组成浩浩荡荡的民间商队，延续着他们世世代代血脉相连的命运，走上茶马古道

---

① 刘新田：《西部少数民族文化资源分析与产业化开发对策研究》，《中央民族大学学报》2012年第4期。

——这条位于中国西南险山恶水和原始丛林之间的地面运输通道，贯穿滇、川、藏直达印度出海口的唯一能运送国际援华物资的地面通道。拉萨富商尼玛次仁，云南三江土司儿子格桑加措，纳西族大商帮新掌柜木石罗，大理白族茶王杨老爷，以及日本特务、江湖杀手、投机奸商，共同演绎了一幕幕家国情仇、爱恨交织的史诗般传奇。《金凤花开》以讲述白族姑娘金凤从一个穷苦赶马人的女儿成长为新中国第一代民族工作者的故事为主线，描写了新中国成立初期云南各少数民族在中国共产党领导下共同走向新生活这段鲜为人知的历史。剧中以白族姑娘金凤为代表的傣族、佤族、哈尼族、藏族、独龙族等民族英雄形象，性格鲜明，给观众留下了深刻印象。《奢香夫人》以贵州彝族传奇女领袖奢香短短38年的一生为主线，讲述了她与夫君霭翠之间可歌可泣的"乱世儿女情"，以及在霭翠殉国后，奢香带领族人自力更生、开拓奋进的故事。《木府风云》以明朝丽江为背景，主要讲述云南纳西族木氏土司家族内部血雨腥风般的权力斗争。全剧以纳西族少女阿勒邱为中心，她在"舅舅"西和教唆下，心怀屠族之仇潜藏木府10年，见证了木府子辈木青和木隆之间的权力斗争，赢得了木府孙辈木增和木坤的爱情，甚至原本对她心怀芥蒂的木氏老夫人罗氏宁也逐渐改变了对她的看法，并最终赋予她掌管木氏命运的权力。这些电视连续剧将一个或几个少数民族的历史故事加以整理，通过想象为其插上艺术的翅膀，古老的民族文化以现代的声光电色表现出来，有民族精神的弘扬，有民族特征的传承，有区域魅力的展示，有民族风情的诱惑，让古老的民族焕发了青春，使偏僻的西部成了文化的焦点。

如此看来，正如部分学者所说的："深入不同民族的生活，尊重民族生活的真实，尊重不同民族的优秀文化传统，尊重不同民族的发展心愿，使民族题材的作品从肤浅解读政策的尴尬中走出来，就是今天电视剧创作的使命和职责。"① 因此，少数民族要自觉，本土的电视文艺工作者要主动，相关的电视制作机构要积极，当地政府要大力扶持，西部电视剧创作在民族题材领域才能真正有所突破。据笔者粗略统计，以甘肃少数民族文化资源为题材的电视剧仅有《音德尔牧歌》（1985，裕固族）、《肋巴佛传奇》（1989，藏族）等几部作品，但是世居甘肃的却有回、藏、东乡、

---

① 李树榕：《推进民族题材电视剧创作的思考》，《中国电视》2009年第9期。

土、裕固、保安、蒙古、撒拉、哈萨克、满等16个少数民族，其中东乡族①、裕固族②、保安族③为甘肃省独有的少数民族。与同为西部地区的云南、四川、贵州等西南省份相比，近10年来地处西北的甘肃在民族题材电视剧创作方面几乎没有任何作为。一方面，纳西族、白族和彝族等西南少数民族文化资源被充分挖掘，《木府风云》《金凤花开》《奢香夫人》等西部电视剧精品风靡荧屏，举国叫座，民族文化因此而发扬光大，文化产业因此而赚得盆满钵满；另一方面，回族、裕固族、东乡族、保安族等西北少数民族的文化资源尚湮没于历史尘烟、黄土大漠，"养在深闺人未识"，需要加以特别的重视。更何况，在西部大开发的号角声中，在文化产业的大背景下，努力推进西部尤其是西北少数民族题材电视剧的创作，不仅能不断满足西部各族群众日益增长的精神文化需求，而且也是促进西部民族地区经济社会发展、提高西部各族群众文明素质、推进西部民族团结进步、繁荣社会主义先进文化的重要环节。

3. 红色文化资源

红色文化资源也叫作革命文化资源，是中国共产党人领导各族人民群众在革命战争年代所创造的、具有中国气派和中国特色的文化体系。根据不同历史时期，可划分为大革命文化、根据地文化、长征文化、抗日文化和解放区文化等几种类型。

中国西部是红色文化资源最为丰富的地区之一。陕西在1922年就建

---

① 东乡族是一个以居住地的地理方位命名的民族，主要集中在甘肃省临夏州的东乡地区。公元12—13世纪，生活在中亚一带的突厥人、波斯人、色目人等因为共同信仰伊斯兰教而被称为"撒尔塔人"（梵语"商贾"之意）。公元1206年，铁木真统一蒙古草原，建立蒙古铁骑，西征东进，横扫亚欧大陆。当时的蒙古人为了防止中亚地区人民的反抗，将大量的撒尔塔人强征入伍，逼迫许多撒尔塔工匠背井离乡，随军向东迁移，最后将他们屯戍在今临夏东乡地区。撒尔塔人迁移到临夏地区后，与生活在当地的回族同生并长、逐渐融合，形成了现如今的东乡族。传说故事主要有《米拉尕黑与海迪娅》《战黑那姆》《璐姑娘斩蟒》和《勇敢的阿里》等。

② 裕固族居住在今甘肃河西走廊肃南地区和黄泥堡地区，自称"尧乎尔"、"两拉玉固尔"，其祖先可追溯至公元前的丁零以及唐代时游牧在鄂尔浑河流域的回纥。公元9世纪中叶，回纥汗国为黠戛斯所破，回纥各部四处迁徙。其中一支投奔河西走廊，史称"河西回鹘"。明朝年间，被称为"黄头回鹘"的一支又流徙至今祁连山一带，融合蒙、藏等民族，逐渐形成了裕固族。《黄黛琛》和《萨娜玛》是裕固族家喻户晓的叙事作品。

③ 保安族主要居住在位于甘肃、青海交界的积石山下，黄河岸边，民族制品保安腰刀中外驰名。比较流行的说法认为，保安族是元朝以来一批信仰伊斯兰教的中亚色目人，在青海同仁地区戍边屯垦，同当地蒙、藏等各族长期交往，自然融合，逐步形成的一个民族，与东乡族、撒拉族和回族有着千丝万缕的联系。

立了中国共产主义青年团组织，1925 年建立党组织。大革命和土地革命
时期，党领导陕西人民进行国民革命，在陕北及陕甘边界地区积极开展武
装斗争，创建了西北革命根据地，覆盖陕西的关中和陕北地区。西北革命
根据地是当时全国十多块根据地中唯一保存下来的一块完整的革命根据
地，为中共中央和三大主力红军会师陕北建立了一个稳固的落脚点。抗日
战争时期，陕北作为中国革命的大本营，延安成为中国的"红色首都"。
解放战争时期，毛泽东率领党中央转战陕北，人民解放军经过西府战役、
澄合战役、荔北战役、陕中战役、华山战斗、扶眉战役、陕南战役等战役
后，终于取得了革命的胜利。① 甘肃在大革命时期是支援北伐的战略基
地。20 世纪 30 年代初，刘志丹、谢子长、习仲勋等共产党人在甘肃先后
发动和领导了"两当起义"、"靖远起义"等 10 多起武装斗争，以不屈不
挠的奋斗精神创建了陕甘红军和南梁革命根据地，后发展成为包括陕、甘
两省 20 余县的西北革命根据地，为党中央和各路长征红军提供了落脚点。
长征文化在甘肃更是得到了集中体现。从 1935 年 8 月至 1936 年 10 月，
红 25 军和一、二、四方面军在甘肃征战长达一年半时间，活动范围近 50
个县，行程长达 3500 多公里。经过腊子口战役，党中央在哈达铺和榜罗
镇召开了重要会议，确定了中央红军长征的最终落脚点，会宁三军大会师
成为中国革命走向胜利的转折点。甘肃也是红西路军的主要征战地，1936
年 10 月红四方面军将士在甘肃靖远西渡黄河，深入河西走廊浴血奋战，
数以万计的红军战士在这片土地上抛头颅洒热血，仅牺牲的军级干部就有
13 名。② 此外，抗日战争和解放战争期间，大批的专家学者和文化名人聚
集在兰州，创作了大批文化文艺作品。

　　相对而言，近年来的西部电视剧创作中以红色文化资源为主要或次要
故事题材的剧目最为典型，也最为成功。不论是红色文化为主的《长征》
《延安颂》《特殊使命》和《三十里铺》《大营救》，还是红色文化为辅的
《西安事变》《茶马古道》《金凤花开》和《黄河浪》《老柿子树》，都取
得了社会效益和经济效益双丰收，既紧扣时代脉搏宣扬主旋律，又带动了
当地文化产业的快速发展。尤其是《大营救》的热播，更使我们欣喜地

---

① 　万生更：《陕西红色文化资源价值探析》，《理论导刊》2010 年第 4 期。
② 　李俊杰、许瑞源：《甘肃红色文化资源的历史地位和时代价值》，《甘肃日报》2012 年 5
月 2 日第 14 版。

看到西部电视剧创作在红色文化资源的开发利用方面日臻成熟的艺术思维和文化意识。《大营救》是国内第一部以红西路军为描述对象和历史背景的电视连续剧。1936 年冬，红西路军在甘肃河西走廊失利，党中央指示不惜一切代价营救流散红军。爱国民主人士高新城接受委托后，利用天主教神父、福音堂医院院长的特殊身份，同共产党地下特工佟铁生一同来到张掖，与盘踞在张掖的国民党马家军、特务组织蓝衣社，展开了一场关于营救与反营救的较量，最终高新城与中国共产党人携手拯救了 300 多名处在生死边缘的西路红军将士，而自己却在敌人的乱刀之下英勇就义。剧中的主要人物和故事情节都有红色文化原型：革命烈士高金城（1886—1938），河南人，从 1917 年起，先后在甘（张掖）、肃（酒泉）二州创办福音医院，行医布道。受冯玉祥将军邀请，曾任开封伤兵医院院长（1922）、国民革命军第二集团军后方医院院长（1926—1930）。1933 年，只身返回兰州，开办福陇医院，其间与共产党员多有接触。1937 年春，红西路军在河西遭强敌围攻，终因力量悬殊而失败，许多红军被俘或流散在河西农村，党中央决定组织力量进行营救。高金城深明大义，慨然允诺去河西营救西路红军。到达张掖后，高金城广交各界人士，宴请地方官绅，恢复福音医院，很快开始了营救红军的工作。流散红军大批离开张掖，引起了敌人的怀疑。1938 年，马家军韩起功部谎称"韩师长得了急症，请高院长出诊"，将高金城诱捕。高金城大义凛然，临危不惧。韩起功恼羞成怒，命令断其四肢，高金城忍受着剧痛，仍骂不绝口，最后被活埋在张掖大衙门后花园里。我们知道，"电视剧毕竟是一种艺术形式，在面对真实、繁杂的历史人物和事件的时候，很难把握好这种真实和虚构的关系。这两者的关系处理不好，必然影响思想性、艺术性、观赏性的统一。所以如果创作者还不具备解决这些问题的能力和水平，如果题材本身还不构成改编成电视剧的因素，那么，对重大革命历史题材的电视剧作，大家要慎之又慎"①。我们所看到的电视剧《大营救》，没有直接涉及红西路军自身的抉择和战斗过程，基本上是红西路军被营救的真实经过，故事的大致情节保持了原貌，只是在人物结构、情节张力等方面进行了一定的艺术再加工，从而规避了文艺政策的局限性，更加扣人心弦，更加符合电视观赏特点，堪称西部电视剧创作中合理运用红色文化资源的典范。

①　李京盛：《关于电视剧题材规划与创作的几个问题》，《现代传播》2005 年第 3 期。

4. 现代文化资源

严格来讲，所谓现代文化，是在现代性与传统性的矛盾中产生和发展的文化，即人类社会实现现代转型并建设现代价值、形成现代认同、张扬现代精神并进而建设共同信仰的文化，简单来讲，就是人们适应现代化本质要求的一种文化。从某种意义上讲，现代文化不是一个时间概念，而是一种性质判断，在中国，它的主要内核与社会主义先进文化之间存在着高度一致性和耦合性。① 但是，为了便于讨论，通常情况下我们更侧重于时间维度，把中华人民共和国成立以来的文化资源称为现代文化资源，以与以现代性为起点的现代文化资源有所区别，更加强调其现实性的特征。在艺术创作中，这类文化资源也可以叫作现代题材或现实题材，如果以其为核心所生产的艺术作品是电视剧，就叫现代题材电视剧或现实题材电视剧。有学者指出，现实题材电视剧"是一个在作品形式和作品内容两方面都具有相对理论规定性的美学范畴，它是指新中国成立以来，以中国人的当代生活为背景，以反映当代人的思想感情和社会情状为主的一种电视剧艺术形态"②，我们赞同这种观点。

按理说，现实题材电视剧包括农村题材、工业题材、家庭伦理、军旅题材、警匪以及校园题材等多种类型，当下的荧屏应该是五光十色、绚烂夺目的，可是事实并不尽然。2011 年，全国生产的电视剧共有 1.5 万集左右，在国产剧接近饱和的情况下，与朝代宫廷、时空穿越和功夫武侠等类型比较来看，现实题材电视剧的数量还是偏少。正因为如此，国家广电总局才一再传达《省级卫视电视剧播出管理意见》，"要求省级上星卫视加大现代题材剧的播出，2013 年该类题材电视剧须达到40% 以上……在此政策的引导下，现代剧应声涨价，每集最高涨幅达四成"③。其实，现实题材电视剧创作的真正隐忧不在数量方面，而在题材内容方面，曾庆瑞先生在研究了我国电视剧 2004 年的立项规划后提出，现实题材电视剧创作中男男女女的"情"和"性"已泛滥成灾，爱得百无聊赖，自寻烦恼，爱得自作多情，无病呻吟④，没有社会主流价值导向，缺乏社会主义核心价值观，成为了当前电视剧创作亟须革除的痼疾。

---

① 牛汝极：《什么是"现代文化"?》，《新疆经济报》2011 年 5 月 20 日第 8 版。
② 陈友军：《现实题材电视剧艺术真实形态论》，中国传媒大学出版社 2007 年版，第 4 页。
③ 骆俊澎：《现代题材电视剧"令行价涨"》，《东方早报》2011 年 12 月 15 日第 B08 版。
④ 曾庆瑞：《电视剧原理·文本论》，中国传媒大学出版社 2007 年版，第 445—446 页。

近年来热播的现实题材电视剧中，西部电视剧的表现乏善可陈。一方面，我们承认这是西部电视剧创作的劣势所在。以《马大帅》《刘老根》《乡村爱情》《当家的女人》和《美丽的田野》等电视剧为代表的农村题材剧红遍了整个中国，炒热了东北，偶然间有《喜耕田的故事》插播，也无法撼动赵本山和潘长江的霸主地位；以《金婚》《中国式离婚》等为代表的家庭伦理剧和以《奋斗》《我的青春谁做主》等为代表的青春偶像剧，主角们吃的是麦当劳、秀的是时装、住的是别墅、开的是跑车，炫耀的是"北上广"的优越；以《士兵突击》《我是特种兵》和《第五空间》等为代表的军旅题材剧在青年人中很受追捧，海军、空军、特种部队轮番上阵，连带警察题材一起，不分东西南北；至于城市改革、工业振兴以及情景喜剧之类的题材，各地的表现都差强人意。另一方面，我们以为这恰好也是西部电视剧创作的机遇所在。现实题材电视剧一般都把时间点拉伸或直接设置在当下，关注社会变迁，反映和揭示社会矛盾，有时甚至大胆触及敏感话题，所产生的社会影响远超宫廷剧、穿越剧和武侠剧等其他类型的电视剧，深受观众喜爱，在提升国家文化软实力、塑造地区形象、促进经济发展等方面起着重要的作用。西部现实题材电视剧也不例外，既是西部优秀文化的传播工具，又是西部经济社会发展的重要力量。《艰难的抉择》《大漠祭》《突出重围》《郭秀明》《好人李司法》《侯殿禄》《西部热土》《西圣地》《汶川故事》等西部电视剧作品，关注现实热点，揭示社会问题，表现了西部人在艰难环境中顽强搏击、奋发进取、孜孜以求的创业精神，具有较高的艺术价值和主旋律的意义，为西部题材电视剧创作打下了坚实的基础。

西部地区资源丰富、幅员辽阔、文化昌盛，自古以来是艺术生产的天堂、"兵家"必争之地。中华人民共和国成立以来每一次大的政治、经济、军事、文化和社会决策，在西部地区都留下了难以磨灭的印记。仅从工业题材来看，四川、陕西和甘肃是三线建设①的重要地区，在1964—1980年期间，国家在三线地区共审批1100多个中大型建设项目，大批原先位于大城市的工厂与人才进入西部山区，20世纪80年代后，这些企业和人员又经历了炼狱般的改革洗礼。尤其是近年来，西部地区发生了前所

---

① 指的是自1964年开始，我国在中西部地区的13个省、自治区进行的一场以战备为指导思想的大规模国防、科技、工业和交通基本设施建设。

未有的变化，城市不再一味追求规模，农村不再厮守一亩三分地、两间土坯房，人们的观念开始转变。可以想象，过去的 60 多年里，西部这片热土上究竟发生了多少故事！这里究竟蕴藏了多少艺术创作资源！对西部现实题材电视剧创作而言，这是一座尚未开发的富矿，等待我们去发掘。我们相信，"最伟大的艺术作品总是直接触及现实生活的问题和任务，触及人类的经验，总是为当代的问题去寻求答案，帮助人们理解产生那些问题的环境"①，只要从国际化视野出发，朝着认准的方向去努力，认真吸取国外电视剧文化生产的成功经验，悉心学习国内其他地区电视剧创作的优秀运作方式，充分挖掘利用西部现代文化资源，西部现实题材电视剧创作一定会取得令人瞩目的成绩。

总体来讲，以上我们涉及的是西部文化艺术资源中可以作为故事情节的部分，重点涉及内容要素，将其分为历史文化资源、民族文化资源、红色文化资源和现代文化资源四种类型，只是出于分析的方便而已，几种文化艺术资源之间壁垒并不森严，它们之间互相有交叉、互相有影响。另外，像西部民间文化等艺术资源之所以没有涉及，并非它不重要，而是囿于篇幅的原因。我们深知，在已有故事题材资源的基础上所进行的电视剧创作是一个艺术再加工的过程，这一过程中真正起决定性作用的是作为创作主体的电视剧主创人员（包括编剧、导演等多种制作角色或环节），而不是作为创作客体之一的文化艺术资源。在这里，我们不过是想充分强调一下，综合利用上述各种资源，吸收这些资源当中故事性比较浓厚的元素，使各种故事题材有机融合，依然是西部电视剧创作取得成功的重要途径，也是西部电视剧创作走出西部、走向世界的捷径。

三 独特的电视剧形式资源

马克思和恩格斯在《德意志意识形态》中强调了自然环境和人文环境对人类存在的价值和意义，他们指出："任何人类历史的第一个前提无疑是有生命的个人的存在。因此第一个需要确定的具体事实就是这些个人的肉体组织，以及受肉体组织制约的他们与自然界的关系。当然，我们在这里既不能深入研究人们自身的生理特性，也不能深入研究各种自然条

---

① ［匈］阿德诺·豪泽尔：《艺术社会学》，居延安译，学林出版社 1987 年版，第 65 页。

件——地质条件、地理条件、气候条件以及人们所遇到的其他条件。任何历史记载都应当从这些自然基础以及它们在历史进程中由于人们的活动而发生的变更出发。"① 理所当然，马克思和恩格斯提到的"任何历史记载"作为一个内涵不断变化的范畴，也应该包括现如今风靡全球的电视剧艺术在内。从这个论断出发，我们以为，西部电视剧创作在不断汲取西部地区丰富的内容资源的基础上，也要充分利用西部地区独特的形式资源，二者相得益彰，缺一不可。

（一）作为"视景"的环境资源

分布广泛、种类繁杂、丰富多彩的西部文化艺术资源，是和西部地区复杂的地貌特征与地理环境结合在一起的。中国大陆的自然地貌在总体上呈现出"西高东低"的三级阶梯形状，西部地区处于第一和第二阶梯，第一阶梯涵盖了青藏高原，第二阶梯则包括内蒙古高原、黄土高原的西北部以及整个新疆维吾尔自治区等广大地区。同中原腹地和沿海地貌相比，这一区域较为显著的特征就是高原和山地众多，且大都处于干旱、半干旱或荒漠、半荒漠的自然状态中，属于典型的高地环境。那些淳朴的山歌、散淡的长调以及苍凉的秦腔和热辣的花儿，就生长在崇山峻岭和黄土高原之间，歌唱奔腾不息的大江大河，演绎千年不变的民风民俗。那些断壁残垣，以及遗址和庙宇，就隐藏在大漠戈壁抑或苍茫草原，见证着熙熙攘攘的英雄，守望着早已远逝的王朝。其中的梦幻和秘密，既令人陶醉不已，又让人唏嘘黯然。还有原始森林、神湖圣山，当我们的灵魂抵达某处，海市蜃楼般遇到的却是漫漫黄沙掩映着的胡杨和经卷，历史的影像和现实的环境千般缠绕万般纠结。我们止不住感叹，横亘在电视艺术家面前的，会是怎样一幅艺术的画卷啊！

"关中系列"电视剧②的成功，就与剧中浓郁的关中地理风情有很大关系。在《关中匪事》里，以刘十三为首的土匪占据的兔儿岭，满山环绿，地势险峻，黄土满天飞，山洞林立，漫山遍野的鲜花，土窑洞，以土黄色为主色调，充分体现了关中人粗犷直爽的生命状态。《关中女人》里的青龙山，基本和兔儿岭的风格景色相似。空旷的黄土地，险要的地势，

---

① 《马克思恩格斯全集（第3卷）》，第22—23页。
② 包括《关中刀客》《关中义事》《关中匪事》《关中秘事》《关中女人》《关中男人》等。

在关中系列题材电视剧中并不仅仅是作为人物所处的单纯的一个活动空间，也不仅仅作为场景展示，而在很大程度上构成关中系列题材电视剧的主要内容和情节。兔儿岭作为刘十三一伙土匪的生存栖息地，在官方看来，这是一片穷山恶水，连一只兔子也跑不出去，说明了它的地势险峻。地势险峻也就意味着生存条件的艰难，一般意义上在那里的人们应该是生活很苦，人的状态应该是愁苦的。可是我们发现，刘十三、狗娃、冯四，全兔儿岭的兄弟，他们过得却是那么的自在。山高皇帝远，让他们完全过着近似自然主义的生活。喜凤身体好了后，在漫山遍野都是鲜花的兔儿岭上采了各种各样的花，将房间布置得花枝招展的，也是在花的海洋里，她完成了和刘十三的天作之合。观众可以看到，喜凤在山上采花时，喜不自胜，花美人更美，这也是她在整部电视剧中最快乐最忘我的时刻。这一切并不是在许望龙家的高墙大院里完成的，而是在兔儿岭。①

18集电视连续剧《脚下天堂》，主要讲述的是三个年轻人（北京女教师江群、深圳男青年凌弈和上海女护士沈小边）在奉献爱心的热情推动下，在同情弱者的心理驱使下，更在一种强烈的突破自身困境的愿望中，由着各自的因缘际会，经过一番曲折，最终成为了"青年志愿者"，前往贫困地区进行"支教、支医"的扶贫工作，汇聚在西北地区黑土县天堂铺，经历过一番友情、爱情和亲情之后，逐渐成长、成熟的故事。剧中尽显西北地区美丽的风光，天空淡远，草原壮美，海子②秀丽。当中有几集情节：农村电影放映队路过天堂铺时车辆抛锚，无奈之下在天堂铺学校操场为当地群众放映电影，不料天不遂人愿，放映前突然风沙四起，谭老师（一位驻扎当地已有三年的老志愿者）组织大家用被子、毛毯等围起一堵挡风墙，保证了电影顺利播映。这场风沙，充分展现了西北地区干旱少雨、满天沙尘的自然环境，对剧中人物的志愿者生活进行了生动的刻画，西北农村精神的和物质的贫穷由此可见。

黑格尔认为："在极热和极寒的地带上，人类不能够做自由的运动，这些地方的酷热和严寒使得'精神'不能够给它自己建筑一个世界。"③显然，作为"自由的运动"之一的电视剧艺术，它的意识表达和艺术塑

① 赵晓玲：《关中系列题材电视剧的地域特色》，《陕西教育学院学报》2009年第1期。
② 在我国西部，人们把草原或高原上的湖称为"海子"。
③ ［德］黑格尔：《历史哲学》，王造时译，上海书店出版社2001年版，第83页。

造是不能脱离现实环境的，在"酷热和严寒"中无法营造出电视剧的"精神"世界，只有在适合的土壤里，才能盛开电视剧艺术之花。在富有地域特色的西部电视剧中，如果没有了中国西部地区自然环境的镜头表现，电视剧就会失去大部分的逻辑真实性，从而使整个故事成为无源之水、无本之木。反之，如果电视剧中对自然环境有上佳的镜头表现，则会成为故事情节的重要支撑点，打动人心的力量之源。

（二）作为"声景"的听觉资源

"声景"（soundscape）这一概念由加拿大音乐家莫雷·沙弗尔（R. Murray Schafer）提出，起初是指"环境中的音乐"（the music of the environment），即在自然和城乡环境中，从审美角度和文化角度值得欣赏和记忆的声音。① 我们在这里借来使用，是为了和"视景"一词取得字面上的一致，具体指电视剧中的声音艺术。贝拉·巴拉兹在讨论电影的声音问题时曾经说过："有声电影不应当仅仅给无声电影添些声音，使之更加逼真，它应当从一个完全不同的角度来表现现实生活，应当开发出一个全新的人类经验的宝库……我们最感兴趣的并不在于它怎样发生，而在于它利用声音的表现力给电影带来了什么。"② 如此精辟的论断同样适用于电视剧，也就是说，电视剧声音和电影声音一样，也应该具有自己丰富的表现力。一般而言，富有表现力的电视剧声音分为三种：一是角色对话（台词）；二是音乐；三是除此以外的所有音效。从电视剧创作的实际出发，角色对话和音乐比较受重视，它们是一部电视剧能否获得成功的关键因素之一。尤其是在地域性特征比较明显的西部电视剧创作中，科学合理地使用方言俚语和传统音乐资源，往往会产生令人意想不到的传播效果。

1. 方言俚语资源

方言也称为地方话，它不仅仅是一种物理发音现象，更是地域变迁的历史记录，比如，北京话透露着厚重的古都之风，上海话表现出婉约的灵气，广东话则显示了外向的法度，蕴含着各自不同的历史文化积淀和鲜明的人文心理特征。过去，只有革命题材电视剧中的主要人物如毛泽东、周恩来、邓小平等角色说的是地方话，观众也比较习惯这种语言塑造模式。

---

① 秦佑国：《声景学的范畴》，《建筑学报》2005 年第 1 期。
② ［匈］贝拉·巴拉兹：《电影美学》，何力译，中国电影出版社 1979 年版，第 207 页。

近年来，在电视剧制作中夹杂方言的情形越来越常见，比如，杂糅各地方言的《我的团长我的团》、东北方言的《刘老根》、上海方言的《双面胶》、南京方言的《决战南京》、广东方言的《人间正道是沧桑》、湖南和陕西方言的《武林外传》、江浙方言的《72家房客》等，甚至有些电视剧通篇使用方言进行制作。

关于电视剧制作中使用方言问题，分为赞同和反对两种意见：持反对意见的人认为有一些电视剧使用方言过滥，不符合国家大力推广普通话的一贯精神。电视作为一个重要的语言平台，如果其中充斥着各地方言，容易产生歧义、误导群众，并不能取得良好的收视效果。持赞同态度的人认为电视剧中的方言对白不仅能增加剧情的喜感，那种鲜明的语言情绪也是普通话所不及的。而且如果在电视剧中，上至革命领袖，下至田间百姓，都说着一口地道的普通话也是不现实的。虽说推广普通话工作任重而道远，但在艺术创作中，还要讲究美感、艺术性和真实性。我们认为，方言是老百姓的日常用语，是人际传播中最重要的交流工具，西部各省区方言在各自区域内有大量的使用人口，如果在电视剧艺术这种大众传播手段当中能够使用方言，从而调动起方言人群"看"电视的积极性，将是一件很幸运的事情。

汉语方言在语音、语调、词汇和语法等方面有极大的区别，一般而言，有七大方言区①，若干方言片②，许多方言小片和无数方言点。以属于北方方言的陕西方言片为例，大致可分为陕北话、陕南话和关中话三个方言小片或方言点。其中"关中话"最为典型，狭义上也叫作"陕西话"，东起河南灵宝，西至甘肃天水，北接延安，南达秦岭北麓，使用人口5000多万。陕西话自古被称为"雅言"，音调圆润清丽，词汇文雅脱俗，历史传承悠久，具有深厚的文化意蕴。我们认为，把方言看作一种文化艺术资源，在电视剧创作中适当融入方言元素，也是艺术创作的一种途径，不仅可以从语言多样化的角度出发更好地塑造人物形象，还可以从艺术感染力的角度出发提高电视剧的收视率。电视连续剧《关中匪事》里，狗娃经常会冒出一两句陕西话。我们看到，狗娃最爱说的就是"美得很"、"嘹得很"、"美咋咧"，这些地道的陕西方言语词再配上他那件花裤

---

① 具体包括北方方言、吴方言、湘方言、赣方言、客家方言、粤方言和闽方言等。
② 也叫次方言，如闽方言可分为闽南方言片、闽东方言片、闽北方言片、闽中方言片等。

子，眨巴眨巴的眼睛，略带结巴的话语，使陕西方言显得格外有味道，强化了故事的真实感与生活感，拉近了与陕西观众的距离，与之相反，对陕西以外的观众来说，陕西方言的幽默和俏皮却令其产生了一种陌生感与新奇感。① 同样地，电视连续剧《老柿子树》全部使用"京兰腔"②，用兰州音的普通话，去掉所有的儿话音，在台词的最后加上兰州味的"萨"、"呢"等尾音，在全国的电视荧屏上，对西部甘肃的文化进行了一番特别有"味儿"的传播，取得了一定的成功。

2. 传统音乐资源

在电视剧里，音乐是一种重要的艺术元素，具有不可或缺的地位，功能和作用非常广泛，不仅可以渲染气氛、串联情节，而且可以抒发感情、塑造形象，还可以激发联想、深化主题。正如黑格尔在《美学》一书中所言："声音固然是一种表现和外在现象，但是它这种表现正因为它是外在现象而随生随灭。耳朵一听到它，它就消失了；所产生的印象就马上刻在心上了；声音的余韵只在灵魂最深处荡漾，灵魂在它的观念性的主体地位被乐声掌握住，也转入运动的状态。"③ 然而，并不是所有的音乐都具备上述功能。是什么样的音乐才能在人的灵魂深处掀起"运动"进而影响人的艺术欣赏以及审美活动呢？答案很简单：真正的音乐，鲜活的音乐。

由于创作经验不足和重视程度不够，我国的电视剧音乐创作一直以来颇受诟病。尽管数量不少、种类繁多，但创作质量却差强人意，在多元化发展的趋势背后隐藏着为音乐而音乐、简单模仿、曲式套用甚至直接抄袭等严重问题。我们认为，影视剧中的音乐"不仅仅起艺术上的作用，它还使画面能给人生动自然的印象。音乐给予画面以气氛，并使画面仿佛具有第三度空间。音乐产生一种听觉上的后景和前景。但是绝不要为音乐而音乐，只要一发生这种情况，音乐就会与画面分离并毁掉画面的生命"④。如果电视剧创作中能够充分发掘传统音乐资源，音乐与画面之间的分离问题就会迎刃而解。

底层的音乐最鲜活，真正的音乐在民间。尤其是在电视剧创作摆脱政

---

① 吉平、刘宗元、蔡昕蕴：《论陕西方言在陕派电视剧中的审美功用》，《新闻知识》2010年第7期。

② 在甘肃省兰州地区，人们把本地口音比较严重的普通话叫作"京兰腔"。

③ ［德］黑格尔：《美学》（第3卷上册），朱光潜译，商务印书馆1996年版，第349页。

④ ［匈］贝拉·巴拉兹：《电影美学》，何力译，中国电影出版社1979年版，第300页。

治宣传和政策演绎而朝着民族性格和民族文化的多元化方向迈进的今天，电视剧创作者们更加明白这个道理！近年来的热播电视剧中，我们就经常能够听到各地民歌的旋律和声音。比如，电视剧《井冈山》里的江西民歌《红军阿哥你慢慢走》、电视剧《长征》里的江西民歌《十送红军》、电视剧《血色浪漫》里的陕北民歌《圪梁梁》和《房前大路》、电视剧《借问英雄何处》里的湖南民歌《马桑树儿搭灯台》等，或是主题曲，或是片尾曲，或是插曲，有的原汁原味，有的经过艺术加工，穿插出现在电视剧当中，带给观众的是全新的视听享受。

我国西部地区传统音乐资源丰富多彩，尤其是民间歌曲和民间舞蹈音乐更是独具特色。比较著名的如陕西的号子、信天游和小调，甘肃、宁夏、青海等地的花儿、酒曲和宴席曲，新疆的木卡姆等。以甘肃为例，目前还没有广泛使用但在当地比较流行的主要有：流传于文县白马藏族的池哥昼面具舞（祭祀舞蹈音乐），流传于西和县的仇池山歌，流传于兰州的鼓子，流传于天水的秦安老调，还有通渭小曲、河州平弦、陇东道情等。这些传统音乐地域特色浓厚，与当地民俗礼仪及民间文化紧密相连，蕴含着丰富的文化特色。我们相信，这些传统音乐资源在西部电视剧创作中一定能够发挥重要的作用。电视连续剧《老柿子树》的主题曲《傻黄河》就融合了秦腔、陇剧、兰州鼓子、花儿等诸多甘肃民间传统音乐元素，"傻傻的黄河，你从哪里来／傻傻的黄河，你到哪里去／你傻乎乎的来／你傻乎乎的去／你抽了我的筋，扒了我的皮／黄河啊，我是你的黄土爷爷"，剧中人物"傻儿子"金娃只要有情绪就哼唱这段令人魂牵梦萦的音乐，韵味十足。此外，《老柿子树》还把作为国家级非物质文化遗产的兰州鼓子原封不动地搬到电视荧屏上，让兰州鼓子在不同的情境中展现出不同的艺术魅力，给整个电视剧增色不少。在西部电视剧中，还有不少电视剧音乐使用了西部传统音乐素材，取得了一定的艺术成就。四川民歌《槐花几时开》从头至尾贯穿在电视连续剧《将军的女人》当中，它动人和谐的旋律、洗练精简的歌词、鲜明的思想内涵与剧中主人公的人生经历相吻合，不仅提升了电视剧本身的民族文化品格，更使四川地区优秀的民族文化得到了广泛的传播。①

---

① 王海霞：《四川民歌〈槐花几时开〉在电视〈将军的女人〉中的运用意蕴》，《电影文学》2011 年第 22 期。

有论者指出："如果我们承认世界上的每一种文化都有其特定的时空位置，如果我们承认大多数音乐风格、体裁和作品都是特定文化的产物，那么我们就得承认，具体的音乐风格、体裁和作品，大都具有语种或方言的特殊性质——换言之，它们不太可能是以讹传讹的'世界语言'。如果所有这些前提我们都承认，那么'音乐具有文化指示作用'的判断就是合乎情理的。正如我们听到'信天游'就不免联想起陕北（或者中国西北）这个'空间'，听到《广陵散》就不免联想起——虽不一定明确但肯定时日久远的——中国历史中的某个'时间'，听到《解放军进行曲》就不免联想到中国的'军队'这个特殊的社会职业集团。当然，这最后一个判断还要加上一个前提条件：听者对所听的音乐（风格、体裁、作品）事先应有一定程度的经验积累。"① 音乐的这种地域性特征一旦和西部电视剧创作所凸显的地域特色有机结合起来，产生的艺术感染力将是无穷无尽的。当我们听到《关中匪事》里的陕西童谣"他大舅他二舅都是他舅，高桌子低板凳都是木头；金疙瘩银疙瘩还嫌不够，天在上地在下你娃嫑牛……"时，令观众潸然泪下的不仅仅是撕心裂肺的情节，更有可能是濡染其中的乡音乡情。即使退一步来讲，在西部电视剧创作中适度运用西部传统音乐资源，也是电视剧情节安排、情感塑造、叙事结构的必然需要。

（三）作为"场景"的民俗资源

这里所谓的"场景"，在狭义的层面上与自然环境有所区别，专门用来指称与人类活动息息相关或人为创造的生活环境，如建筑风格、服饰样式、饮食游戏、剪纸社火等。就像"京派"电视剧在场景的展示上离不开四合院和小胡同、"海派"电视剧离不开小洋楼和外滩、"关东派"电视剧离不开马拉雪橇和棒子面一样，西部电视剧的场景设置同样离不开西部地区特有的一些民俗资源。西部地区有着丰富的民俗资源，它们在电视剧中构成独具特色的场景，对电视剧的艺术成败有一定的影响。电视剧《关中秘事》中，女主人公红红所在的妓院"天上人间"那高高的阁楼以及姑娘们房间里的柜子、桌子、窗帘甚至门锁，都极富关中特色，剧中人物关大年家门口的大柱子、石狮子、灯笼、拴马桩以及高高的台阶、多重

---

① 何晓兵：《契合：电视剧音乐的价值支点——电视剧〈激情燃烧的岁月〉音乐分析》，《中国音乐》2004 年第 1 期。

的楼门、照壁等，也具有浓郁的关中特色。电视剧《老柿子树》更是在甘肃取景超过70%，对黄河水车、羊皮筏子、青城水烟等非物质文化遗产进行了集中展示。这些民俗元素所建构的场景，给人以强烈的视觉冲击，同时也给人以强烈的精神感染，是电视剧艺术创作获得成功的重要支撑因素。

众所周知，电视剧是用镜头说话的艺术，如果说镜头就是词汇，那么镜头的组合就会构成句子，进而构成段落，最终形成文章。在电视剧创作中，镜头是最基本的语言单位，它"是调动形象、创造形象、完成形象塑造的电视手段，它指挥受众的眼睛，传达清晰的信号，是视听艺术中'视'的部分的创造者，是通过眼睛的感知，为大脑准备可见的精神圣殿的工程师，是创造天堂、人间、地狱的超级画家和雕塑家，是捕捉大千世界活动景象的超人"[1]。场景是由镜头语言构成的，是电视剧世界的时空环境，剧中所有的人物和事件都出现在特定的场景里面，一方面是场景的一部分，作为要素来构成场景；另一方面又离不开场景，必须在场景中活动。一部好的电视剧，其镜头语言的风格应该与故事情节的设置相协调，与人物性格的发展相适应，并且要前后一致、贯穿始终。因此，在西部电视剧创作中，把民俗资源作为"场景"性镜头语言来发掘使用，需要注意两方面的问题：一是民俗资源与自然环境在交代故事时空背景的过程中要协同使用，二者之间的使用比例要以观众的视觉舒适度为限；二是根据电视剧的艺术标准来合理使用民俗资源，不能出于打造旅游产业等目的、单纯为了展示非物质文化遗产而频繁使用与剧情关联度不大的民俗资源。

丹纳在《艺术哲学》一书中指出："不管在复杂的还是简单的情形之下，总是环境，就是风俗习惯与时代精神，决定艺术的种类；环境只接受同它一致的品种而淘汰其余的品种；环境用重重障碍和不断的攻击，阻止别的品种发展。"[2] 诚然，西部电视剧并不是一个独立的艺术品种，而仅仅是众多中国电视剧中的一类，但这并不妨碍我们用环境的眼光去审视它的发展。就西部电视剧创作的资源开发而言，"西部"的特殊性至少存在于两个方面：一是西部众多的文化艺术资源有待开发，有待通过电视剧这一媒介形式对外传播，需要时代变迁的关注和一大批人或几代人为之努

---

① 刘晔原：《电视剧艺术论》，北京大学出版社2005年版，第59页。
② ［法］丹纳：《艺术哲学》，傅雷译，人民文学出版社1963年版，第39页。

力、付出代价；二是"西部"自身在迎合与拒斥中不断变化着，西部不是僵化的西部，西部不是历史的西部，西部是现代的西部，西部是发展的西部。从这个意义上讲，西部电视剧并非是环境接纳的产物，而是环境的重要组成部分。既然如此，它就不再是被接受或被淘汰的对象，而是要通过自己的表现"不断地攻击"，去接受或淘汰别的品种。我们坚信，在西部大开发的时代洪流中，西部文化艺术资源将在西部电视剧创作中大放异彩，只要创作者们"坚持区域特色，用西部的雄浑、苍凉、厚重一扫电视屏幕上过多的奢靡、阴柔、脂粉气，西部电视剧将会为中国电视剧的发展作出重要的贡献，也会带动整个西部电视的发展，成为中国电视新的生长点"①。

---

① 李兴国、陈健：《区域特色——西部电视剧崛起的"法宝"》，《当代电视》2004 年第 2 期。

媒体融合时代的中国国家形象建构

近年来，随着我国综合国力的不断增强，在政治多极化、经济全球化、信息多元化的世界景象里，中国国家形象面临一次又一次的挑战和机遇，怎样提升国家形象已经从一个宏观的战略定位问题转变为一个相对具体的实践操作问题。有国外学者从营销学角度出发，认为"每一个国家都有一个形象，或有利的或不利的形象，或正面的或负面的形象。有些国家被视为仁义、进步之邦，而另一些则被视为卑鄙、专断之国，有些国家以工程开发闻名，有些则以设计精巧著称。无论这些看法如何，它们都影响着投资者或消费者对一国之国家'品牌'的判断。而这些判断将部分决定该'品牌'的销路，或影响其出口，或左右外国投资者的选择"①。有国内学者从传播学角度出发，认为"国家形象是一国内部公众和外部公众对该国政治（包括政府信誉、外交能力与军事准备等）、经济（包括金融实力、财政实力、产品特色与质量、国民收入等）、社会（包括社会凝聚力、安全与稳定、国民士气、民族性格等）、文化（包括科技实力、教育水平、文化遗产、风俗习惯、价值观念等）与地理（包括地理环境、自然资源、人口数量等）等方面状况的认识与评价，可分为国内形象与国际形象，两者之间往往存在很大差异。国家形象在根本上取决于国家的综合国力，但并不能简单地等同于国家的实际状况，它在某种程度上是可以被塑造的"②。显然，前者无内外之分，强调外部看法，侧重于静态的"有什么"的国家形象；后者有内外之别，强调内外差异，侧重于动态的国家形象"被塑造"。我们以为，从媒介融合的角度出发，中国国家形象的建构，必须从中国的传统和现实出发，坦然面对开放而复杂的世界，在

---

① 转引自李正国《国家形象构建》，中国传媒大学出版社 2006 年版，第 72 页。
② 孙有中：《国家形象的内涵及其功能》，《国际论坛》2002 年第 3 期。

变化中寻找认同，在交流中寻求理解，在合作中接受自我。

一　想象的共同体：国内对中国国家形象的认知

众所周知，国家是社会发展到一定历史阶段后阶级矛盾不可调和的产物。从广义的角度讲，国家既可以是政治实体，也可以是文明实体；从狭义的角度讲，国家是一种政治实体，专指民族国家，其明显特征"是要求在固定的疆域内享有至高无上的主权，建立一个可以把政令有效地贯彻至国境内各个角落和社会各个阶层的行政体系，并且要求国民对国家整体必须有忠贞不渝的认同感"①。中国自古就有国家的说法，但是严格来讲，作为民族国家的中国形象在鸦片战争之后方才逐渐形成，我们暂且称之为现代中国，之前的中国只是一种文化想象，我们称之为传统中国。

（一）传统中国的文化想象

"中国"一词，最早见于"何尊"铭文："唯武王既克大邑商，则廷告于天，曰：'余其宅兹中国，自之乂民。'"这里的"中国"大概指的是西周王朝当时所辖领土，是一个区域概念。②后来的《诗经》里也时不时地出现"中国"一词，如《大雅·民劳》"惠此中国，以绥四方"等，此处的"中国"实为"国中"，意思仍指京畿重要之地。直到战国诸子时代，"中国"一词才屡屡指称国家，如《孟子·滕文公上》"兽蹄鸟迹之道，交于中国"，《庄子·田子方》"中国之君子，明乎礼义而陋于知人心"等，并无明显的民族意识，正如冯友兰先生所指出的那样，"从先秦以来，中国人鲜明地区分'中国'或'华夏'，与'夷狄'，这当然是事实，但是这种区分是从文化上来强调的，不是从种族上来强调的。中国人历来的传统看法是，有三种生灵：华夏，夷狄，禽兽。华夏当然最开化，其次是夷狄，禽兽则完全未开化"③。英国哲学家罗素说得更为直白，他认为："与其把中国视为政治实体还不如把它视为文明实体——唯一从古代存留至今的文明。从孔子的时代以来，古埃及、巴比伦、马其顿、罗马

---

①　李杨：《"救亡压倒启蒙"？——对八十年代一种历史"元叙事"的解构分析》，《书屋》2002年第5期。
②　王红：《何缘"中国"：何尊（国宝华光）》，《人民日报》2014年2月23日第12版。
③　冯友兰：《中国哲学简史》，北京大学出版社1985年版，第221页。

帝国都先后灭亡，只有中国通过不断进化依然生存，虽然也受到诸如昔日的佛教、现在的科学这种外来影响，但佛教并没有使中国人变成印度人，科学也没有使中国人变成欧洲人。"① 也就是说，文化才是中国之所以是中国的真正基因，维系着中华儿女生生不息。在传统中国，人们共同认可的最高价值是文化而不是国家，"溥天之下，莫非王土；率土之滨，莫非王臣"②，大家尊崇儒家伦理、四书五经、唐诗宋词、琴棋书画，奉行三从四德、忠孝节义，从而在知识分子群体中形成了一种文化至上主义的"天下观"，在老百姓的日常生活中形成了一种封建专制主义的"朝廷说"。

　　1. 天下观。

　　"天下兴亡，匹夫有责"，其本义是讲改朝换代的"亡国"并不足惜，只有礼崩乐坏的"亡天下"才是每一位中国人的切肤之痛，应该挺身而出。在海量的古籍文献中，传统中国的知识分子们把这种"天下"建构为一个永恒不变的常量，"天下"是既定的、恒定的、宿命的，是人为想象的地理空间的最大单位。作为一个具有无限空间含义的词汇，"天下"这一概念大概有三重含义：一是指地理学意义上的"天底下所有土地"，相当于中国式三元结构"天、地、人"中的"地"，或者相当于人类可以居住的整个世界；二是指在所有土地上生活着的所有人的心思，即"民心"，比如当说到"得天下"，主要意思并不是获得了所有土地，而是说获得了大多数人的民心；三是指伦理学或政治学意义上的一种世界统一的理想或乌托邦，即所谓"四海一家"、"天下大同"。③ 在此基础上形成的"天下观"，则是传统中国的知识分子对世界秩序的一种文化想象，从哲学的观点来看，就是一种世界观，是人们理解客观世界以及包括自己在内的万事万物的基础。它的持续存在，既消除了空间上的内外之别，又保持了秩序上的尊卑上下，还实现了权力上的共容互利。

　　在"天下观"的空间观念中，内部和外部的关系被界定为中心和周边的关系，"外部"不是指"天下"之外的外部，而是指"天下"之中的外部，即与中心相对的边缘部分。正因为在概念上消解了"外部"空

---

① ［英］罗素：《中国问题》，秦悦译，学林出版社1996年版，第164页。
② 《诗经·小雅·北山》。
③ 赵汀阳：《"天下体系"：帝国与世界制度》，《世界哲学》2003年第5期。

间的实际存在，"天下"才成为唯一最大化的空间单位，没有也不可能有与"天下"相并列的空间单位。相对于"天下"而言，所有地方都是内部，所有地方之间的关系都只能以远近亲疏来界定。所以说，没有与"天下"为敌的"他国"，与我们不一样的只是"他乡"，陌生一些、遥远一些而已，甚至于疏远，但并不对立，不需要我们用武力去征服。从某种意义上讲，"天下观"的这种内敛、德化和非战的特性，充分展现了传统中国"以天下为一家"的和睦形象。

需要指出的是，"天下一家"的理念并不是指"对全人类的认同……人与人是同等的、没有区别的，也没有民族之分"[1]，而是"一家"之内分尊卑；"四海之内皆兄弟"并不是兄弟同处平等地位，而是"兄弟"之间也分长幼。实际上，"天下观"体现着严格的等级秩序和尊卑思想。西汉著名的政论家、文学家贾谊就认为华、夷关系如同手足，"凡天子者，天下之首也。何也？上也。蛮夷者，天下之足也。何也？下也"[2]。虽然强调华夏和蛮夷是一个整体，缺一不可，但首足却是异常分明的。历朝历代，"严夷夏之防"就如金科玉律一般，被统治者奉为圭臬。中国和四夷，正如君子和小人一样，绝不能混同一处。传统中国这种既讲求"一家"、"一体"，但又主张"一家"之中也存在尊卑的做法，实质上形成了一个由内到外、由中心向边缘的一元性的有序等级制度，维护了当权者的正当性和合法性。

当然，传统中国的权力中心与周边虽然有严格的等级尊卑之分，但二者不是征服与被征服的关系，也不是宗主国与殖民地之间的关系。在"天下观"之下，通过"朝贡体制"、"册封体制"、"宗藩体制"等制度设计，中国与朝贡国之间所产生的是一种寄生共存的关系，朝贡国寄生于中国宗主之下，但却不是中国领土的一部分。形象地说，中国是棵大树，朝贡国不是大树上的树枝，而是缠绕着大树枝干而生长的藤蔓，双方共生而不同质，各取所得，共容互利。

总之，"天下观"与历史上华夏文化长期独领风骚相一致，也与大一统中央王朝重复出现并构成历史主流相一致。大一统王朝疆域辽阔，物产丰盈，自给自足，形成了中国人传统而自豪的民族文化心理，这种天朝上

---

① 盛洪：《为万世开太平》，北京大学出版社1999年版，第77页。
② （汉）贾谊：《新书》卷三《解县》，上海古籍出版社1989年版，第28页。

国的优越文化心理的长期延续导致封建社会后期中国进入一种自我封闭状态，对当时世界的巨大变动茫然无知，认为自己拥有世界上最优秀的文化，视西方新兴资本主义国家为蛮夷。

2. 朝廷说

顾炎武在《日知录·正始》里曾讲："有亡国，有亡天下。亡国与亡天下奚辨？曰：易姓改号，谓之亡国；仁义充塞，而至于率兽食人，人将相食，谓之亡天下。"① 这里的"国"即指"朝廷"，"亡国"就是"朝廷的终结"。梁漱溟在《中国文化要义》一书中也讲道："像今天我们常说的'国家'、'社会'等等，原非传统观念中所有，而是海通以后新输入的观念。旧用'国家'两字，并不代表今天这涵义，大致是指朝廷或皇室而说。"② 至于传统中国的老百姓，深受皇权思想的浸染，更是无法区分国家与朝廷，总是把朝廷等同于国家，或者心中只有朝廷而无国家。在冯玉祥的自传《我的生活》中有这样一段话：

> 老先生坐下来，头一句就问我："你置了多少地了？"
> 我说："咱们的国家如今衰弱已极，自己哪有心思去置产业？我们一切打算，都要以国家为重才是。"
> 老先生笑了一笑。这一笑里，蕴藏着他饱满的世故阅历，同他的人生哲学。他说："你究竟年纪轻，还不知道世上的艰苦。什么外国人占这占那，这和我们有什么相干？我劝你最好还是置几顷地，有上三顷五顷的，再好也没有了。说什么也是地好。古话说，有地能治百病，你是良友的朋友，我要把老实话告诉你。你千万不要上人家的当。"
> "要是我们的国家亡了，有地也是无用的了。"
> "为什么无用？谁来做皇帝，就给谁纳粮好了。"
> 我当时再也没法往下说。后来我想到，这位老先生的话，很可以代表中国一般老百姓的意识和观念。③

---

① （明）顾炎武：《日知录·十三卷·正始》。
② 梁漱溟：《中国文化要义》，上海人民出版社2005年版，第143页。
③ 冯玉祥：《我的生活》，转引自李彬《中国新闻社会史》，清华大学出版社2009年版，第340—341页。

这段文字朴实无华，并无虚构，很能说明传统中国的老百姓在心目中是怎样衡量朝廷与国家之间的关系的。几千年来，老百姓不闻有国家，但闻有朝廷，习惯于把自己称作臣民或子民，认为报效朝廷即报效国家。在梁启超看来，中国之所以积弱甚久，根源之一就在于国人不能正确区分国家与朝廷的概念，以致爱国心没有用在正确的地方，他痛心疾首地正告国人："盖数千年来，不闻有国家，但闻有朝廷……今夫国家者，全国人之公产也。朝廷者，一姓之私业也。国家之运祚甚长，而一姓之兴替甚短。国家之面积甚大，而一姓之位置甚微。"① 概念清晰，言辞恳切，奉劝国人不要将国家与朝廷混为一谈。然而，如此高屋建瓴的看法，已经不属于文化意义上的国家想象，而是步入现代意义上民族国家想象的范畴了。

（二）现代中国的民族想象

严格来讲，民族国家起源于欧洲，它是遵循近代启蒙理性而形成的一种国家形态和政权体制，是近代以来现代化和全球化的产物。随着全球范围内资本主义的发展，各个国家逐渐成为世界大家庭中的一员，相互之间的交流日趋频繁，也日益深入，需要有相似的国家机构、教育体制，对应的政府部门，这样才能保证国家间对话与交流的正常进行。与此同时，更需要实行普及的教育，并由此形成以认同为目的的国民意识。中国从传统的文化国家转变为近代以来的民族国家，正是在这种背景下发生的，换言之，是在西方近代殖民主义和帝国主义的威胁之下进行的。

第一次鸦片战争爆发，使得腐朽的清王朝和几千年的中华传统文明不得不接受落后于世界的事实，封闭太久的国门一时间被帝国主义的坚船利炮轰开，泱泱天朝的社会结构遇到了"三千年未有之变局"。谨严的礼仪道德逐渐失去社会根基，天子道统的政治神话不断破灭，天下观和夷夏观所主导的"我族中心意识"在各种社会现实的矛盾冲突面前被击得粉碎。面对如此的困境，一些开明的士绅和具有外向思维的官僚开始认真思考，开始睁眼看世界，从而开启了中国知识分子在认知上由文化国家转变为民族国家的艰辛历程。清朝重臣耆英在给英国公使璞鼎查（Henry Pottinger）的分别信中写道："一年多来我俩均在致力于同一工作，且彼此了解对方都是一心为国的：既不为私利之动机所驱使，亦不被欺诈之盘算所左右，

① 易鑫鼎：《梁启超选集（上卷）》，中国文联出版社 2006 年版，第 11 页。

在商谈和处理事务中，彼此心心相印，我们之间无事不可相商；将来人们会说，我们虽身为二，心实为一……分袂在际，不知何年何地再能觌面快晤，言念及此，令人酸恻！"① 感人肺腑的言辞之间难免有客套的成分，但礼节之外打破"夷夏之防"的观念还是清楚明了的。魏源在其《海国图志》中不仅提出了"师夷长技以制夷"的看法，而且对那些囿于九州但不知"寰瀛之天下"的保守世界观进行了批评。他认为，西方人有知识、讲礼貌、正直，与中国人在本质上是一致的，西方国家是比中国更强大的文明国家，其中所表现出的国家观念也是一目了然的。

第二次鸦片战争以后，随着西方政治法制观念的传入，在屡屡遭遇列强欺侮的现实下，具有早期维新思想的一些知识分子开始接受并广泛宣扬"国家主权平等原则"。关于国际法中国家主权平等的思想，郑观应的论述非常明确，他写道："公法者，彼此自视其国为万国之一，可相维系，而不可相统属之道也。可相维系者，合性法例法言之谓。夫语言文字，政教风俗，固不能强同，而是非好恶之公要不甚相远，故有通商之法，有通使之法，有合盟合会之法。不可相统相属者，专主性法言之谓。夫各国之权利，无论为君主，为民主，为君民共主，皆其所自有，而他人不得夺之，以性法（笔者注：自然法）中决无可以夺人与甘夺于人之理。故有均势之法，有互助保护之法。国无大小非法不立。"② 之后，随着中外交往频繁，晚清人士对国家主权范围的认识越来越广，萌发了近代领海、内河及铁路、电信等主权意识，使得近代民族意识颇显雏形。

甲午战败，丧权辱国的《马关条约》的签订，更加激发了以康有为和梁启超为代表的维新变法人士的爱国之心。他们关于"变法自强"、"君主立宪"的文字和演说当中，到处显现着近代以来的民族国家观念。比如，梁启超就在《时务报》上慷慨陈词，"地者积人而成，国者积权而立，故全权之国强，缺权之国殃，无权之国亡"③，表现出了强烈的民权和主权意识。

历史实践表明，从 19 世纪末开始，包括整个 20 世纪，中国民族国家观念的形成，不仅仅是一个意识觉醒的问题，更重要的是一个付诸行动的

---

① ［美］费正清：《剑桥中国晚清史（上卷）》，中国社会科学院历史研究所编译室译，中国社会科学出版社 1985 年版，第 237 页。

② （清）郑观应：《郑观应集（上）》，上海人民出版社 1982 年版，第 175 页。

③ 易鑫鼎：《梁启超选集（上卷）》，中国文联出版社 2006 年版，第 7 页。

实践问题，即推翻封建王朝、建立独立的民主共和国。伴随近代工业的产生而产生的民族资产阶级，为了摆脱西方列强的桎梏，希望把中国建成一个独立的资本主义民族国家。其中，以梁启超、张謇等人为代表的民族资产阶级上层力主建立英国式的分权立宪的国家形态，他们主张通过和平的方式如上书、请愿、宣传等，培养民智、民德、民力，使群众逐渐具备国民资格，在保留封建君主的前提下，召开国会，制定宪法，成立责任内阁，建立三权分立的君主立宪的资产阶级民族民主国家，最后以失败告终。以孙中山、章太炎为代表的民族资产阶级中下层则主张革命，力图推翻清王朝，建立一个自由、平等、博爱的资产阶级民主共和国。他们深受帝国主义、封建主义的压迫，革命中充满"争民权"的思想。后期"三民主义"中的"民族主义"更是提出"五族共和"的口号，希望把五族合为一个中华民族，组成一个近代民族国家，形成一个中华民族之新主义，使得民族国家的关键概念如自由、民主、平等、共和等深入民心。需要指出的是，"孙中山"们的革命行动让近代民族国家的观念在中华大地上基本形成了，但是民族国家的实践历程还远没有完成。

真正意义上的民族国家，有名有实的民族国家是由中国共产党确立的。在中国共产党的领导下，中华儿女浴血奋战，各民族兄弟姐妹共同努力，建立了中华人民共和国。新中国不仅彻底消灭了各种地方势力，并且第一次为了国家的利益不惜同当时世界上最强大的美国交战，60年代初更与社会主义的"老大哥"苏联彻底决裂，所有这些体现国家权力的政治运动无不以"中华民族"的利益为基本诉求。与此同时，作为名副其实的民族国家，新中国得以有效地将农业剩余转化为工业积累，强化国家对经济资源的集中和利用，加快推进工业化进程，使中华民族很快就屹立于世界民族之林。20世纪80年代以来，锐意改革，扩大开放，励精图治，中华人民共和国在政治、经济、军事、外交、贸易、文化等领域获得了大发展，取得了前所未有的巨大成就，成为世界大国。

二　变化的中国：国外对中国国家形象的认知

在漫长的历史长河中，中华民族创造了辉煌灿烂的物质文明和精神文明，极大地促进了世界文明的发展和繁荣。在某种意义上，国外对中国国家形象的认知是中华文明与世界其他文明相接触、相交融、相碰撞的结果。国外对中国国家形象的认知有一个历史变迁的过程，不同历史时期的外国人或外国媒体对中国有不同的描述和评价；当然，这种对国家的认知与对中国人的印象息息相关，在许多外国影像和文字中，中国和中国人几乎是同义词，没有严格地加以区分。

（一）神秘而富饶的地方

虽然早在古罗马时期，西方人就拥有了中国的丝绸和瓷器，但由于茫茫大海和高山戈壁的阻隔，中国和西方之间只能产生一些关于对方的荒诞想象。在西方的想象中，中国位于"烈风之山"和"北风之北"直到"大海之滨"的广袤地区，居住着"希伯尔波利安民族"或"极北人"，那里到处堆满了金银和珍宝，人们高大，长寿，道德高尚，生活幸福。天堂离其不远抑或那里就是天堂。

（二）光辉而灿烂的国度

莱布尼茨在《中国近况》一书的序言中说："全人类最伟大的文化和最发达的文明仿佛今天汇集在我们大陆的两端，即汇集在欧洲和位于地球另一端的东方的欧洲——支那（人们这样称呼它）。我相信，这是命运的特殊安排。"① 这样的看法，是建立在《马可·波罗游记》基础之上的。与古希腊罗马时代对中国的想象不同，意大利人马可·波罗在华17年，亲身游历了从"大都"（今北京）到"京师"（今杭州）、从福建泉州到云南大理的大半个中国。他用细腻的笔触，给西方人展现了雄伟壮丽、物阜民丰、"世界之冠"的中国形象。比如，他描写"大都"：

> 凡是世界各地最稀奇最有价值的东西也都会集中在这个城里，尤其是印度的商品，如宝石、珍珠、药材和香料。契丹各省和帝国其他地方，凡有值钱的东西也都要运到这里，以满足来京都经商而住在附近的商人的需要。这里出售的商品数量比其他任何地方都要多，因为仅马车和驴马运载生丝到这里的，每天就不下千次。我们使用的金丝织物和其他各种丝织物也在这里大量地生产。在都城的附近有许多城

---

① ［德］莱布尼茨：《中国近况》，转引自夏建国《文化模式与全球文化》，武汉测绘科技大学出版社2000年版，第51页。

墙围绕的市镇。这里的居民大多依靠京都为生，出售他们所生产的物品，来换取自己所需的东西。①

又如他描写"京师"：

> 走三日，途经许多人口众多和富裕的市镇、城堡与村落，居民们丰衣足食。第三日晚上便到达了雄伟富丽的京师（即杭州）城，这个名称就是"天城"的意思。这座城的庄严和秀丽，的确是世界其他城市所无法比拟的，而且城内处处景色秀丽，让人疑为人间天堂。②

据说马可·波罗在临去世时对神父真诚地说过，"上帝知道，书里说的连我看到的一半都不到呢"，再一次用生命赞美他眼中美丽的中国。如此灿烂辉煌的中国形象，延续几个世纪，至今依然隐现于西方人心中。

（三）强盛而统一的帝国

很多西方人读过《马可·波罗游记》后，对书中的描写将信将疑。16 世纪西班牙人胡安·冈萨雷斯·德·门多萨所著的《中华大帝国史》，是根据中国史书记载以及走访过的中国的传教士和其他人士的记述而编撰的中华大帝国奇闻要事、礼仪和习俗史，终于使人们相信《马可·波罗游记》并非是编造的神话。从某种意义上说，门多萨为当时的欧洲人打开了了解和认识中国的窗口，使欧洲人从通过充满神秘色彩的传闻来"想象"中国的境况一步跨入了通过中国的现实来认识中国的时代。书中认为"中华帝国的国君注意并努力在其帝国内实现司法公正，但他更加关注并孜孜以求的是防止与邻国发生战事，以及避免任何类似事件的发生"③，并且一针见血地指出中华帝国之所以强盛的真正原因：

---

① ［意］马可·波罗：《马可·波罗游记》，梁生智译，中国文史出版社 1998 年版，第 134 页。

② 同上书，第 200 页。

③ ［西］胡安·冈萨雷斯·德·门多萨：《中华大帝国史》，孙家堃译，译林出版社 2011 年版，第 49 页。

当地人勤奋的劳动和高超的技术使土地更加丰饶，就连谷地、山脉和岸边所有不能耕种的地方，他们也根据地质情况种上果树、小麦、大麦、水稻、亚麻、大麻和其他作物。由于那里人口众多，每个人又能自由支配自己的财产，再加上不允许臣民移居国外，没有发生杀人甚多的战争，不允许有人无所事事、游手好闲等——无所事事、游手好闲之徒除受到严厉惩戒之外，还会留下无耻之徒的骂名——使得包括耕种业在内的各行各业均发展得极为迅速……这一切加上土地的肥沃，坦率地讲，这就是为什么它配得上世界上最富足国家称号的原因。[①]

门多萨把 16 世纪的中国相对客观地介绍给了欧洲，许多欧洲国家也以此来制定对华政策。在当时的欧洲人眼里，中国具有灿烂的文化、悠久的历史、辉煌的文明，是一个不折不扣的强大帝国。中国物产丰富、经济发达、体制完善、军力强盛，使得欧洲国家不敢轻举妄动，只能把中国当作贸易伙伴，而不是直接的侵略对象。

（四）封闭而落后的国家

黑格尔认为："历史必须从中国读起。因为根据史书记载，它是最古老的国家。因为缺乏客观存在与主观运动的对立，所以排除了每一种变化的可能性。那种不断重复出现的、滞留的东西取代了我们称之为历史的东西。中国正处在世界历史之外。"[②] 可以看出，西方人不仅对中国的历史非常了解，对于中国的弱点更是一清二楚。鸦片战争前后，中国门户洞开，西方人大量涌入。随着他们对中国的深入了解，关于中国和中国人的负面描写开始充斥于各种媒体报道和文字当中。西方人对中国国家形象的认知从此开始发生质的变化。

早期中文刊物《东西洋考每月统记传》的创办人、德国传教士郭实腊在给西方人的出版计划书中就对中国的高傲自大一肚子不满意，想要通

---

① ［西］胡安·冈萨雷斯·德·门多萨：《中华大帝国史》，孙家堃译，译林出版社 2011 年版，第 5 页。

② 夏瑞春：《德国思想家论中国》，江苏人民出版社 1995 年版，第 114 页。

过办刊来改变这种状况，试图为西方的经济、文化和军事侵略打通通道。他写道：

> 尽管我们和他们有长期的交往，他们仍然公然表示是高于其他国家而位居世界第一，并视其他民族为蛮夷。这种无知与自傲严重地影响了旅居广州的外国人的利益，妨碍了他们与中国人之交往。这个旨在维护广州与澳门的外国人利益的月刊，就是要促使中国人认识我们的工艺、科学及基本信条，与其高傲和排外的观念相抗衡。①

英国作家托马斯·德·昆西认为，中国一部分腐烂了，另一部分已烂成空洞，在这部分你看到了肿瘤，在另外的一些部分，连肿瘤都无处长了。中国总的图像就是一个专横腐朽的统治阶级治理着一个沉沦堕落的民族。即使1911年推翻清王朝建立共和国，1928年蒋介石取代各派军阀，这些变化一点也没有使吏治廉洁起来。统治者的贪污腐化使中国人变成一群无人放牧的羊，使中国变成一个任人摆布的对象。② 中国的命运，恰如马克思在谈及中英鸦片贸易时所说的："一个人口几乎占人类三分之一的幅员广大的帝国，不顾时势，仍然安于现状，由于被强力排斥于世界联系的体系之外而孤立无依，因此竭力以天朝尽善尽美的幻想来欺骗自己，这样一个帝国，终于要在这样一场殊死的决斗中死去。"③

更有甚者，美国传教士史密斯肆意诋毁中国人，认为中国人不守时，不知趣，不自觉，不讲卫生，长得难看，还有数不清的道德缺陷：对人不坦率，视人命如草芥，溺婴，虐待动物，缺乏公德，狂嫖滥赌，等等。总之，在西方人眼里，这样的民族，只有三种出路，要么从地球上消灭这个民族，要么以最轻蔑的态度对待它，要么改造它。④

（五）中国共产党与中国

与国民党统治的暮气沉沉和贪污腐败相比较，中国共产党领导下的革

---

① ［新加坡］卓南生：《中国近代报业发展史》，中国社会科学出版社2002年版，第47页。
② 段连城：《对外传播学初探》，五洲传播出版社2004年版，第14页。
③ 倪英才等：《马克思主义经典作家论中国近代史》，贵州人民出版社2002年版，第76页。
④ 段连城：《对外传播学初探》，五洲传播出版社2004年版，第18页。

命圣地延安则充满着活力和希望。埃德加·斯诺的《西行漫记》、白修德的《中国的雷声》和贝尔登的《中国震撼世界》等著作客观地报道了中国共产党人，使得"红色中国"的一派朝气广为人知。在许多从延安访问归来的外国人心里，对中国共产党所领导的中国革命的看法与埃德加·斯诺的判断一样：

> 中国社会革命运动可能遭受挫折，可能暂时退却，可能有一个时候看来奄奄一息，可能为了适应当前的需要和目标而在策略上作重大的修改，可能甚至有一个时期隐没无闻，被迫转入地下，但它不仅会继续成长，而且在一起一伏之中，最后终于会获得胜利，原因很简单（正如本书所证明的一样，如果说它证明了什么的话），产生中国社会革命运动的基本条件本身包含着这个运动必胜的有力因素。而这种胜利一旦实现，将是极其有力的，它所释放出来的分解代谢的能量将是无法抗拒的，必然会把目前奴役东方世界的帝国主义的最野蛮暴政投入历史的深渊。①

中华人民共和国的成立，如惊天霹雳一般，炸响在世界上空。对于中国选择的社会主义道路，以美国为首的西方国家采取了极富敌意的做法，关闭外交通道，封锁经济往来，禁运一切物资，甚至不惜发动战争。这一期间，西方主流媒体出于冷战思维，对华报道以负面为主，攻击中国的社会主义制度和共产党的领导，污蔑中国是独裁国家，没有民主和自由，经济、文化落后，对"大跃进"等政策失误导致的后果大肆渲染和夸大，舆论影响很坏。但是，也有一些比较客观的看法，英国学者李约瑟就认为：

> 这是亚洲的复兴。这是中国真正的复兴。这是一股巨潮，它使五亿黑头发的人民站了起来并且发出自己的声音……西方人无论如何都必须以同情和理解的态度对这一重大社会现象作出反应。他们必须放弃一切自封优越民族的毫无根据的说法，并且在自由与平等的伙伴关

---

① ［美］埃德加·斯诺：《西行漫记》，董乐山译，生活·读书·新知三联书店1979年版，第406页。

系基础上对待亚洲人民——像他们本来就应该做的那样。他们必须去掉统治者的心理，这种心理是由于西欧现代科技兴起这一历史性的偶然事件而不幸产生的。①

20 世纪六七十年代，中国国内爆发"文化大革命"，意识形态成为武器，国家秩序变得混乱，人民的物质和文化生活水平下降。通过多种渠道，许多红卫兵材料和大字报漂洋过海，"破四旧"、打砸抢、戴高帽、"喷气式"、"红海洋"、"全面内战"等疯狂景象在海外广为传播，使得中国国家形象一落千丈，抨击横飞，差评如潮。部分外国人至今杞人忧天，认为我国会发生大的社会突变，虽经我们反复解释，仍然将信将疑，与"文化大革命"的影响关系甚大。

（六）改革开放的中国

从 1978 年至今，我们国家坚持社会主义道路，实施改革开放政策，推进城乡一体化建设，政治稳定，经济繁荣，文化先进，社会面貌大为改观。中国在国际民众眼中神秘而富有魅力，中国经济进步、社会稳定、山河秀美的东方大国形象对外国民众颇有吸引力，因此多数海外民众对中国抱有乐观预期并有来华意愿。中国坚持和平发展、共同发展的国际努力得到认可，负责任大国形象正在逐步树立。国际民众能够接受中国制造，但对中国政治普遍缺乏了解，对中国模式的认知尚缺乏共识，社会主义大国形象的塑造仍然任重而道远。

三　中国国家形象面临的挑战与机遇

随着我国改革开放进程的不断推进和综合国力的稳步提升，国际社会更加希望了解中国，更加希望倾听中国的声音，更加期待中国发挥建设性大国的作用。"知己知彼，百战不殆"，只有客观地弄明白当前中国国家形象建设所面临的一系列问题与挑战，才能准确地把握提升空间。

---

① 段连城：《对外传播学初探》，五洲传播出版社 2004 年版，第 30—31 页。

（一）国家形象塑造中的话语权问题

在传播和塑造国家形象的过程中，话语能力问题的实质是争夺国际话语权，而话语权与一个国家的政治实力、经济实力、文化实力息息相关，最直接体现在一个国家的传媒实力上。主流媒体是否强大，新兴媒体是否得到充分发展，影响着一个国家话语能力的强弱。

1. 少数西方发达国家在传播技术上掌控媒体世界

据不完全统计，美国拥有世界上覆盖面最广的通信卫星网络，它出口的电影和电视节目占世界第一位，比排名第二至第五的国家总和还多。在国际传播的主要资源无线电频率和卫星驻留轨道点方面，仅占世界10%的人口的西方国家控制了90%的无线电频率。全球互联网在通信中使用的地址最终由处于网络顶端的13台域名根服务器来决定。根服务器如同互联网运行的"中枢神经"，谁控制了根服务器，谁就控制了整个互联网。目前，13台根服务器均由ICANN（the Internet Corporation for Assigned Names and Numbers）统一管理。其中1个为主根服务器，放置在美国弗吉尼亚州的杜勒斯，由美国VeriSign公司负责运营维护。其余12个均为辅根服务器，其中9个放置在美国，分别由8个不同的军事与教育机构负责运营维护；欧洲两个（分别位于英国和瑞典）、亚洲1个（位于日本）。

2. 少数西方发达国家在传播内容上掌控媒体世界

就内容而言，长期以来，由于历史的原因，国际互联网上传播的内容中英语的约占90%，法语的约占5%，其他语种包括中文在内只占5%。美国等西方发达国家生产的信息内容占互联网信息总量的95%以上，我国则不足1%。也就是说，少数西方发达国家不仅控制了互联网的最高管理权限，也基本垄断了互联网上的绝大多数信息资源，从而形成了以少数发达国家的语言、思想和文化为核心的全球信息传播体系。西方少数国家的话语权优势不仅反映在信息的流量和流向中，还表现在议题设定和评价标准的设定上。当前流行的主要话语议题，如人权、民主、透明度、知识产权、新闻自由、低碳生活、环境污染、资源缺乏、文化冲突、恐怖主义、种族歧视等，几乎都是由西方国家设定并大肆炒作的，也由少数西方国家提出涉及这些议题的新词汇和解释标准。它们的出发点，主要是服务于少数发达国家的政治、经济利益。尤其是西方文化、价值观念、生活方式的新殖民主义扩张，对我国国家形象的塑造极为不利。中国在全球媒体国际报道中的出现频率是较高的，但报道议题却十分集中，主要是人权问题、台湾问题、对华贸易问题、中国国内问题等。西方国家对新闻事件多持揭露、批判的倾向，对中国事务更是以负面意见为主。

3. 对外传播中的传播能力问题

近年来，我国对外传播能力迅速提升，在传播中国声音、树立中国形象、扩大中国影响方面发挥了重要作用，为国家的改革开放和现代化建设创造了良好的国际环境。但是，我们也非常清楚，虽然我国海外采编网络和传播平台迅速拓展，信息内容、营销能力、人才队伍等基础建设取得了明显的成绩，可是与发达国家相比，我们还有很大差距，西强我弱的态势依然如故。从信息占有的角度看，我国对外传播尚未组建大型跨国媒体集团，不具备在世界范围内全天候采集信息的能力。美国 CNN 在全球拥有 42 个分社 400 多名记者，其国际电台有 32 个驻外分社 60 名记者；英国 BBC 有 40 个驻外记者站 250 多名记者；而中国中央电视台只有 19 个驻外记者站约 60 名记者；新华社虽然在驻外分社数量上与路透社、美联社、法新社三大通讯社差距不大，但人员配备相差悬殊，例如，新华社驻韩国分社只有两人，而路透社驻韩国分社有 60 人。信息采集能力是话语能力的基础性因素，与西方主流媒体相比，我国主流媒体很难在第一时间发出独家的、深度的报道。从信息传播的角度看，我国对外传播信息产品的海外有效落地不够。最近的统计数据显示，全球有 212 个国家和地区的大约 10 亿人可以收看到 CNN，而中国中央电视台只在 140 个国家和地区实现了节目的落地，其中整频道落地项目的用户总数约为 15058 万户；BBC 在全世界 150 个国家通过调频广播实现节目落地，在全球拥有 2300 家合作电台，而中国国际广播电台在海外拥有 51 家整频率电台，只有 153 家海外合作电台；路透社在全世界共有 37 万个信息终端，其中包含各国主要媒体约两万家，而新华社则在海外有各类产品用户 1.6 万家，其中媒体客户约 1 万家。可以看出，与国际一流媒体相比，我国媒体在传播信息产品的有效覆盖、落地入户等方面还有很大差距。[1]

4. 对外传播中的外媒利用问题

根据我国目前的传播水平和所面临的国际舆论环境，在塑造中国国家形象的过程中，巧妙地运用国外媒体传播国家形象是一条较为合理的路

[1]　刘芳：《如何加强我国媒体国际传播能力建设》，《传媒》2011 年第 10 期。

径，要比创办新的传播载体或者任由外国媒体歪曲报道更有效。2008 年 4 月 13 日，中国驻英大使傅莹在英国《星期日电讯报》发表文章《如果西方能够倾听中国》，情真意切地谈及北京奥运火炬传递和西藏问题，真实地发出自己的疑问："为什么在涉及中国的问题上，一些媒体的一概而论的随意批评能够被西方公众不加思考地接受，为什么没有人质疑，这样的批评到底涉及哪些具体问题，确切情况如何？为什么一些报道，包括数字，能够在毫无事实依据的情况下连日登载在新闻里面？"① 在英国以及世界引起了不小的震动，收到了意想不到的传播效果。可惜的是，像这样充分利用国外媒体，有分量、有胆识、深谙对外传播之道的经典之作太少了。

（二）国家形象塑造中的传播模式问题

模式是对现实事件的内在机制以及事件之间的关系的直观和间接的描述。按照多伊奇（Deutsch）的说法，提出模式有诸多好处，如组织、解释、预测等。我们可据此将模式分为结构性模式和功能性模式两类，结构性模式只能描述某种现象的结构，而功能性模式则从能量、力量及其方向等角度来描述各系统以及各部分之间的相互影响。② 这里提出的传播模式，属于功能性模式范畴，我们在实际研究中更加注重其中的思维变化和体系建设问题。

1. 国家形象塑造需要互联网思维

从 Web1.0 的门户时代到 Web2.0 的搜索/社交时代，再到 Web3.0 的大互联时代，互联网正在成为现代社会真正的基础设施之一，就像电力和道路一样，它不仅仅是可以用来提高效率的工具，更是构建未来人类社会生产方式和生活方式的基础设施。当物联网、大数据和云计算把每个个体和任一终端彻底联结在一起的时候，智能生活时代就真的来临了。在这样的时代，平等是非常重要的基本原则，去中心化变作常态，任何垄断（包括生产、销售、传播等）都将成为不可能。因此，个人信息的传播也好，国家形象的塑造也罢，都要向互联网思维转变。所谓互联网思维，即

---

① 傅莹：《如果西方能够倾听中国》，http://news.xinhuanet.com/newscenter/2008 - 04/16/content_ 7989915.htm。

② ［英］丹尼斯·麦奎尔等：《大众传播模式论》，祝建华等译，上海译文出版社 1997 年版，第 3 页。

必须适应新兴媒体即时和海量传播、平等和互动交流的特点，改变单向传播、受众被动接受的方式，注重用户体验，满足多样化和个性化的信息需求，充分运用大数据和云计算，重视首发首播，借助商业网站的技术和平台，扩大移动终端的覆盖面。[①]

以习近平为总书记的党中央非常重视互联网建设，倡导互联网思维。在 2014 年 2 月召开的中央网络安全和信息化领导小组会议上，习近平就谈道："做好网上舆论工作是一项长期任务，要创新改进网上宣传，运用网络传播规律，弘扬主旋律，激发正能量，大力培养和践行社会主义核心价值观，把握好网上舆论引导的时、度、效，使网络空间清朗起来。"[②]之后，在"8·19讲话"中，习近平总书记更加明确地指出："强化互联网思维，坚持传统媒体和新兴媒体优势互补、一体发展，坚持先进技术为支撑、内容建设为根本，推动传统媒体和新兴媒体在内容、渠道、平台、经营、管理等方面的深度融合。"[③] 但是，囿于传统思维，我们对互联网思维的认识和理解还远远不够，对传播个体的重视程度低，对共治共享的理念了解不深，在国家形象塑造方面表现尤甚。实际上，互联网的触角已深深进入社会的方方面面，数字化信息占据了人们大部分时间，无论是否情愿，与其抗拒，不如拥抱，接受互联网思维越早，经历的阵痛越短，改革的成本也就越低。

2. 国家形象塑造需要完善现代传播体系

由于历史的原因，我国的各类媒体以行政区划为主进行建设，层级分明，条块分割现象明显，很难形成现代传播体系，以适应新的时代发展需要。如果我国的传媒体系不进行现代化改造，国内舆论的多元化趋势将使国际传播复杂化，政府主导、社会参与的互动话语就很难形成，也就不可能在国际社会拥有话语权。因此，现代传播体系建设任重而道远。

首先，现代传播体系的主要特征是传统媒体和新兴媒体融合。一方面，要顺应互联网传播移动化、社交化、视频化的趋势，积极运用大数据、云计算等新技术，发展移动客户端、手机网站等新应用新业态，不断

---

① 陈力丹：《习近平的宣传观和新闻观》，《新闻记者》2014 年第 10 期。

② 习近平：《总体布局　统筹各方　创新发展　努力把我国建设成为网络强国》，《人民日报》2014 年 2 月 28 日第 1 版。

③ 习近平：《共同为改革想招　一起为改革发力　群策群力把各项改革工作抓到位》，《人民日报》2014 年 8 月 19 日第 1 版。

提高技术研发水平，以新技术引领媒体融合发展、驱动媒体转型升级。另一方面，要加强内容建设，创新采编流程，优化信息服务，以内容优势赢得发展优势。

其次，现代传播体系的核心是打造一批新型媒体集团。2014 年 8 月 18 日，中央全面深化改革领导小组第四次会议审议通过的《关于推动传统媒体和新兴媒体融合发展的指导意见》明确指出："要按照积极推进、科学发展、规范管理、确保导向的要求，推动传统媒体和新兴媒体在内容、渠道、平台、经营、管理等方面深度融合，着力打造一批形态多样、手段先进、具有竞争力的新型主流媒体，建成几家拥有强大实力和传播力公信力影响力的新型媒体集团，形成立体多样、融合发展的现代传播体系。"① 我们要一手抓融合，一手抓管理，确保融合发展始终沿着正确的方向推进。

（三）国家形象塑造中的"中国威胁论"

在西方世界里，"中国威胁论"由来已久，其版本也不一而足。早在 19 世纪末 20 世纪初，德国皇帝威廉二世等人就宣扬包括中国在内的黄色人种对西方白色人种的威胁，鼓吹中国人一旦意识到自己的力量时，就将会给西方文明带来灾难和毁灭，为列强侵略中国制造舆论，史称"黄祸论"。冷战时期，以美国为首的西方国家变本加厉，为了遏制共产主义在亚洲的蔓延，大肆渲染中国对邻国的威胁，"红色威胁"的宣传甚嚣尘上。在此种浪潮之下，就连社会主义的苏联，出于自身利益的考量，在中苏关系紧张之时也提出过"中国威胁论"，试图孤立中国，把中国从世界社会主义阵营中驱离。苏联解体后，世界格局进入后冷战时期，随着中国经济、军事实力的逐渐强大，新的"中国威胁论"开始在美国、日本、菲律宾等国泛滥。第一次泛滥的标志是芒罗（Ross H. Munro）的文章《正在觉醒的巨龙：亚洲真正的威胁来自中国》和亨廷顿（Samuel P. Huntington）的文章《文明的冲突与世界秩序的重建》，二者都发表于 20 世纪 90 年代初，前者渲染中美军事冲突不可避免，后者断言儒教文明与伊斯兰教文明的结合将是西方文明的天敌。第二次泛滥的标志是时任台湾

---

① 《推动主流媒体在融合发展之路上走稳走快走好》，http://news.xinhuanet.com/politics/2014-08/20/c_1112160707.htm。

地区领导人李登辉访问美国，时间是 1995—1996 年，中美围绕台湾问题发生军事对峙。第三次泛滥的标志是 1998 年的亚洲金融危机，中国实体经济发展迅速，逆势崛起，成为世界经济大国。第四次泛滥则没有明显的标志，"中国威胁论"的内容已经无限扩大，渗透到人们的日常生活当中了，不仅有老调重弹的军事威胁论、经济威胁论、文化威胁论等方面的报道，也有地缘政治威胁论、食品安全威胁论、粮食威胁论、网络安全威胁论、环境威胁论、能源威胁论等新的论调。

各色"中国威胁论"的出笼，与社会主义中国的崛起密切相关。许多国家从自身利益出发，大肆宣扬所谓的"中国威胁论"，实质上是用来制约中国崛起发展的一种政治手段，是冷战时期"零和"思维在新的时代条件下的体现和反映。只要我们用一种平衡各方利益、立场和价值观的视角去分析，这些不公正的言论很容易就会被击破。以"中国环境威胁论"为例，在一贯重视气候变化和环境保护问题的西方人士看来，随着中国经济的高速发展，中国对世界资源和能源的消费量将迅速增加，这种大量的资源和能源消耗必然带来严重的环境问题。但是，相关数据表明，从 1950 年到 2002 年，中国化石燃料燃烧排放的二氧化碳只占世界累计排放量的 9.33%；2004 年，中国人均二氧化碳排放量为 3.65 吨，仅为世界平均水平的 87%；从 1990 年到 2004 年的 15 年间，单位 GDP 每增长 1%，世界平均二氧化碳排放要增长 0.6%，但是中国仅仅增长 0.38%。可见，所谓的"中国环境威胁论"，只是少数国家少数媒体的一面之词。

那么，我们如何看待形形色色的"中国威胁论"呢？一方面，甚嚣尘上的"中国威胁论"对中国国家形象造成了严重损害，是我国发展过程中必须要消除的舆论障碍。具体而言，在政治上，"中国威胁论"有可能引发一些国家对中国的敌意，增加周边国家对我国的不信任感，阻碍我国的国际合作步伐；在军事上，"中国威胁论"有可能扩大世界或地区军备竞赛的程度，为地区安全添加不稳定因素；在经济上，"中国威胁论"会加大我国同世界其他国家的经济摩擦，对外贸易和"中国制造"会受到较大冲击；在外交上，"中国威胁论"会成为西方国家制约我国发展的一张不老王牌，扰乱我国的全球外交部署，使我国在发展过程中经常面临复杂多变的国际环境，承受太多的外部压力。另一方面，"中国威胁论"作为一种来自外部世界的评价和挑战，在某种意义上也会强化我国的危机意识，更加刺激自身的发展。中华民族是一个面对困难不屈不挠的民族，是一个敢于面对现实、不断进取的民族，在"中国威胁论"中发展起来的中国，饱尝了艰难困苦，学会了坚守成功，也适应了各种挑战与危机并存的竞争环境，这无疑有利于培育大国心态，有利于更好地走向真正的富强民主的大国强国。①

（四）国家形象塑造面临诸多机遇

中国与世界的相互依存度以及世界各国之间的相互依存度从来没有像今天这么深，中国与世界各国的共同利益从来没有像今天这么多，世界所面临的发展机遇从来没有像今天这么好。这既是发展中国家的机遇，也是发达国家的机遇。尤其是自 1998 年全球爆发金融危机以来，中国和西方发达国家之间发展形势的巨大反差促使国际社会更加希望了解中国，对中国的关注度进一步提升，对中国的认识也渐趋多元，为我们突破西方话语霸权的桎梏，打破西方价值观一统天下的局面，塑造正面积极的中国国家形象提供了重要机遇。

1. 世界各国对中国的看法出现分化。

正如中国对美国的看法——美国是繁荣和机遇的象征，但也是西方帝国主义和蛮横态度的象征——一样，世界各国对崛起的中国也有着矛盾的态度和分化的看法。美、日、欧等发达国家和地区极力遏制中国的迅速发展，把中国看作全球化发展中的不稳定因素，利用其强大的舆论力量主导着负面的涉华言论。部分周边国家如俄罗斯、韩国、越南、泰国、菲律宾等则对中国的强大深具戒心，担心中国的发展会给地区安全带来威胁。但是，大多数发展中国家包括一些发达国家都有借中国发展势头实现自身发展的意愿，都对与中国合作充满期待。

2. 西方发达国家话语体系的吸引力逐步下降。

我国的经济总量已经位居世界第二，国际地位日益提高。金融危机之后，西方发达国家的相对实力有所下降，欧美中下层人民的生活受到严重影响，西亚北非局势持续动荡，促使各国开始反思西方新自由主义发展方式，西方制度吸引力有所减弱，价值感召力有所降低，国际话语权颓势初显。在这种形势下，中国发展道路一旦为世界各国人民所认识，就必将产生巨大的震撼力、吸引力和感召力。中国国家形象的塑造也将因此而迎来

---

①　释清仁：《从容淡定应对"中国威胁论"》，《中国青年报》2012 年 4 月 6 日第 9 版。

千载难逢的建设契机。

　　3. 影响中国国家形象的因素渐趋多元。

　　一般而言，影响国家形象的因素大致可分为三类：国家的客观状况因素、传播过程因素和国际公众的既有形象及思维定式因素。其中最为重要的是传播过程因素，又可分为交往因素和传媒因素两种。随着传播技术的发展和经济文化交往的深入，当今世界的国际信息传播秩序正在被重构，传统的由政府和主流媒体主导的国际舆论正在被由政府、主流媒体、新媒体、社会精英以及普通民众等多元主体共同主导的舆论局面代替。这一重构趋势虽然加大了国际舆论环境的复杂性，但同时也为我们改善中国国家形象提供了更多的突破口。①

四　文化传播与中国国家形象的重塑

　　美国学者乔舒亚·库珀·雷默（Joshua Cooper Ramo）在深刻分析国家形象对中国发展的重要性的基础上，直截了当地指出："中国如何看待自己并不重要，真正的关键在于国际社会如何看待中国……国家形象在某种意义上将决定中国改革发展的前途和命运。"② 他还进一步认为："国家形象对当代中国来说是最为根本的问题，假如把这个问题解决好了，那么许多其他困惑和难题都可以迎刃而解。"③ 这种观点或许有些绝对，把作为"软实力"的国家形象问题看得比其他作为"硬实力"的发展因素更为重要，值得商榷。但是，至少在文化传播领域，国家形象的重要性已不言而喻，早已成为广大从业者的共识。与之相对应，由于文化对国家形象塑造过程中认知主体的影响是潜移默化的，甚至是无形的，其柔和程度足以淡化充满意识形态色彩的宣传意味，所以作为国际传播的重要手段之一，文化传播一直颇受青睐。

（一）对外文化交流与国家形象塑造

　　从某种意义上讲，一个国家的形象是什么样子，其表达方式和表达效

---

　　① 金鑫、林永亮：《以解读中国梦为契机再塑国家形象》，《红旗文稿》2014 年第 15 期。

　　② ［美］乔舒亚·库珀·雷默：《中国形象：外国学者眼里的中国》，沈晓雷等译，社会科学文献出版社 2008 年版，第 7 页。

　　③ 同上书，第 12 页。

果取决于构成这个国家的文化的多种元素。这些元素，有精神的，也有物质的；有文字符号的，也有声音符号的；有历史的，也有现代的。它们共同构成了一个国家作为文化实体的象征性存在。

1. 文化冲突会对国家形象产生影响。

文化传播学认为，文化是长期的历史积淀形成的，不同国家的不同发展历程，所处的不同文化圈层，使得各自的文化千差万别。这种文化差别，有时候会严重到文化冲突，会影响国家之间、国民之间的相互认知。比如，关于国计民生，中国文化长期以来注重国家认同感的建设和道德文化的升华，追求中华文化的繁荣和社会大同，而西方国家则注重社会价值规范的建立和法律的成熟，倾向于对社会结构和全球秩序的巩固。虽然文化内核基本一致，社会发展的目标诉求基本相同，但西方国家会觉得中国过于强调集体主义，缺少民主和自由，而中国则觉得西方国家太过于强调自由主义，社会道德因此沦丧。

再比如，犹太文化、基督教文化和伊斯兰文化之间的冲突，成为美国、以色列与阿拉伯国家之间政治军事冲突不可轻视的因素，从而也导致了双方国家形象宣传方面的互相抵牾。在阿拉伯世界里，美国被描述为一个倚仗军事力量无限扩张的"邪恶帝国"，而在美国文化里，阿拉伯世界则被描述为粗暴的、简单化的、种族主义的国家，属于低等的、恐怖主义盛行的非文明地区。

2. 中国要适应文化全球化的发展趋势。

我们认为，文化全球化并不是全球文化趋于一致。有许多人把文化全球化与文化的完全同质化联系在一起，似乎全球化对文化影响的必然后果就是工业文化一统天下，其实这是一种误解。由于科技发展和文化交流日益频繁，文化全球化确实会带来全人类在某些价值领域如基本人权、环境保护、动物伦理等方面的共识。这是十分必要的，也是人类发展到今天的文明象征，我们应该接纳。但是，人类各民族文化的多样性十分明显，文化全球化并不能囊括一切，文化多样性的发展可能更加适合人类的多维度生存。随着文化全球化的进一步发展，其负面作用也日趋明显。西方中心主义的强势文化全球泛滥，一些弱势文化逐渐泯灭，部分发达国家以文化霸权名义推行文化殖民用以攫取政治经济利益，大众文化、消费主义、工具合理性等肆意流行、践踏古老文明等，令人痛心疾首。所以，我们应该尽快适应文化全球化，积极利用其正面功能，警惕和抵制其消极影响。

3. 开展多渠道、多形式、多层次的对外文化交流。

当前，中国国家形象建设进入了一个新的关键阶段，"中国热"、"中华文化热"在世界各国不断升温。如何开展多渠道、多形式、多层次的对外文化交流，推动中华文化走出去，从中国视角发出中国声音，对外树立和展示良好国家形象，已成为文化传播领域必须完成的迫在眉睫的重大战略任务。近年来，我国已同 160 多个国家和地区建立了文化交流关系，同 145 个国家签订了政府间文化合作协定和近 800 个年度文化交流执行计划，同 120 个国家建立了 1500 对友好省州和友好城市关系，建成海外中国文化中心 9 个，为多方位的对外文化交流打下了坚实的物质基础。但是，我们也要看到，对外文化交流的认识和信心仍需提高，体制机制和途径手段有待创新，有些交流项目设计重复与缺失并存，有些交流活动缺乏针对性和实效性。

与美国等西方发达国家相比，我们的差距则更为明显。凭借其在国际格局中的大国地位，美欧国家把改造世界、领导世界作为战略目标，标榜其社会制度和政治价值观的普适性，不惜代价运用一切文化手段向全世界推广美欧价值观。比如，美国好莱坞的电影制作公司、遍布欧美的世界一流大学以及无所不在的跨国公司等各类组织，在传播美国思想文化、价值观念、生活方式乃至政治制度方面的作用是难以估量的。即使充满中国元素的美国影片《功夫熊猫》，也只是在巧妙地运用中华元素来传递美国文化，并非是为中国文化作嫁衣裳。当然，我们也在不断地创新对外文化交流的渠道和载体，并且取得了不俗的成绩。比如，加强海外中国文化中心和孔子学院建设，鼓励代表国家水平的各类学术团体、艺术机构在相应国际组织中发挥建设性作用，发挥非公有制文化企业、文化非营利性机构在对外文化交流中的作用，支持海外侨胞积极开展中外人文交流、拓展新公共外交等。

（二）媒体融合与国家形象塑造

大众传媒是塑造国家形象的重要手段和重要途径之一。现代传播体系的建设是一个系统的过程，传播话语能力的提高是一个长期的过程。媒体的发达程度在某种意义上直接决定着一个国家形象塑造的成败得失。因此，从国内形象到国外形象，从中央战略规划到部门具体实施，从传统媒体到新兴媒体，从传播内容到传播形式，从资金到人才，中国国家形象的塑造，一定要在媒体融合的大前提下进行。

1. 媒体融合是当前我国传媒领域一场重大而深刻的变革①。

传统媒体和新兴媒体的关系，在我国大致经历了三个阶段：一是传统媒体建设新兴媒体；二是传统媒体和新兴媒体互动发展；三是传统媒体和新兴媒体融合发展。在媒介融合时代，传统媒体的受众规模不断缩小，市场份额逐渐下降，越来越多的人通过新兴媒体获取信息。青年一代更是将互联网作为获取信息的主要途径，媒体格局已发生了根本变化。新兴媒体话题设置、影响舆论的能力日渐增强，大量社会热点在网上迅速生成、发酵、扩散，传统媒体的舆论引导能力面临挑战，舆论生态也发生了根本转变。互联网已经成为舆论斗争的主战场，直接关系国家意识形态安全和政权安全。

从传播技术的角度看，我国的媒体融合首先要利用大数据和云计算技术推进信息生产。大数据和云计算是当前具有代表性的两种新技术，我们既要掌握已有的海量的数据资源，把这些优势资源整合起来，建设和完善专业化、规模化、现代化的内容数据库，同时加强对各方面数据的收集整理，不断夯实融合发展的信息资源基础，又要加强数据信息生产，充分挖掘大数据背后潜藏的信息价值，拓宽信息来源、丰富信息内容，为国内外用户提供高质量的信息产品。其次要充分利用移动互联技术实现弯道超车。就移动互联网布局而言，各国起步的时间、相互的差距并不大，如果我们在移动互联网上多下功夫，就很可能实现弯道超车，扩大在移动终端的覆盖面和影响力。最后要学会利用微博、微信等技术来拓宽社会化传播渠道。互联网社交类应用日益普及，社交网站已成为互联网新业务的服务入口和用户来源。我们要密切关注并有选择地发展社交类应用和技术，促进社交平台与信息传播平台有效对接，增强平台黏性，集聚更多的忠实用户。

从传播内容的角度看，现阶段的媒体融合首先是要在品质上追求专业权威。传统媒体在信息采集核实、分析解读等方面，有着新兴媒体无法比拟的优势。要通过融合发展，最大限度地把这个优势发挥出来，延伸和拓展到新兴媒体。其次是要在传播上注重快捷精简。新兴媒体传播的一个重要特点就是微传播，各种微内容、微信息高速流动、跨平台流动，用户随

---

① 刘奇葆：《加快推动传统媒体和新兴媒体融合发展》，《人民日报》2014 年 4 月 23 日第 6 版。

时随地能够获取信息。再次是要在服务上注重分众化、互动化。现在，一般化的信息不再是稀缺资源，人们的个性化需求越来越多，倒逼内容生产必须在特色化、分众化上下功夫。我们既要提供共性信息产品，也要加强个性化信息生产。最后是要在展示上实现多媒体化。在新媒体环境下进行信息生产，必须采取多媒体化的展示方式，以多样化的展示、多介质的推送，使我们的信息传播动起来、活起来。我们要综合运用图文、图表、动漫、音视频等多种形式，实现内容产品从可读到可视、从静态到动态、从一维到多维的升级融合，满足多终端传播和多种体验的需求。

2. 传统媒体和新兴媒体融合塑造国家形象。

中国国家形象应该是什么样的？有研究者给出了明晰而详尽的界定：繁荣发展进步、改革创新进取、民主法治公正、文明开放现代、和平和谐稳定、谦虚包容自信、团结友爱自强、合作共赢负责。[①] 我们认为，此番描述既是中国国家形象的建设目标，也是在媒体融合背景下传统媒体和新兴媒体要共同完成的传播任务。

要完成如此艰巨的任务，不仅仅需要传统媒体和新兴媒体各自发力、精准配合，更重要的是传统媒体和新兴媒体要转变观念、立体出击，积极构建国际传播新秩序，扩大中国媒体整体影响力。仅就媒体报道议题的设计而言，我们就不能简单地别人出招、我们接招，跟在别人后面去争辩，而是要根据我国的媒体水平和国际传播的具体要求，传统媒体和新兴媒体主动引导，突出具有人类共同兴趣的信息和新闻。比如，环境生态问题、社会治安问题、卫生保健问题、人口老龄化问题、贫富分化问题、妇女与儿童问题等，都是一些全球共同面临的问题，很容易引起受众的兴趣。在此类议题中融入"中国坚持走和平发展道路"、"构建和谐世界"、"和平与发展是世界的主题"、"和平统一、一国两制"等元素，既可以淡化"宣传痕迹"，还能引起世界的共鸣，又何愁中国国家形象难以塑造呢！

由此看来，中国国家形象宣传片的推出是一个优秀的媒介融合案例。2011 年 1 月 17 日在美国纽约时代广场电子显示屏首次播出的《人物篇》有两个版本，一个是 30 秒的版本，一个是 1 分钟的版本，主要是出于不同播放载体的需要。片中，约 50 人的中国科技界、体育界、金融界、思

---

① 王晨：《抓住难得历史机遇　塑造良好国家形象》，《人民日报》2010 年 6 月 1 日第 7 版。

想界、企业界等领域名人，以一组组的群像出现，体现了中国的文化品位，诠释着中国的现代形象。17 分钟的长片《角度篇》于 2011 年 1 月 23 日在网络上正式亮相，全片分为"开放而有自信"、"增长而能持续"、"发展而能共享"、"多元而能共荣"等 8 个篇章，共有 800 多个画面。拍摄地点遍及神州大地，北京天安门、人民大会堂、钟鼓楼、水立方、鸟巢，上海东方明珠、外滩、世博会，广州亚运会，成都大熊猫、宽窄巷子，西安兵马俑、碑林，拉萨布达拉宫，农民工子弟学校等均囊括其中。表达主题精彩多样，跨越政治、经济、社会、文化、科研、教育、环境、民族等多个领域。《人物篇》从首播当日开始，每小时播放 15 次，从每天上午 6 时至次日凌晨 2 时播放 20 小时共 300 次，一直播放至 2011 年 2 月 14 日，共计播放 8400 次。同时，从 2011 年 1 月 17 日起，分时段在美国有线电视新闻网（CNN）播放。《角度篇》限于时长，主要在中国驻外使、领馆以及在具有外交性质的酒会、茶会上循环播放。值得一提的是，中国国家形象宣传片也同时在各大门户网站、视频网站推出，各类搜索引擎输入关键字就可以随时点击观看。通过众多的跨媒体、跨区域、跨层次的媒体融合网络，宣传片多角度、全景式地展现了我国的改革开放成就，传递了以价值观、道德观和发展观为核心的中国精神，成功地塑造了中国国家形象。

3. 国家形象媒体传播的四大原则。

来自英国杜伦大学的人类学专家依艾恩·埃德加（Dr. Iain Edgar）主要研究梦境和形象塑造以及它们在文化、政治、教育和身份认同当中的关系。在考察大量形象塑造案例与方法的基础上，他提出了在形象塑造过程中必须注意的四个基本传播原则：差异性原则、情感性原则、简洁性原则和重复性原则①，对我们有很大启发。

所谓差异性原则，就是要求传播的信息与众不同，这样才能够有效地吸引公众眼球。在国家形象的塑造过程中，只有发掘出不同寻常的传播内容或传播角度，信息的传播价值才会无限扩大，信息关注度才会提高。比如，我们从中国传统文化出发，提出的"和谐发展"概念，就迥异于美国的"全面霸权"策略、日本的"经济渗透"做法和俄罗斯的"军事强国"战略，代表了中国"和平崛起"的国家形象。

---

① 吴友富：《中国国家形象的塑造和传播》，复旦大学出版社 2009 年版，第 148—150 页。

　　所谓情感性原则，就是要求传播的信息富有情感。国际传播中，公众对那些平淡乏味的信息和事件往往不感兴趣，他们最喜欢的是那些能够使其产生情感共鸣的信息和事件。塑造国家形象主要在于争取人心，事实本身是重要的，但更重要的是如何表达，要晓之以理、动之以情。比如，北京奥运会开幕式，全球有亿万受众在收听收看直播节目，我们既向世人展示了震撼人心的烟花效果，也向世人展示了场面宏大的艺术盛宴，效果不可谓不佳。但是，真正打动人心的却是一个叫林妙可的小女孩用稚嫩的童声演绎《歌唱祖国》，全世界由此感受到了中国的真诚。

　　所谓简洁性原则，就是要求传播的信息平实可信。一方面，信息内容要简洁，不能追求面面俱到，要把那些不着边际、不切主题的内容彻底舍弃，突出重点；另一方面，信息形式要简洁，不能添油加醋，要精心设计，给那些枝枝蔓蔓"减肥"，做到心无旁骛。比如，中国文化，典籍浩繁，精神博大，如何向世界传递其中的精华，又怎样选择认知度高、典型性强的符号呢？"孔子学院"应运而生，这是一个简而又简的叫法，也是一个极具传播力的符号。

　　所谓重复性原则，就是要求传播的信息始终如一。传播实践证明，最能产生传播效果的并不是那些随时随地涌现的新思想和新观点，而是那些在不同的阶段和不同的场合始终如一、反复言说、不断强调的同一原则、同一观点或同一想法。比如，我国外交政策一贯坚持的"和平共处五项原则"（相互尊重主权和领土完整、互不侵犯、互不干涉内政、平等互利、和平共处），自1953年周恩来总理提出之后，历届中央领导人和中央政府在不同的外交场合始终坚持，反复陈述，如今已经成为发展中国家处理国际事务的普遍准则，同时也成为中国国家形象的象征符号。

　　当然，在形象塑造的信息传播过程中要求我们遵循这样或那样的原则，并不是刻板地去克隆一些成功案例，也不是谨小慎微地去适应一些条条框框，而是要求我们灵活地把握时机、辩证地处理关系、熟练地运用技巧，向世界展示一个有梦想的中国。

后　记

　　我生性懒散，在大学里工作，以教学为主，以科研为辅，能够拿得出手的东西很少。在不惑之年要出版一本专著，确实在计划之外。就像现在，"后记"两个字在电脑屏幕上像两只蚂蚁一样慢慢蠕动，逐渐模糊，又逐渐清晰，随着思维在办公室颠簸，甚至连我那懒惰的气味都快散发出来了，它们还是没有找见归宿，落不到"纸"上。我经常这样，不知道生活学习和教学科研的那个北在哪里，始终处在漂泊无定的状态。

　　《泛传播时代的媒介想象》一书中的文字就是在这样的情形中诞生的，时断时续，大致经历了十几年的时间。最早的一篇文章应该是《知识经济与大众传播》，写于 2002 年。《微弱的辩证：传播批判理论研究》写于 2003 年，由硕士毕业论文修改而成。《略论勒温对传播学研究的贡献》写于 2004 年，那时我对传播学四大奠基人心存怀疑，觉得他们对传播学没有多大贡献，于是刨根问底，写了写勒温，见识了他的功勋，可惜没有再坚持下去。2007 年，作为一名讲授中国新闻史课程的教师，我撰写了《英华书院与近代中国的新闻传播事业》一文，其删节版发表在 2008 年第 1 期的《新闻爱好者》杂志上，算是我学习中国新闻史的一个开始。紧接着，撰写了《1949—1956：社会主义期刊事业的初步建立》和《1957—1965：社会主义期刊事业的艰难跋涉》两篇文章，它们是我宏大的写作计划的一部分，分别发表在 2009 年第 10 期和 2010 年第 9 期的《编辑之友》杂志上。《〈读者〉的想象：媒介文化研究语境中的〈读者〉杂志透视》一文写于 2009 年，它是我关注家乡媒体的一个结果，删节版发表在 2010 年第 6 期的《出版发行研究》杂志上。《解放初期〈展望〉周刊实行公私合营的历史考察》一文写于 2010 年，发表在 2011 年第 4 期的《出版发行研究》杂志上。《主体意识与消费倾向：我国新闻娱乐化现象之反思》一文写于 2009 年，发表在 2011 年第 5 期的《宁夏师范学院学报》上。2012 年写的《西部电视剧创作的资源问题》一文，是黄怀璞教授主持的国家社科项目阶段性研究成果。2014 年写的《媒介融合时代的中国国家形象建构》，则是我的博士导师彭岚嘉教授的主持的一项课题的阶段性成果。之所以不厌其烦地列举写作时间和刊物名称，主要是想告诉大家，为了数字的真实和思路的顺畅，除个别措辞之外，这次出版时所有文字基本保持原貌，未作大的改动。因此造成的阅读不便，当是我的责任，由我来承担，与出版社和编辑无关。呈现在大家面前的这些文字，选题不一定新颖，论述不一定深刻。但可以肯定，它们是我想说的话，错讹、不当之处尚请方家指正。

我理解，"泛传播时代"的"泛"字，应该贯穿于拉斯韦尔 5W 模式的每一个环节，传播学领域由此而展开的控制研究、内容分析、媒介研究、受众研究和效果研究，都要紧扣这一时代特征。作为传播学研究的热门话题之一，"媒介想象"也要如此，把"泛"字视为研究的起点和表征的对象。当然，在具体研究中，"媒介想象"也许会忽略或者放大我们所处时代的某些症候（比如时下流行的微信），但只要我们始终遵循"媒介想象"赖以产生的三个维度——历史、理论和现实，按照其规律构思、立论、寻绎，其结论基本上就是可靠的。

唐代诗人王维有句云："兴来每独往，胜事空自知。行到水穷处，坐看云起时。"我喜欢蕴藏其中的境界，事无所虑，思无羁绊，自拥一番天地。借此机会，我把本书连同这几句诗一起献给我的亲人、老师和朋友，还有那些或多或少支持和帮助过我的人，感谢大家。我还要感谢中国社会科学出版社的刘艳女士，她的宽容和严谨，使本书增色不少，令我感动。祝天下所有的好人一生平安！

杨 华

2015 年 12 月于西北师大